郑州航空港
经济综合实验区年度发展报告

Annual Report on Airport Economic Development of Zhengzhou(2014)

（2014）

高友才 主编

中国社会科学出版社

图书在版编目（CIP）数据

郑州航空港经济综合实验区年度发展报告 . 2014/高友才主编 .
—北京：中国社会科学出版社，2015.5
ISBN 978 - 7 - 5161 - 6077 - 0

Ⅰ.①郑…　Ⅱ.①高…　Ⅲ.①航空运输—运输经济—经济发展—
研究报告—郑州市—2014　Ⅳ.①F562.861

中国版本图书馆 CIP 数据核字（2015）第 094920 号

出 版 人	赵剑英	
责任编辑	卢小生	
责任校对	周晓东	
责任印制	王　超	

出　　版	中国社会科学出版社	
社　　址	北京鼓楼西大街甲 158 号	
邮　　编	100720	
网　　址	http://www.csspw.cn	
发 行 部	010 - 84083635	
门 市 部	010 - 84029450	
经　　销	新华书店及其他书店	

印　　刷	北京市大兴区新魏印刷厂	
装　　订	廊坊市广阳区广增装订厂	
版　　次	2015 年 5 月第 1 版	
印　　次	2015 年 5 月第 1 次印刷	

开　　本	710×1000　1/16	
印　　张	20	
插　　页	2	
字　　数	338 千字	
定　　价	68.00 元	

《郑州航空港经济综合实验区年度发展报告》(2014)编委会

主　　编　高友才

核心研究人员　（按姓氏笔画排序）

王　宁　　王　伟　　王海杰　　牛树海
井　辉　　刘玉敏　　孙恒有　　刘素霞
刘　霞　　李玉民　　李中建　　沈　琼
尚文芳　　周阳敏　　周　柯　　杨剑锋
高友才

《郑州航空港经济综合实验区年度发展报告》(2014)学术顾问

学术顾问

刘炯天　中国工程院院士、郑州大学校长

曹允春　中国民航大学经济管理学院副院长、临空经济研究所所长

李宏伟　河南省委宣传部副部长

刘　伟　河南省发展改革委副主任、省航空港实验区建设领导小组办公室常务副主任

胡　荃　郑州市委副书记、郑州航空港实验区党工委书记

王永苏　河南省政府发展研究中心主任

喻新安　河南省社会科学院院长

王作成　河南省政府研究室副主任

黄　卿　郑州航空港经济综合实验区管委会副主任

康省桢　河南省民航管理局副主任

张占仓　河南省科学院副院长

谷建全　河南省社会科学院副院长

王承哲　河南省委宣传部理论处处长

孙德中　河南日报理论部主任

序　言

河南的未来在这里

中共郑州市委常委、郑州航空港经济综合
实验区党工委书记　张延明

　　长期以来，"既不沿边、也不靠海、地处内陆"的河南都在积极地寻找融入世界的渠道，通过开放，推动发展，促进转型。航空经济的快速崛起为河南带来了一次难得的战略机遇。据世界机场协会发布的数据，在2011年全球货物贸易中，按金额计算，航空运输已经占总贸易额的36%，并正在以超过海洋运输两倍的速度增长。航空运输800公里的最佳距离，要求有广阔陆地经济与之配合，是最适合内陆发展的一种经济模式。2008年，刚刚到任河南的郭庚茂同志把自己的第一个调研点选在了郑州航空港区，并明确地告诉随行的同志："河南的未来在这里。"

　　在河南省委、省政府的坚强领导和强力推动下，2011年郑州新郑综合保税区封关运行，富士康智能手机项目正式投产，俄罗斯空桥开通郑州至欧洲的全货运国际航线，郑州航空港区进入快速发展轨道。依托郑州优越的区位、完善的交通和航空港区成功的探索实践，2013年3月7日，国务院正式批复《郑州航空港经济综合实验区发展规划》。郑州航空港实验区正式上升为国家战略。经过2013年的研究梳理，航空港实验区的发展思路进一步明晰，建设工作全面启动。

　　2014年是郑州航空港实验区"大建设、大发展、大跨越"的一年。在河南省委、省政府和郑州市委、市政府的坚强领导下，紧紧围绕"打造大枢纽、发展大物流、培育大产业、塑造大都市"这一战略主线，各项经济指标保持持续快速增长，全区生产总值完成413亿元，与2010年相比，增长约14倍，成为全省第一个生产总值超过400亿元的产业集聚区；完成规模以上工业增加值343亿元，比2010年增长约20倍，成为全省第一个规模以上工业增加值超过300亿元的产业集聚区；完成进出口总额 379 亿美元，约占全省进出口总额的 58.3%；电子信息业从无到有，产值突破 2000 亿元，约占全省电子信息业产值的 73%；完成旅客吞吐 1580.5 万人次，是 2010 年的 1.8 倍，全国排名由第 20 位上升至第 17 位；完成货邮吞吐 37 万吨，比 2010 年增长 3.3 倍，全国排名由第 21 位，跃升至第 8 位。

2014 年，航空港实验区全区智能手机产量 1.43 亿部，约占全球智能手机供货量的 1/8，已有正威、酷派、中兴、天语等 116 家手机整机和配套企业入驻，全球智能终端生产基地基本形成；已有 UPS、中移动、友嘉、绿地、普洛斯等多个全球 500 强企业入驻，现代产业基地雏形开始显现。郑州新郑综合保税区功能进一步提升，进出口总额连续三年排名全国第二。已有河南省电子口岸中心、出口退税资金池、郑州机场签证处、13 个邮包直封权、保税航油等多个对外开放要素平台建成投用，另有肉类、食品、药品、医疗器械、汽车等多个口岸正在建设，中国内陆对外开放平台作用开始显现。机场二期各大工程主体已经封顶，"米"字形高铁已在全国引起高度关注，机场高速改扩建、机西高速与郑州主城区至机场的城际铁路、地铁 2 号线等交通路网建设顺利推进，完善的多式联运体系正在快速形成。以"三大片区"为核心，城市建设快速推进，相比 2010 年，建成区规模扩大了 4 倍以上，一座航空都市正在快速崛起。

实践证明，省委、省政府决定建设郑州航空港实验区，并以此作为全省发展的战略突破口和对外开放平台，这个决策是正确的；所做出的"两级三层"、"市为主省扶助"的安排部署是有力和到位的。郑州航空港实验区的快速发展是全省上下统筹合作、全力推进的结果。

虽难有所不避，虽费有所不辞。2015 年是郑州航空港实验区大发展、大突破的攻坚之年和"项目建设之年"，面对新的征程，航空港实验区将紧抓国家"一带一路"战略机遇，以改革创新为引领，干字当先，争分夺秒、拼尽全力，坚决打赢郑州航空港实验区建设攻坚战，力争各项经济指标继续保持快速增长，枢纽建设、产业培育、都市塑造、改革创新呈现阶段性成果，助推郑州国际商都建设，推动中原崛起、河南振兴，让河南在中华民族实现中国梦的征程中更出彩。

目　录

战略篇

行业篇

支撑篇

战略篇

郑州航空港实验区建设实践与探索

高友才

一 郑州航空港实验区建设背景

（一）产业发展规律

产业发展是同经济发展相对应而不断变动的，在科学技术进步的强力推动下，这种变动主要表现为产业结构由低级向高级演进的高度化和产业结构横向演变的合理化。这种结构的高度化和合理化推动经济向前发展，从国际产业发展历史演变的实践来看，产业结构的发展演进有如下规律。

1. 产业结构的演进规律

钱纳里等对世界 100 多个国家 20 多年的经济发展水平与经济结构之间的关系进行研究得出的结论指出：现代经济发展分为三个大的阶段，即准工业化阶段、工业化的实现阶段（包括工业化初级、中级及高级阶段）和后工业化阶段，不同阶段经济社会指标有不同的数量特征（见表 1）。

人均 GDP 达到 3000 美元是经济发展过程中的一个重要转折时期。此时，第三产业上升为主导产业，第一产业在 GDP 中的比重将呈明显下降趋势，产业结构的重心向第二、第三产业转移，产业结构趋向高级化的规律。同时，从第二产业内部结构看，重工业的比重逐步提升；从产业结构整体看，第三产业将逐渐取代第二产业居于主导地位。人均 GDP 在达到 3000 美元之前，"投资主导—工业推动"组合是经济增长的主要动力。人均 GDP 超过 3000 美元之后，由于消费快速扩张，服务业迅速崛起，"消费主导—服务业推动"组合逐渐成为新的增长动力，第三产业比重超过 50% 而成为主导产业，产业知识化成为主要特征，产业结构呈现高级化。

表1 钱纳里等提出的现代经济发展阶段

	工业化起始阶段	工业化实现阶段			后工业化阶段
		初期阶段	中期阶段	后期阶段	
人均 GDP（1970 年/美元）	140—280	280—560	560—1120	1120—2100	2100 以上
人均 GDP（1996 年/美元）	620—1240	1240—2480	2480—4960	4960—9300	9300 以上
人均 GDP（2007 年/美元）	748—1495	1495—2990	2990—5981	5981—11214	11214 以上

注：根据《美国统计概要（2009）》公布的物价指数变动情况，2007 年美元与 1970 年美元的换算因子为 5.34，由此，对应工业化不同阶段的标志值发生变化。

2. 主导产业的转换规律

主导产业是在产业结构中处于主体地位，发挥引导和支撑作用的产业，即在一定时期内，经济发展所依托的重点产业，这些产业在此发展阶段形成"龙头"，并在产业结构中占有较大比重，对整个经济发展和其他产业发展具有强烈的前向拉动或后向推动作用。经济发展的阶段性也决定了主导产业的序列更替性，不同的经济发展阶段其主导产业也不同，特定时期的主导产业，是在具体条件下选择的结果。一旦条件变化，原有的主导产业对经济的带动作用就会弱化、消失，进而被新的主导产业所替代。从产业结构变迁的历史看，主导产业转换引致产业结构演进，存在着从以农业为主的结构开始，按顺序依次向以轻工业为主的结构、以基础工业作为重心的重工业为主的结构、以高加工度工业为重心的结构、以信息产业和知识产业为主的结构演进的规律性。历史主导产业转换规律性的研究可以更好地选择主导产业，扶植主导产业的发展，从而实现产业结构的合理化和高级化，促进经济发展，提供参考。按照主导产业的特点，产业结构演变的一般规律是：

第一阶段是以农业为主导的阶段。农业比重占有绝对统治地位，第二产业、第三产业所占比重均很小，第二、第三产业发展缓慢，产业结构的变动速度较慢，产业结构保持着相对稳定状态。

第二阶段是以轻纺工业为主导的阶段。由于需求拉动大、技术要求简单的有利因素，促使轻纺工业得到较快发展，结果第一产业的发展速度逐渐下降，地位有所削弱，这个时候，轻纺工业逐渐取代农业成为主导产业，产业结构出现一定的变化。

第三阶段是以原料和燃料动力等基础工业为重心的重化工业阶段。在以原料和燃料动力等基础工业为重心的重化工工业阶段，农业产值在国民经济中的比重已经变得很小了；轻纺工业在持续发展，但速度逐渐放慢下来；以原料和燃料动力等基础工业为重心的重化工业得到较快发展，并逐渐取代轻纺工业成为主导产业。

第四阶段是以低度加工组装型重化工业为主导的阶段。那些传统型、技术要求不高的机械、钢铁、造船等低度加工组装型重化工业发展速度变快，其在国民经济中的比重也越来越大，并成为主导产业。

第五阶段是以高度加工组装型工业为主导的阶段。随着高新技术的广泛应用，传统产业得到变革，技术方面要求较高的精密机械、精细化工、石油化工、机器人、电子计算机、飞机制造、航天器、汽车及机床等高附加值组装型重化工业领域发展较快。高附加值组装型重化工业已经成为推动国民经济增长的主要动力，其在国内生产总值中的比重逐渐提高，同时增长较快，成为国民经济的主导产业。

第六阶段是以第三产业为主导的阶段。在此阶段里，第二产业的发展速度放慢，比重下降，尤其是传统产业的下降幅度较大，但是内部的新兴产业和高新技术产业仍具有较快的发展。虽然第二产业整体内部结构变化较快，但比重在国民生产总值中已不具有主导地位。由服务业、运输业、旅游业、商业、房地产业、金融保险业、信息业等组成的第三产业的发展速度明显加快，并在国民生产总值中占有主要地位，已经成为国民经济的主导产业。

第七阶段是以第四产业——信息产业为主导的阶段。在此阶段信息产业获得了长足发展，特别是信息高速公路的建设和国际互联网的普及，直接推动了信息产业的快速发展。在这一时期，信息产业已经成为国民经济的支柱产业和主导产业。

3. 三大产业内在变动规律

从三大产业的内部变动来看，产业结构的演进沿着以第一产业为主导到第二业为主导，再到第三产业为主导的方向演进。在第一产业内部，产业结构从技术水平低下的粗放型农业向技术要求较高的集约型农业，再向生物、环境、生化、生态等技术含量较高的绿色农业、生态农业发展；种植型农业向畜牧型农业，野外型农业向工厂型农业方向发展。在第二产业内部，产业结构的演进朝着轻纺工业—基础型重化工业—加工型重化工业方向发展。从资源结构变动情况来看，产业结构沿着劳动密集型产业—资本密集型产业—知识（包括技术）密集型产业方向演进。从市场导向角度来看，产业结构朝着封闭型—进口替代型—出口导向型—市场全球化方向演进。在第三产业内部，产业结构沿着传统型服务业—多元化服务业—现代型服务业—信息产业—知识产业的方向演进。

（二）新常态下的国内经济结构转型特点

自从 2008 年国际金融危机发生以后，国际条件明显变化，国内劳动力成本上升的速度加快，传统制造业受到土地、水、能源、空气质量等自然环境因素的制约，我国经济发展进入了新的发展周期。2014 年 5 月，习近平在河南考察时首次以新常态描述新周期中的中国经济，指出："我国发展仍处于重要战略机遇期，我们要增强信心，从当前中国经济发展的阶段性特征出发，适应新常态，保持战略上的平常心态。"2014 年 11 月，习近平在亚太经合组织（APEC）工商领导人峰会上首次系统阐述了新常态，指出新常态是"从高速增长转为中高速增长"，"经济结构不断优化升级"，"从要素驱动、投资驱动转向创新驱动"。

2014 年中央经济工作会议首次阐述了新常态的九大特征。

从消费需求看，过去我国消费具有明显的模仿型排浪式特征，现在模仿型排浪式消费阶段基本结束，个性化、多样化消费渐成主流，保证产品质量安全、通过创新供给激活需求的重要性显著上升，必须采取正确的消费政策，释放消费潜力，使消费继续在推动经济发展中发挥基础作用。

从投资需求看，经历了 30 多年高强度大规模开发建设后，传统产业相对饱和，但基础设施互联互通和一些新技术、新产品、新业态、新商业模式的投资机会大量涌现，对创新投融资方式提出了新要求，必须善于把握投资方向，消除投资障碍，使投资继续对经济发展发挥关键作用。

从出口和国际收支看，国际金融危机发生前国际市场空间扩张很快，出口成为拉动我国经济快速发展的重要动能，现在全球总需求不振，我国低成本比较优势也发生了转化，同时我国出口竞争优势依然存在，高水平引进来、大规模走出去正在同步发生，必须加紧培育新的比较优势，使出口继续对经济发展发挥支撑作用。

从生产能力和产业组织方式看，过去供给不足是长期困扰我们的一个主要矛盾，现在传统产业供给能力大幅超出需求，产业结构必须优化升级，企业兼并重组、生产相对集中不可避免，新兴产业、服务业、小微企业作用更加凸显，生产小型化、智能化、专业化将成为产业组织新特征。

从生产要素相对优势看,过去劳动力成本低是最大优势,引进技术和管理就能迅速变成生产力,现在人口老龄化日趋发展,农业富余劳动力减少,要素的规模驱动力减弱,经济增长将更多依靠人力资本质量和技术进步,必须让创新成为驱动发展新引擎。

从市场竞争特点看,过去主要是数量扩张和价格竞争,现在正逐步转向质量型、差异化为主的竞争,统一全国市场、提高资源配置效率是经济发展的内生性要求,必须深化改革开放,加快形成统一透明、有序规范的市场环境。

从资源环境约束看,过去能源资源和生态环境空间相对较大,现在环境承载能力已经达到或接近上限,必须顺应人民群众对良好生态环境的期待,推动形成绿色低碳循环发展新方式。

从经济风险积累和化解看,伴随着经济增速下调,各类隐性风险逐步显性化,风险总体可控,但化解以高杠杆和泡沫化为主要特征的各类风险将持续一段时间,必须标本兼治、对症下药,建立健全化解各类风险的体制机制。

从资源配置模式和宏观调控方式看,全面刺激政策的边际效果明显递减,既要全面化解产能过剩,也要通过发挥市场机制作用探索未来产业发展方向,必须全面把握总供求关系新变化,科学进行宏观调控。

这些趋势性变化说明,我国经济正在向形态更高级、分工更复杂、结构更合理的阶段演化,经济发展进入新常态,正从高速增长转向中高速增长,经济发展方式正从规模速度型粗放增长转向质量效率型集约增长,经济结构正从增量扩能为主转向调整存量、做优增量并存的深度调整,经济发展动力正从传统增长点转向新的增长点。

(三) 河南省经济发展阶段特征及要求

根据钱纳里的经济发展阶段理论,对我国经济发展阶段进行如表2所示的划分。

对河南省的相关经济发展指标进行梳理分析(见表3和表4),可得出河南省经济发展阶段的特征。

从人均GDP看,河南省已处于工业化中期阶段。2005年,河南省GDP为10587.42亿元,人均GDP达11346元,按当年平均汇率计算为1385美元,还处于前工业化阶段。2010年,河南省GDP已经达到了23092.36亿元,人均GDP达24446元,按当年平均汇率计算为3611美

表2   我国的经济发展阶段划分

基本指标	前工业化阶段（1）	工业化实现阶段			后工业化阶段（5）
		工业化初期（2）	工业化中期（3）	工业化后期（4）	
人均GDP/2005年美元（PPP）	745—1490	1490—2980	2980—5960	5960—11170	11170以上
三次产业产值结构（产业结构）	A＞1	1＞A＞20%，且A＜I	A＜20%，I＞S	A＜10%，I＞S	A＜10%，I＜S
第一产业就业人员占比（就业结构）	60%以上	45%—60%	30%—45%	10%—30%	10%以下
人口城市化率（空间结构）	30%以下	30%—50%	50%—60%	60%—75%	75%以上

注：A代表第一产业，I代表第二产业，S代表第三产业，PPP表示购买力平价。

元，进入工业化中期阶段。2013年，河南省GDP已经达到了32155.86亿元，人均GDP达34174元，按当年平均汇率计算为5433美元，处于进入工业化后期阶段的关键时期。

表3   河南省主要发展经济指标（2006—2013年）

年份	GDP（亿元）	人均GDP（元）	GDP（亿美元）	人均GDP（美元）	当年平均汇率
1978	162.92	232	95	135	1.72
2000	5052.99	5450	610	658	8.2784
2005	10587.42	11346	1292	1385	8.1917
2010	23092.36	24446	3411	3611	6.7695
2012	29599.31	31499	4698	5000	6.3001
2013	32155.86	34174	5112	5433	6.2897

资料来源：《河南统计年鉴》（2014）。

从三次产业结构看，河南省目前处于工业化中期向后期转变的重要阶段。2000年，第一产业产值占比为22.99%，第二产业产值占比为45.40%，第三产业产值占比为31.61%，第一产业占比高于20%，还处于工业化初期阶段。2005年，第一产业产值占比为17.87%，第二产业产值占比为52.08%，第三产业产值占比为30.05%，第一产业占比低于20%，第二产业比重高于第三产业比重，进入工业化中期阶段。2013年第一产业产值占比为12.62%，低于20%但仍高于10%；第二产业产值占比为55.38%，比重高于第三产业的32.00%，由此可以判断，河南省目前处于工业化中期向后期转变的重要阶段。

表4 河南省主要发展经济指标（2006—2013年） 单位：亿元、%

年份	第一产业	第二产业	第三产业	第一产业比重	第二产业比重	第三产业比重
1978	64.86	69.45	28.61	39.81	42.63	17.56
2000	1161.58	2294.15	1597.26	22.99	45.40	31.61
2005	1892.01	5514.14	3181.27	17.87	52.08	30.05
2010	3258.09	13226.38	6607.89	14.11	57.28	28.62
2012	3769.54	16672.20	9157.57	12.74	56.33	30.94
2013	4058.98	17806.39	10290.49	12.62	55.38	32.00

资料来源：《河南统计年鉴》（2014）。

从就业结构看，河南省处于工业化中期的关键阶段。根据河南省分产业从业人员情况（1978—2013年）（见表5），1978年，河南省第一产业的就业比重自2006年以来总体上下降，但受城镇化水平低、农村人口多、三次产业发展滞后等因素的影响，河南省第一产业就业比重仍处较高水平。从就业结构看，河南省2004年刚进入工业化初期阶段，第一产业从业人员比重由1978年的80.6%降低为58.1%；2010年，河南省第一产业从业人员为2712万人，所占比重为44.9%，首次低于45%，进入工业化中期阶段；2013年，河南省第一产业从业人员数为2563万人，所占比重为40.1%，处于工业化中期（30%—45%）的关键阶段。

表5 河南省分产业从业人员情况（1978—2013年） 单位：万人、%

年份	从业人员	第一产业	第二产业	第三产业	第一产业	第二产业	第三产业
1978	2807	2262	296	249	80.6	10.5	8.9
1979	2873	2366	290	217	82.4	10.1	7.6
1980	2929	2378	304	247	81.2	10.4	8.4
1981	3039	2470	310	259	81.3	10.2	8.5
1982	3146	2530	315	301	80.4	10.0	9.6
1983	3289	2598	341	350	79.0	10.4	10.6

续表

年份	从业人员	第一产业	第二产业	第三产业	第一产业	第二产业	第三产业
1984	3346	2578	376	392	77.0	11.2	11.7
1985	3520	2571	523	426	73.0	14.9	12.1
1986	3598	2574	568	456	71.5	15.8	12.7
1987	3782	2596	616	570	68.6	16.3	15.1
1988	3916	2648	659	609	67.6	16.8	15.6
1989	3943	2719	659	565	69.0	16.7	14.3
1990	4086	2833	671	582	69.3	16.4	14.2
1991	4216	2921	689	606	69.3	16.3	14.4
1992	4332	2955	724	653	68.2	16.7	15.1
1993	4400	2910	808	682	66.1	18.4	15.5
1994	4448	2865	864	719	64.4	19.4	16.2
1995	4509	2814	929	766	62.4	20.6	17.0
1996	4638	2822	988	828	60.8	21.3	17.9
1997	4820	2909	1011	900	60.4	21.0	18.7
1998	5000	2947	962	1091	58.9	19.2	21.8
1999	5205	3305	913	987	63.5	17.5	19.0
2000	5572	3564	977	1031	64.0	17.5	18.5
2001	5517	3478	997	1042	63.0	18.1	18.9
2002	5522	3398	1038	1086	61.5	18.8	19.7
2003	5536	3332	1084	1120	60.2	19.6	20.2
2004	5587	3246	1142	1200	58.1	20.4	21.5
2005	5662	3139	1251	1272	55.4	22.1	22.5
2006	5719	3050	1351	1318	53.3	23.6	23.0
2007	5773	2920	1487	1366	50.6	25.8	23.7
2008	5835	2847	1564	1424	48.8	26.8	24.4
2009	5949	2765	1675	1509	46.5	28.2	25.4
2010	6042	2712	1753	1577	44.9	29.0	26.1
2011	6198	2670	1853	1675	43.1	29.9	27.0
2012	6288	2628	1919	1740	41.8	30.5	27.7
2013	6387	2563	2035	1789	40.1	31.9	28.0

资料来源：《河南统计年鉴》（2007—2014）。

从城镇化水平看,河南省处于工业化初期阶段。由于河南省是农业大省,城镇化率一直处于较低水平。2005年,河南省城镇化率为30.65%,刚迈入工业化初期的30%—50%范围内,2005年以后,河南省城镇化水平提升很快,2013年,河南省城镇化率已经达到了43.80%,年增长达到了1.6个百分点,但是,河南省城镇化水平严重滞后于工业化的整体进程。

表6　　　　河南省城镇人口及城镇化率(1978—2013年)　单位:万人、%

年份	年底总人口	城镇人口	城镇化率
1978	7067	963	13.63
2000	9488	2201	23.20
2005	9768	2994	30.65
2010	10437	4052	38.82
2012	10543	4473	42.43
2013	10601	4643	43.80

资料来源:《河南统计年鉴》(2007—2014)。

(四) 河南省经济发展特征及要求

2014年,在世界经济复苏缓慢曲折、全国经济处于新常态"三期叠加"阶段的复杂形势下,全省上下认真贯彻落实中央和省委省政府的决策部署,坚持调中求进、变中取胜、转中促好、改中激活,统筹稳增长、促改革、调结构、强基础、控风险、惠民生各项工作,确保了经济运行总体平稳、稳中趋好的态势,各项指标比较协调,发展的科学性继续增强。

1. 增速放缓,效益提高

2014年,河南生产总值增速放慢,质量效益指标加快。前三季度生产总值增速分别比一季度末、二季度末和上年同期慢了0.2个百分点、0.3个百分点、0.2个百分点。GDP增速"下台阶"的同时,河南居民收入稳定增长、服务业加快发展,城镇居民人均可支配收入增速、农民人均现金收入增速和服务业增速等体现民生改善,这也是河南大力推进调中求进、转中促好的现实体现。

2. 产业调整,结构优化

新常态下的结构调整,要求经济结构中不协调、不可持续内容的

"退"，更高质量、更利民生内容的"进"。从产业结构来看，前三季度河南第二产业增加值的增速和占生产总值比重分别由一季度末的9.6%、61.05%，降至三季度末的9.4%、54.2%；而第三产业增加值的增速和占生产总值比重则分别由一季度末的8.2%、30.3%，升至三季度末的8.7%、31.2%，河南服务业发展明显滞后的问题有所缓解。

3. 动力转变，协调增长

投资拉动作用减小、消费拉动作用增加，新常态下新的动力机制逐步形成。2014年前三季度，河南投资增速趋缓，9月末增速不仅比2月末增速减少了3个百分点，而且是近年来首次低于20%。投资拉动作用趋减的同时，消费的拉动作用不断增加，投资与消费、出口对拉动经济发展的协调性稳步增长。

4. 亮点凸显，代价下降

高载能行业增加值增速下降、高成长制造业增速上升，在促进经济平稳健康发展的同时，河南经济增长的代价也逐步下降。前三季度，河南高成长性制造业增加值增速高于规模以上工业增加值增速1.7个百分点，高于传统支柱产业增加值增速3.2个百分点，高成长性制造业已经成为河南经济增长和产业升级的新亮点。

（五）郑州航空港实验区建设意义

1. 郑州航空港实验区是全国经济转型的试验和示范区

根据美国卡萨达教授的理论，航空运输成为继海运、河运、铁路、公路之后的"第五冲击波"，成为在全球范围内配置高端生产要素、提升国家和区域竞争力的重要动力。利用航空运输，推动航空偏好型产业集聚发展，进而培育航空港经济这一新的经济形态，已经成为经济发展的新趋势。我国经济在经历了长达30多年的高速发展之后，进入了增长速度换挡期、结构调整阵痛期和前期刺激政策消化期"三个叠加期"，如何为中国经济的转型、持续发展寻找一条道路至关重要，郑州航空港实验区是中国首个航空港经济发展先行区，它的成功对全国经济有带动作用，如同20世纪80年代的沿海城市开放推动中国经济发展一样。像郑州这样的中原地区，它依托于枢纽机场而崛起，也将带动更多的枢纽机场建起航空港，从东到西，从南到北，航空港经济将成为新一轮中国经济的增长点。

2. 郑州航空港实验区是产业结构升级的催化剂

郑州航空港实验区的建设，有利于集聚高端制造业和现代服务业，促进产业结构的升级和发展方式的转变。依托航空物流而集聚的电子信息、精密制造、光学材料等产业，正加速向河南转移。建设航空港经济综合实验区就是要通过大力发展与航空运输紧密相关的产业，吸引高端研发、交通物流、商贸、金融、会展等公共服务的有效集聚，形成高端制造业和现代服务业的一个重要集聚区，带动产业转型升级，促进发展方式转变。

3. 郑州航空港实验区是中西部内陆开放的"桥头堡"

郑州航空港实验区的发展可以促进郑州机场快速发展，从而不断扩大航线网络，通航城市逐步增多，形成枢纽网络，充分发挥航空最便捷的通道作用，使国内产业转移，使之融入全球产业链和产业分工体系，吸引人流、物流、资金流、信息流在实验区集聚，在更广领域、更高层次上参与全球经济合作，形成中原经济区和内陆地区的开放新高地，提升对外开放水平。

4. 郑州航空港实验区是河南进一步发展的切入点

郑州航空港实验区通过大型的航空枢纽建设，可以吸引大批量企业入驻，并用航空货运的方式来带动经济的发展。既可以发展航空经济，打开河南下一个十年的战略突破口，更重要的是，可以通过航空港区的发展培养和吸引人才，充分发挥河南巨大的市场和人力资源优势，保障河南经济持续发展。

二 郑州航空港实验区建设过程及基础

（一）郑州航空港实验区建设过程

1. 郑州航空港区成立

2007年10月，为加快郑州国际航空枢纽建设，河南省委、省政府批准设立郑州航空港区。总体规划期限为2008—2035年，在27年的时间里，郑州将分三步，打造全国大型复合枢纽机场和国际货运枢纽。2008—2012年，以规划为指导，大力发展基地航空公司，形成以航空物流为先导的发展格局，建设北部片区和南部片区各9平方公里。2013—2020年，航空港地区（不包括机场核心区）用地规模为34.93平方公里，人口控制在33万人左右。2021—2035年，航空港地区用地规模为94.1平方公里，人口（不包括机场核心区）控制在43万人左右。

2. 郑州新郑综合保税区成立

综合保税区的政策、功能、管理模式等均与保税港区相同，它和保税港区一样，是我国目前开放层次最高、优惠政策最多、功能最齐全、手续最简化的特殊开放区域。具有口岸、物流和加工三大主要功能，具体包括仓储物流，对外贸易，国际采购、分销和配送，国际中转，售后服务，商品展示，研发、加工、制造，口岸作业9项功能。河南作为内陆省份，迫切需要一个综保区作为扩大对外开放、加强交流合作、实现互利共赢的载体和平台。2010年10月24日，国务院正式批准设立郑州新郑综合保税区。这是经国务院批准的全国第十三个综合保税区，也是中部地区唯一的一个综合保税区。郑州新郑综合保税区规划面积为5.073平方公里。东至规划的郑港七街，南至郑州新郑机场规划的第三跑道边界，西至振兴北路，北至登封—郑州—商丘高速公路。郑州新郑综合保税区的功能和有关税收、外汇政策按照《国务院关于设立洋山保税港区的批复》（国函 [2005] 54号）的有关规定执行。2011年4月，根据中央编办批复精神，经河南省委、省政府批准设立郑州新郑综合保税区（郑州航空港区）管理委员会，为省政府派出机构。2011年11月，郑州新郑综合保税区正式封关运行。这是国内少有的围绕机场建设的综合保税区。2012年9月，郑州市跨境贸易电子商务服务试点项目启动，成为全国唯一一个利用综合保税监管场所进行试点的城市。这两个重大项目的启动，使郑州机场在全国处于理念领先的地位，加速了郑州航空港从"纸上蓝图"变成"现实样板"的进程。郑州新郑综保区的设立，有力地促进了河南经济和社会的发展，标志着河南的对外开放将进入一个新阶段，对河南经济和社会发展具有极其重要的意义。

3. 郑州航空港实验区成为国家战略

2012年7月4日，省政府和中国民航局联合向国务院提交《关于建立郑州航空经济综合实验区的请示》，2013年3月7日，规划获国务院正式批复。2012年11月17日，国务院批准《中原经济区规划》，提出以郑州航空港为主体，以综合保税区和关联产业园区为载体，以综合交通枢纽为依托，以发展航空货运为突破口，建设郑州航空港实验区。2013年3月7日，国务院批准《郑州航空港经济综合实验区发展规划（2013—2025年）》，郑州成为27个省（区、市）的51个城市先后提出的54个航空经济区中唯一一个国家级的航空港综合实验区。

(二) 郑州航空港实验区发展基础

区位条件优越，地处我国内陆腹地，空域条件较好，便于接入主要航路航线，适宜衔接东西南北航线，开展联程联运，有利于辐射京津冀、长三角、珠三角、成渝等主要经济区，具有发展航空运输的独特优势。陆空衔接高效，郑州机场是国内大型航空枢纽，发展空间大；郑州市是全国铁路网、高速公路网的重要枢纽，陆空对接、多式联运、内捷外畅的现代交通运输体系日益完善，综合交通枢纽地位持续提升。产业基础良好，郑州机场货邮吞吐量增速居全国重要机场前列，智能手机生产基地初步形成，截至 2014 年年底，郑州航空港实验区共实现手机产量 1.44 亿部，同比增长 49.2%。一批电子信息、生物制药、航空运输等企业加快集聚，呈现出航空枢纽建设和航空关联产业互动发展的良好局面。开放活力彰显，国家在中部地区设立的首个综合保税区、保税物流中心、出口加工区、铁路集装箱中心站等在区内集中布局，航空、铁路、公路口岸功能不断完善，开放型经济发展势头强劲。

(三) 郑州航空港实验区发展支撑

2014 年 6 月，中国民航局与河南省政府签署《关于共同推进郑州航空港经济综合实验区建设合作备忘录》，按照"建设大枢纽、发展大物流、培育大产业、塑造大都市"的总体思路，共同推进实验区建设。8 月，海关总署与河南省人民政府签署合作备忘录，明确将在完善航空口岸功能、海关特殊监管区域建设发展、郑州市跨境贸易电子商务服务试点等方面给予河南支持。质检总局支持河南郑州建设粮食指定口岸，积极发展跨境电子商务，对以快件或邮寄方式进境的电商产品，实施集中申报、集中查验、集中放行的便利措施；对整批入境、集中存放、按订单销售的电商产品，实施质量安全风险监管、按订单核查放行的便利措施。民航局优先支持引进或组建以郑州为基地的货运枢纽承运人和物流集成商，加强国内外交流合作，大力发展货物中转、集散业务，建设货运中转中心。同时，2013 年 11 月实施了《河南省人民政府办公厅关于郑州航空港经济综合实验区与省直部门建立直通车制度的实施意见》，在 266 项事项方面实现省区直通，《河南省人民政府办公厅关于支持郑州航空港经济综合实验区发展的意见》、《中共郑州市委、郑州市人民政府关于加快郑州航空港经济综合实验区建设的意见》等相继出台，省里 20 多个单位也出台了支持实验区发展的政策意见。河南省委确定了"市管为主、省级扶助"和

"两级三层"的管理体制，成立了省、市两级实验区建设领导小组及办公室，省级负责宏观指导协调和推进政策落实，市级负责实验区建设具体工作；设立了实验区党工委和管委会，实行一套机构、两块牌子，负责实验区各项工作的落实，形成了职责明确、协调联动的管理架构和运行机制。省市赋予实验区享有省辖市级经济社会管理权限，实施"职能"与"区域"全覆盖。

三　郑州航空港实验区发展模式选择

（一）空港经济发展模式比较

1. 航空服务业模式

此种模式是空港经济发展的初期阶段，主要是以单纯的纯粹的机场为主，产业以航空服务业为主，客运或货运是主要的服务内容。世界上大多数中小型机场以客运为主，且客运规模较小，仅有少量餐饮、购物服务和货邮服务。

2. 物流聚焦模式

此种模式是以机场为依托，机场的货运业务量占比比较大，定位为重要的货运枢纽，以促进机场货运业务发展的物流配套产业为主，延伸至部分贸易、加工环节。物流聚焦模式主要是指依托机场发展航空运输服务业和航空工业，航空运输服务业主要以航空公司为核心的航空运输服务产业链，航空工业主要指的是集研发、制造、销售及维修于一体的完整航空制造产业链。航空工业是一个投入产出比很高的行业，美国等航空工业发达国家投入产出比可以达到1:20。据日本通产省2002年的统计，按单位重量价值比计算，如轮船是1，则小汽车是9，电子计算机为300，喷汽客机是800，航空发动机是1400。先进航空产品附加值高，发达国家鼓励和促进航空业的发展，而通常的国际经验也说明，一个航空项目发展10年后会给当地带来的效益是：产出比为1:80，技术转移比为1:6，就业带动比为1:12。

孟菲斯机场是世界上最大的航空物流基地，其物流量一直遥遥领先。孟菲斯机场集聚了一批世界知名的航空物流企业。世界上最大的航空物流企业联邦快递的总部设在孟菲斯，其他世界知名的航空物流企业如UPS、

DHL、KLM 等都在机场设有航空物流机构。Fedex、UPS 等大公司拥有庞大的全货机队和快递配送网络，在美国境内任何两个城市和居民点之间可以做到 24 小时内送货上门。围绕航空物流，集结一批相关的商务机构，使之成为世界航空物流规模最大、货运效率最高、服务设施最齐全的空港，在世界航空物流界一枝独秀。

3. 商贸聚焦模式

商贸聚焦模式是机场的客运业务量占比比较大，通常为大型的航空客运枢纽，主要是指依托机场发展客运高度相关的商务办公、会展会议、酒店餐饮等高端商务产业及配套产业。法兰克福机场是欧洲主要航空枢纽之一，机场在做大航空运输的同时，大力发展国际商务。围绕机场形成了三个圈层：第一圈层是机场的基础设施和空港相关的办事机构，第二圈层是旅游度假酒店、商务公寓，第三圈层是私人住宅小区及办公楼、会展中心、文化娱乐设施。

4. 产业延伸模式

产业延伸模式是指机场的客货运业务量都不大，机场与城市化规划方向一致，主要依托机场周边产业和城市发展的整体规划，成为功能完善的新城区，并提供配套功能与服务。汉堡空港新城依附汉堡机场而建，距离汉堡市中心约 8 公里。新城被汉堡机场分割为两个片区，通过新的 s - bahn 铁路与市中心相连，地理位置优越，交通便利。为了缓解市中心的居住和就业压力，汉堡空港新城以居住和工业为主要功能，还配备了相应的机场服务行业。新城很好地承接了来自世界各地的旅客，避免了外来人口对市中心的压力。新城的高新产业和工业也有助于推动整个汉堡市的经济快速发展。

5. 综合发展模式

综合发展模式是指机场的客货运业务量均比较大，通常为致力于成为国际客货运复合型枢纽，综合发展模式在产业发展方面客运商旅服务产业和货运物流服务产业并举。荷兰阿姆斯特丹的史基浦机场除专门的航空物流设施外，机场航站楼设有购物中心、餐饮酒店、博物馆以及休闲娱乐场所。航站楼附近的甲级综合大楼设有世界贸易中心，进驻了公司总部、金融服务、商务办公、航空公司、旅行社等企业，机场周边有序分布多个高科技产业园，发展信息技术、电子设备、航空航天等高端制造业，与航空物流产业无缝对接。此外，空港附近始终保留着一块农业用地。种植各种花卉151种。成为航空物流的货源之一，经济效益十分显著。史基浦机场的空港经济横跨了三大产业，实现了第一、第二、第三产业的联动发展。

韩国仁川空港经济区以空港所在地永宗岛为依托主要发展航空物流、开发休闲、旅游产业，在机场四周建设了梦幻主题公园、水上运动公园、航空城公园和时装主题公园4个大型休闲旅游项目，以优质人文生态环境凸显自由经济区的特色。而相近的松岛则主要以国际商务、研发、教育、文化、居住等功能为特色；青萝岛重点建设国际金融中心、外籍职工居住区，以及相应的休闲娱乐配套设施（如高尔夫球场、运动休闲中心）。

6. 航空大都市模式

航空大都市模式与产业延伸模式相对应，是指机场的客货运业务量比较大，机场与城市化规划方向一致，也是依托机场周边产业和城市发展的整体规划，成为功能完善的新城区，并提供配套功能与服务，航空大都市不但是整个城市的"城区"之一，更是引领整个城市发展的"都会区"。前面几种模式都是主要着眼于经济，是城市的一个区域，承担了城市的单一的经济和产业功能。航空大都市从一开始就按照"城市"的理念规划城市，不但重视产业的发展，还规划形成了完整的生活服务、休闲娱乐、都市农业、畅达的交通系统等一系列设施。

（二）郑州航空港实验区发展模式选择

根据对郑州航空港实验区的规划，郑州航空港实验区以"建设大枢纽、培育大产业、塑造大都市"为发展主线，以郑州大型航空枢纽建设为依托，以航空货运为突破口，着力推进高端制造业和现代服务业聚集，着力推进产业和城市融合发展，着力推进对外开放合作和体制机制创新，力争将郑州航空港实验区打造成为"国际航空物流中心、以航空经济为引领的现代产业基地、内陆地区对外开放重要门户、现代航空都市、中原经济区核心增长极"。

1. 国际航空物流中心

郑州地处我国内陆腹地，郑州机场是国内大型航空枢纽，空域条件较好，地面交通发达，具有建设国际航空货运枢纽的独特优势。确定这一定位，就是立足郑州现实条件和发展潜力，强调通过建设郑州国际航空货运机场，打通连接世界重要枢纽机场和主要经济体的航空物流通道，完善陆空衔接的现代综合运输体系，提升货运中转和集疏能力，逐步发展成为全国重要的国际航空物流中心。

2. 以航空经济为引领的现代产业基地

近年来，一批电子信息、生物制药、航空运输等企业在郑州机场及周边加快集聚，产业发展初具规模，智能手机生产基地初步形成，呈现出航空枢纽建设和航空关联产业互动发展的局面。确定这一定位，有利于发挥实验区航空运输综合带动作用，推动与航空关联的高端制造业和现代服务业发展壮大，形成全球生产和消费供应链重要节点，引领和推动中原经济区乃至中西部加快转型发展。

3. 内陆地区对外开放重要门户

有利于依托郑州大型航空枢纽建设和航空港经济集聚发展，搭建起立足中原、服务中西部、连接世界的对外开放新平台，实现内陆地区与国际市场的直接对接；强调通过提升航空港开放门户功能，推进综合保税区、保税物流中心发展和陆空口岸建设，完善国际化营商环境，提升参与国际产业分工层次，构建开放型经济体系，建设富有活力的开放新高地。

4. 现代航空都市

按照中原经济区战略确定实现"三化"协调发展这一核心任务，推动现代产城融合发展，是实验区建设的一项重要任务。确定这一定位，就是要借鉴国际经验，完善基础设施和公共服务设施，推动集约节约发展，建设具有较高品位和国际化程度的城市综合服务区，为空港、产业发展提供服务支撑，建设现代产城融合发展示范区，实现以航兴区、以区促航、产城融合。

5. 中原经济区核心增长极

这是基于郑州航空港实验区潜在优势确定的，描述了未来十年以及更长时期内，实验区在中原经济区乃至全国经济发展大局中的作用。推动与郑州中心城区、郑汴新区联动发展，建设成为中原经济区最具发展活力和增长潜力的区域，既顺应了实验区加快发展的需要，也体现了实验区与周边其他区域联动发展的要求。

因此，郑州航空港实验区最终定位于建设航空大都市模式，要实现航空大都市的建设，航空港要经过几个阶段，根据郑州航空港发展规划、区域实际情况，由起步阶段发展为航空大都市可以分为三个阶段的建设：第一个阶段是物流聚焦模式建设；第二个阶段是商贸聚焦模式建设；第三个阶段是综合发展模式建设（见图1）。

阶段	起步阶段	物流聚焦阶段	商贸聚焦模式	综合发展模式	航空大都市
特点	• 单纯的客货运	• 货运发展较快	• 客运极大发展	• 客货运都非常大	• 大都市
定位	• 客运中心	• 物流中心	• 区域商业中心	• 多功能航空城	• 国际商业中心
产业	• 较少的客货运输	• 物流及与航空相关的产业	• 商业、会展、高科技	• 金融、创意、物流、会展等	• 国际会议中心、国际企业总部、高端商务

高　　　　　　　　　　　　　　航空相关度　　　　　　　　　　　　　　低

图1　郑州航空港实验区发展阶段示意

四　郑州航空港实验区发展的实践经验及难点

（一）郑州航空港实验区发展实践经验

1. 航空港实验区发展对于郑州和河南区域经济发展及转型具有强有力的支持和示范作用

郑州航空港实验区的建设可以进一步推动河南和郑州的改革开放，不仅在空间和距离上通过时空收敛效应拉近了与世界的距离，更是从观念上建立了河南、郑州面向全球的开放门户，可以促进河南、郑州进一步解放思想，营造开放的环境，形成一个可持续发展的支撑。从产业及经济转型来看，建设郑州航空港实验区是促进河南省、郑州市产业转型升级的重要助推器。

2. 航空港经济发展要遵循一定的产业发展规律

航空港的发展跟任何一个区域经济的发展一样具有阶段性，初期阶段主要是打基础、扩声誉、建制度，有些产业的引进可能对于初期阶段是必需的，但对于航空港区的长期发展可能是不利的。因此，航空港产业发展必须遵循其客观规律不断调整。在初期阶段，产业发展以价值链的硬件环节为切入点，以大型骨干企业为主导，以资源能力的纵向整合和商业模式构建为手段，逐步构建航空港经济区的区内价值链，嵌入全球价值链，临空产业发展的制度与政策依赖程度高，政府的主导作用突出，临空产业发展的驱动模式主要是"以线（航空运输线）养地（产业），以流（物流）带物（货物）"。第二阶段产业发展以价值链的硬件与软件环节为共同切入点，以产业园区和产业集群为主导，以资源能力的横向整合和商业模式完善为手段，构建区内价值网络，融入全球价值链，临空产业发展的制度与政策依赖程度降低，政府与市场协同发挥作用，临空产业发展的驱动模式主要是"线（航空运输线）—地（产业）互动，流（物流）—物（货物）互动"。第三阶段产业发展以价值链的软件环节，即以高技术产业（OBM）和产业的服务化、创新化为切入点，以区内高能级的价值网络为主导，以资源能力的侧向整合和商业模式创新为手段，逐步实现向全球价值链高端环节攀升并分享更多的价值链控制权，临空产业发展的制度与政策依赖程度降低，市场发挥主导力量，临空产业驱动模式是"以地（产业）养线（航空运输线），以物（货物）促流（物流）"。

3. 航空港经济区发展初期要有政府、企业、人民群众的大力支持

在郑州航空港发展初期阶段，必须围绕机场这一交通运输优势发展经济，因此需要充分发挥政府的主导作用来扶持航空港的发展，郑州航空港实验区的发展获得了各级政府、企业及人民群众的大力支持。如海关总署与河南省人民政府签署合作备忘录，明确将在完善航空口岸功能、海关特殊监管区域建设发展、郑州市跨境贸易电子商务服务试点等方面给予河南支持。质检总局支持河南郑州建设粮食指定口岸，积极发展跨境电子商务，对以快件或邮寄方式进境的电商产品，实施集中申报、集中查验、集中放行的便利措施；对整批入境、集中存放、按订单销售的电商产品，实施质量安全风险监管、按订单核查放行的便利措施。《河南省人民政府办公厅关于支持郑州航空港经济综合实验区发展的意见》、《中共郑州市委、郑州市人民政府关于加快郑州航空港经济综合实验区建设的意见》等相继出台，省里20多个单位也出台了支持实验区发展的政策意见。

4. 良好的交通和生态环境是郑州航空港实验区发展的必要条件

便捷的交通、充实的生活保障、美丽的城市面貌，是吸引和凝聚发展要素的重要渠道。郑州航空港实验区坚持高起点规划、高标准建设、高水平管理，促进产城融合，打造科技化城市，营造生态宜居城市氛围，郑州航空港区将实现航空、高铁、公路、地铁之间的"零"换乘，立体化交通将弱化距离的概念。2015年年底，郑州机场将成为继上海虹桥机场之后全国第二个集城际铁路、高速公路、高速铁路等多种交通方式有效衔接

的机场。航空港区的地面交通优势也十分明显。在港区外围，主要推进"两纵两横"的高速公路，形成京港澳高速、郑民高速、商登高速、机西高速围合而成的"井"字形外围交通路网。港区对外交通则重点构建"四纵（四港联动大道、雁鸣路、万三公路、S223）六横（双湖大道、郑少高速联络线、迎宾大道、S102、商登高速辅道、炎黄大道）"的快速路网，四通八达的交通优势被进一步放大。"绿色"、"生态"是航空港区的一个定位，港区不断营造青山绿水的生态环境。航空港区清新的空气、优美的自然环境是航空港实验区成为技术和资金高地的有力保障，也是郑州成为高端生态宜居新城区的基础。

（二）郑州航空港实验区发展实践难点

1. 如何培养和吸引高层次、高技能、复合化人才

郑州航空港实验区产业主要规划为航空服务保障和维修、飞机零部件制造和航空租赁等航空产业，电子信息、生物医药和医疗器械、光电与半导体、新材料等高端制造业以及教育培训、商务休闲、医疗保健等城市配套服务业。据测算，郑州航空港实验区至少可以带动航空业 20 万以上的人口就业，如果加上高端制造业、电子信息技术等各种产业，人才的缺口将更大，随着实验区建设的推进及资金投入的大量增长，相匹配的人才的需求量也必然随着大量增加。实验区的建设不仅对人才需求数量庞大，同时对人才需求质量也提出了较高的要求。目前河南省内的高等院校、科研院所的科技及人才资源缺乏支撑，这已成为郑州航空港实验区发展的难点。

2. 如何持续吸引和承接国内外产业转移

依托和发挥实验区的后发和政策优势，自 2010 年 8 月以来，郑州航空港实验区进驻了富士康等一大批国际和国内知名企业。但随着政策边际效应的衰减以及各地对于航空经济的重视，如何进一步吸引符合规划要求的能通过产业转移获益的企业落户，增强承接产业转移的持续性是郑州航空港实验区进一步发展的难点。

3. 如何构建持续的顶层设计和外部政策

郑州航空港实验区自创始就非常重视顶层设计和外部政策的争取，如加快建立健全港区管理机构，落实职能部门责任，优化工作流程，制定工作标准，强化绩效考核，复制推广了上海自贸区经验，完善了机构设置和人员配备，推进了财税金融体制改革。但是，郑州航空港实验区建设是一

个持续渐进的过程，在实践过程中，如何解决机场体制不顺畅、市级统筹机构不健全、货物多次转关体系不畅及政策扶持力度不够等难点是未来一段时间的长期目标。

参考文献

[1] 国家发展和改革委员会：《抓住重大历史发展机遇》，《郑州日报》2013 年 4 月 4 日。

[2] 王喜成：《推进郑州航空港建设的路径思考》，《区域经济评论》2013 年第 5 期。

[3] 朱婷：《河南郑州发力中部台资高地》，《人民政协报》2013 年 6 月 1 日。

[4] 张建秋：《郑州航空港经济综合实验区产业发展战略研究——基于 SWOT 模式的分析》，《商丘师范学院学报》2014 年第 1 期。

[5] 冯麟：《郑州航空港经济综合实验区动力机制与发展模式研究》，硕士学位论文，河南大学，2014 年。

[6] 胡星：《论经济功能区的形成机制与发展路径——以郑州航空港经济综合实验区为例》，《中国名城》2014 年第 12 期。

[7] 秦天枝：《加快发展郑州航空港经济的思考》，《决策探索》（下半月）2014 年第 12 期。

[8] 丁远：《郑州航空港经济综合实验区建设与发展的探索与实践》，《决策探索》（下半月）2014 年第 12 期。

[9] 郭丽莎：《郑州航空港经济综合实验区的产业定位与培育要素》，《中共郑州市委党校学报》2014 年第 12 期。

[10] 张滢：《郑州航空港体系建设问题研究》，《商丘职业技术学院学报》2014 年第 12 期。

[11] 王海杰：《以临空经济助力现代产业体系构建》，《河南日报》（理论版）2014 年 11 月 14 日。

郑州航空港实验区对外开放优势培育

孙恒有　何枭吟

纵观世界经济的发展历程，以交通运输为核心的技术革新和相关基础设施产业的发展始终是推动人类经济社会进步的重要因素之一。世界经济正在迎来继海运、河运、铁路、公路之后的"第五冲击波"，临空经济正在全球范围内方兴未艾，并且成为区域经济转型发展和提升国际竞争优势的重要手段。郑州航空港实验区应该积极抢占区域竞争制高点、创造竞争新优势、实现新跨越发展。

一　郑州航空港实验区对外开放现状

郑州航空港实验区紧紧围绕推进"建设大枢纽、培育大产业、塑造大都市"这条主线，坚持以区位、资源优势为依托，充分挖掘自身潜力，千方百计借助外力，培育了一大批经济新增长点，取得了显著成效。

（一）内陆开放的领头军

长期以来，河南省拥有丰富的劳动力资源和巨大市场潜力，但是由于不邻边、不靠海，对外开放程度比较低，无法将自身的资源优势转变为经济优势。然而，2010 年 10 月 24 日国家批准中部地区唯一的一个综合保税区——郑州新郑综合保税区，彻底扭转了河南省对外开放中的劣势地位。郑州综合保税区采用"政府边建设，企业边生产，海关边监管"的模式，2011 年 11 月 4 日正式封关运营，在保税区建设方面创造了"河南速度"。① 2012 年 11 月 17 日，国务院批准《中原经济区规划》，提出以

---

① 李萧伶：《郑州综合保税区成为河南外贸经济新引擎》，《河南工人日报》2014 年 11 月 11 日第 2 版。

郑州航空港为主体，重点规划、发展航空货运业务，积极促进跨境贸易电子商务服务，把郑州打造成为国际货运集散中心；同年，新郑国际机场也被确定为"十二五"期间全国唯一的综合交通枢纽建设试点，郑州成为国家重点发展的航空运输枢纽之一。2013 年 3 月 7 日，国务院批复了《郑州航空港经济综合实验区发展规划》，郑州航空港实验区成为国家批准的唯一航空港经济发展先行区。在国家政策的支撑下，郑州航空港实验区正在大力发展临空经济，全方位构建高速、高效、高度灵活的经济与贸易模式，加快实现河南省由中原腹地向内陆开放高地的转型。

（二）对外贸易跨越式发展

2010 年以前，河南省对外贸易总额始终在年均不足 200 亿美元的低水平徘徊。郑州综合保税区和郑州航空港实验区的建设开启了河南省对外贸易跨越发展的新格局。2010—2013 年，全球贸易持续疲软，国内经济增速放缓，郑州航空港实验区却带动河南对外贸易逆势强劲增长。据统计，郑州航空港实验区 2012 年进出口总值为 279.8 亿美元，2013 年增长到 348.8 亿美元，分别占河南省进出口总额的 54.1% 和 58.2%。郑州海关数据显示，2014 年郑州航空港实验区对外贸易继续持续增长，进出口总值达到 379.2 亿美元，占全省进出口的 58.3%。目前，郑州航空港实验区正在积极探索保税加工、保税物流、保税展示、保税研发、保税维修、国际贸易、离岸结算等涉外产业，成为河南外贸经济发展的新引擎。

（三）贸易便利化逐见成效

贸易便利化是提升区域国际竞争力不可或缺的关键要素。郑州航空港实验区不仅通过完善航空基础设施提高河南的对外开放度，而且还积极通过改革通关制度、优化检验检疫流程提高商品国际流通的效率，实现要素跨境的高速流通。

2013 年 8 月，郑州海关制定了《郑州海关支持郑州航空港经济综合实验区建设的 10 项措施》，其中包括正式在郑州机场海关和综保区海关开展通关作业无纸化改革试点工作，企业可足不出户办业务。为了进一步简化企业的通关手续，提高通关效率、降低企业通关成本，2014 年郑州航空港实验区积极推广复制上海自贸区的 14 项监管创新制度，其中批次进出集中申报、集中汇总纳税、区内自行运输、加工贸易工单式核销、统一备案清单、简化通关随附单证、境内外维修和保税展示交易 8 项创新制度已经得到落实，期货保税交割、先进区后报关、智能化卡口验放、保税物流联网、监管内销选择性征税和融资租赁 6 项创新制度也正逐步落实①；在进出口商品检验检疫方面，第三方检验结果采信、签发中转货物产地来源证、入境维修旧机电产品检验监管便利化、通关无纸化、出入境生物材料制品风险管理、进口货物预检验制度、检验检疫分线监督管理模式、优化动植物及其产品检疫审批等创新制度已经在郑州航空港实验区得到推广，进出口企业能够享受到更快、更高效的进出口检验检疫服务。②

（四）综合交通枢纽初具规模

在经济全球性快速发展的今天，良好的区位优势和综合交通体系是支撑区域经贸发展的重要力量。郑州市地处我国普通铁路、高速铁路南北、东西主干线"双十字"交会中心，拥有亚洲最大的铁路货运编组站，高速公路和客货运铁路通车里程长期保持全国首位，是国内重要的陆运交通枢纽。另外，2013 年郑欧国际货运班列开通，打造中、亚、欧快速货运线，为郑州到欧洲、沟通世界的对外开放平台，也使河南成为丝绸之路经济带的"桥头堡"。目前，河南出入境检验检疫局对郑欧国际班列实行 7×24 小时随报随检随放预约服务，保障郑欧国际班列定点、定时、定线运行。③

伴随着郑州航空港实验区的发展，郑州机场客货运量飞速增长。截至 2014 年年底，郑州机场累计开通航线 185 条，比 2011 年增加 106 条。2014 年，郑州机场客运量达 1580 万人次，货邮吞吐量达 37 万吨，增速继续领跑全国。郑州机场运营的货运航空公司已从 2011 年的 6 家增至 17 家，通航城市从 2011 年的 56 个增至 90 余个。④ 郑州机场已经跻身全国八大枢纽机场之一，区域性航空枢纽地位凸显。

新兴的航空枢纽与传统的陆地运输枢纽的结合使郑州连通境内外、辐射东中西，形成以铁路、公路和航空三大运输方式为核心的综合交通枢纽。

---

① 栾姗：《"自贸区制度"给企业带来红利》，《河南日报》2014 年 11 月 13 日第 3 版。

② 赵振杰：《我省复制推广上海自贸区 8 项检验检疫制度》，《河南日报》2014 年 11 月 14 日第 3 版。

③ 宋敏等：《河南出入境检验检疫局助力郑欧国际班列扩量增效》，《河南日报》2014 年 12 月 6 日第 3 版。

④ 成燕、袁帅：《航空港区：内陆开放高地羽翼渐丰》，《郑州日报》2015 年 1 月 9 日第 1 版。

（五）对外引资效应显著

对外招商引资是快速提升区域竞争优势的重要途径。郑州航空港实验区成立以来，抓住东部地区产业转移机遇，充分发挥航空港经济综合实验区的区位、交通优势，重点围绕临空经济、航空物流产业，依托"链条经济"、"园区经济"吸引一批具有国际影响力、国内辐射力、国内外资源整合力的项目，成为激活郑州航空港实验区发展的内原动力。首先，郑州航空港实验区已经吸引了富士康、中兴、展唐、正威等50多家手机整机企业和配套企业入驻，形成以智能手机为核心的产业链条。例如，富士康落户郑州，给河南直接带来100多个相关产业、400多个配套产业，促使郑州成为世界最大的手机终端生产基地，约占全球手机供货量的1/8。①其次，郑州航空港实验区以独特的区位优势也吸引国际物流巨头进入郑州市场，推动航空物流产业的发展。例如，中国香港国泰、俄罗斯空桥货运航空公司等航空运输企业都已在郑州开通货运专线。郑州机场正在成为区域重要的航空分拨转运中心。

（六）对外开放平台显著提升

对外开放平台是区域对外开放的重要窗口。郑州航空港实验区结合国家政策、因地制宜不断创新航空口岸平台和发展跨境贸易电子商务。

首先，郑州航空港实验区口岸平台实现新发展。汽车整车、药品、肉类、食用水生动物等特种商品指定入境口岸获得批准建设，为郑州航空港实验区对外开放提供新的平台。

其次，2014年河南电子口岸综合服务中心建成，以数字化模式提供高效便捷的通关服务，实现与机场、出口加工区、保税物流中心、铁路等口岸对接，覆盖全省进出口企业、产业集聚区、物流基地，形成服务全省、辐射中部、连通全国乃至全球的电子口岸通关服务系统②。

最后，2012年5月国家发改委批准郑州国家跨境贸易电子商务服务试点，郑州成为中部地区唯一的跨境贸易电子商务服务试点城市。目前，郑州航空港实验区引入了河南省首家新型跨境贸易电商平台"万国优品"（www. wgyp. com），并与天猫国际、京东商城、中外运敦豪国际航空快件有限公司等国内外知名电商、网商、物流商建立了合作关系，初步实现直

① 杨凌：《郑州航空港手机产量破亿》，《河南日报》2014年12月17日第1版。

② 栾姗：《河南电子口岸平台主体工程封顶》，《河南日报》2014年1月12日第1版。

通世界 13 个城市。郑州航空港实验区跨境贸易电子商务服务在全国的影响力不断提高。

二 郑州航空港实验区对外开放中存在的问题

客观地分析、认识郑州航空港实验区对外开放现有政策、成绩与存在的问题，是实现郑州航空港实验区更好、更快发展的重要前提。目前，郑州航空港实验区发展过程中仍然存在多方面不足。

（一）经济开放程度偏低

开放型经济是以自身要素禀赋融入全球化，通过国际市场获取生产要素，实现生产要素空间集聚和要素配置效率提升。郑州航空港实验区的重要目的是弥补河南不沿边、不沿海的区位短板，充分发挥航空经济优势，加快内陆地区的开放新高地建设和开放型经济跨越式发展。但是，由于郑州航空港实验区起步晚，现有开放型经济程度仍然偏低。

第一，没有形成市场的国际化。郑州航空港实验区的发展正处于充分挖掘国家政策的起步发展阶段，发展模式仍然基于政府主导型建设和投融资，缺乏区域性、全球性的商品交易中心，还没有形成完全以市场运作为基础的资源配置模式。

第二，没有形成企业的国际化。尽管美国联合包裹、俄罗斯空桥、富士康等国际知名企业已进驻郑州航空港实验区，航空关联型产业格局基本成型，但大型跨国公司巨头数量仍然很少。区内企业在经营管理上缺乏全球视野、国际化理念，市场辐射范围小，还没有形成跨国企业的集聚地。

第三，没有形成城区品牌的国际化。郑州是中国八大古都之一，享誉国内外。但航空港是一个新兴的城区，处于参与国际分工、国际循环和国际竞争的起步阶段，国际文化交流较少，国际影响力有限、知名度不高，没有形成明星吸附效应，不利于人流、物流、资金流、信息流等各类发展要素在实验区集聚。

第四，没有形成人才的国际化。国际化人才是否充裕是衡量经济开放程度的标志之一。河南省为郑州航空港实验区建设提供了大量低廉技术工人，但国际化高端人才供给严重不足，本土人才国际化素质整体偏低，在国际经济合作和人才竞争中处于劣势，无法为郑州航空港实验区打造内陆地区开放高地提供智力支持。

第五，没有形成服务国际化。现代服务产业符合临空经济的发展要求，也是郑州航空港实验区的重要支柱之一。郑州航空港实验区已经重点发展了现代物流、会展产业，但是信息服务、金融、旅游等高成长性服务业发展滞后，特别是国际服务外包产业发展不足，与国内外其他航空港有较大差距。

（二）主导产业国际竞争力不显著

世界著名的航空港的竞争力主要是借助航空运输的速度经济，使全球各类高级生产要素在机场周边集聚，衍生出独具优势的高端制造业与现代服务产业，引领世界经济发展的新趋势和新潮流。郑州航空港实验区现有主导产业基本上是建立在劳动力和区位优势的基础之上，初步形成高端制造业、航空物流业和现代服务业三大主导产业，但目前产业国际竞争力整体偏弱。

第一，智能手机制造产业大而不强。富士康、中兴、天宇等企业入驻航空港区，使得郑州智能手机年产量达到 1.44 亿部，形成了智能手机产业集聚，但却由于未掌握智能手机产业核心技术、发明专利较少，只能以贴牌模式组装加工，产品关键零部件几乎全部依靠进口，处于全球产业价值链的低端，经济附加值非常低。

第二，航空物流产业发展受到市场束缚。航空物流产业的发展需要具有相匹配的特色化、规模化、国际化的物流企业及供应链企业，否则物流产业将失去广大的市场基础。然而，郑州航空港实验区临空产业基础很薄弱，周边现有产业布局仍以传统产业居多，短期内很难支撑航空运输的发展需求。

第三，郑州航空港实验区现代服务业起步晚，具有高附加值的会展服务、金融服务、IT服务外包等现代服务产业还没形成规模效应。

（三）大物流的配套设施不健全

第一，大物流不仅需要航空货运、公路运输和铁路运输的无缝对接，而且还需要完善的物流链条、仓储配送体系。目前，郑州航空港实验区"铁、公、机"三网联合，具备了发展陆空联运模式的基本条件。但是航空、铁路和高速公路三部门相互之间独立、条块管理，冷链物流、仓储配送不完善，不能满足临空经济的特点和要求，限制航空物流业务并提高了物流成本，没有形成集高效、顺畅的集航空、公路、铁路于一体的综合性物流配送体系。

第二，大物流需要郑州航空港实验区发挥货运站和物流中心的作用，实现国际转国际、国内转国际和国内转国内的航空中转。目前，郑州航空港实验区仍然是以国内转国内为主，国内转国际发展迅猛。据统计，2014年郑州航空港实验区出港货邮达 19.86 万吨，占货邮总量的 53.62%，进港货邮 17.18 万吨，占货邮总量的 46.38%，其中国际地区货邮量占到货邮总量的 55.64%，首次超过国内货邮量。① 但是，迪拜、仁川等国际上成功的航空港都是国际转国际的航空中转中心，郑州航空港实验区离这一目标还有相当大的差距。

第三，大物流需要建立在物流配送大数据信息共享的基础上。物流产业很大程度上是基于信息管理与资源共享的现代服务产业，物流企业间的信息化程度则成为反映区域物流效率的重要标志。目前，郑州市航空物流企业拥有物流信息系统和配送网络，但信息数据系统缺乏统一标准，不能实现信息数据的互联与分享，在某种程度上降低了整个郑州地区"大物流"效率。

第四，大宗商品交易市场对大物流形成和发展的支撑力不足。河南的人发制品、铝原料等大宗商品资源丰富，小麦、棉花期货市场发展成熟，但缺乏大宗商品现货交易市场。因此，不少跨国物流巨头为抢占发展先机都已经或计划入驻郑州航空港实验区，但郑州航空港实验区目前还缺乏大宗商品交易供应链，抑制了大物流的发展步伐。

（四）缺乏临空产业高端人才引进和培养机制

国外航空港发展经验显示，专业化人才和本土化的人才培养体系是临空经济发展的重要支撑与保障。例如，世界著名航空产业之都蒙特利尔通过高等院校培养航空产业专业人才，路易斯维尔市专门设立了"都市大学"满足 UPS 对航空物流人才的需求。② 目前，郑州航空港实验区缺少与临空产业相关的专业人才，如国际航空物流、国际商务、软件人才，省内高校学科设置方面还没有实现与临空产业的对接，缺乏职业人才培养机制，严重制约郑州航空港实验区进一步发展。

在国际航空物流领域，这一问题尤为突出。国际航空物流业不仅涉及

---

① 徐东坡：《郑州机场客货运量增速领跑全国》，《河南日报》2015 年 1 月 8 日第 1 版。

② 曹允春、席艳荣：《临空经济发展的国际经验及对我国的借鉴》，《商场现代化》2009 年第 3 期。

为客户提供高质量的航空运输服务，还要为客户提供大量的衍生服务，如报关、配货、仓储、结汇等一条龙服务。因此，国际航空物流业需要掌握物流、管理、外贸、语言等多门技能，实践工作经验丰富，具有国际视野的复合型、应用型人才。然而，目前河南省航空物流人才培养力量却极其薄弱。省内部分高校虽然开设物流管理专业，但却普遍针对传统物流，局限在海洋、陆地运输，国际航空物流人才的培养仍然空白，离航空物流市场的要求差距较大，无法满足航空物流人才需求。

随着郑州航空港实验区的经济发展，对高素质、具有国际视野的临空经济人才的需求将与日俱增。缺乏临空产业高端人才引进和培养机制将导致临空经济人才供给不足，制约郑州航空港实验区的长远发展。

（五）金融环境仍需优化

金融业是航空经济快速发展的不可或缺的推进器。据统计，目前全球的航空公司中，有近40%的飞机是通过金融租赁的方式引入，而在航空公司自购飞机融资中，飞机抵押贷款也占据了绝大多数的份额。[①] 同时，国际航空货运产业也要求构建高效的金融和贸易结算体系，以便于降低企业运营成本和商品贸易流通成本。另外，跨境服务贸易会涉及货币结算兑换，存在较高汇率风险，需要通过国际金融工具规避汇率风险。因此，航空港的发展离不开高效率的金融服务体系。然而，郑州航空港实验区整体金融环境并不乐观。第一，河南省整体金融环境处于劣势。根据《中原经济区金融发展报告》，2013年河南省金融机构的资产运用不充分，营利性偏弱，整体金融资产水平处在相对劣势。[②] 第二，金融证券机构没有大量进驻郑州航空港实验区，尚未形成金融集聚核心功能区，郑州航空港实验区资金运转、融通都受到了一定程度的限制。第三，郑州航空港实验区发展航空物流的金融服务尚未形成体系，缺乏航空金融租赁、离岸贸易结算、贸易融资等支撑国际航空物流产业发展的金融服务，不利于提升临空产业的竞争能力。

---

① 丛林：《利用金融资源促进航空经济快速发展》，2013中国民航发展论坛发言稿，中国民用航空网，http://news.ccaonline.cn/Article/2013-05-16/340343_1.shtml，2014年12月20日。

② 芦瑞：《河南省：首份中原经济区金融发展报告"出炉"》，《河南日报》2013年6月24日第3版。

三　郑州航空港实验区对外开放面临的新形势

建设航空港经济区，发展临空经济，是发达国家促进区域经济发展有效经验。我国临空经济的发展最早可追溯至 20 世纪 90 年代。1992 年，成都最早成立西南航空港经济开发区，随后北京、厦门、上海、广州等地也相继启动了临空经济概念的发展。① 目前，随着国内经济发展与运输方式的革新，全球临空经济正在朝智慧化和空港一体化的方向发展，国内不同区域之间也在发展临空经济方面展开了激烈的竞争。郑州航空港实验区的建设正面临三方面的挑战。一是来自全球航空经济的新趋势；二是来自一线发达城市临空经济的压力；三是来自中西部地区新兴临空经济区的激烈竞争。

（一）全球临空经济发展的新趋势

从全球临空经济的发展趋势来看，临空经济是经济全球化背景下的新型经济形态，正在朝向空港一体化、智慧化的方向发展。

航空港经济的发展是以航空运输（人流、物流）为核心的经济聚集效应和扩散溢出效应。因此，全球航空经济的发展会经历四个发展阶段：第一个阶段是空港的发展，主要是机场建设，奠定航空经济发展基础设施；第二个阶段是空港及周边临空工业园的发展，形成区域产业集聚效应；第三个阶段是空港城，借助临空产业集聚，对整个经济区带来临空经济延伸和溢出效应，促进现代服务经济发展；第四个阶段是空港城都市功能区发展阶段，形成以现代服务业为主导的产业结构，临空经济呈现不断综合化、高端化的趋势，产城融合发展到更高级阶段。目前，随着经济全球化和区域经济一体化进程的加速，孟菲斯、仁川、史基浦等世界上较为成熟的空港经济一般已开始由第三代向更高、更新层次的第四代过渡。

随着云计算、大数据、物联网、移动互联网等新技术的迅速发展，智慧经济渗透于临空产业，提升产品科技含量，提高产业流通效率，智慧化临空经济正在成为全球航空经济的发展趋势。第一，智慧经济重点发展物联网、云计算、信息通信设备、软件、数字文化创意、电子商务等新一代

① 汪珺：《临空经济振翅欲飞》，《中国证券报》2011 年 7 月 15 日第 A15 版。

信息产业，符合临空经济的发展要求。第二，在信息技术、大数据技术的支持下，航空物流业能够更加快捷、更大范围内整合资源，打造更高效率的物流产业链条。第三，智慧城市是现代城区经济的必然趋势，国外发达临空经济区借助发展智慧城市都基本实现了航空经济、信息化与城市化的高度融合。

（二）北京、上海、广州等发达临空经济城市的压力

1. 北京临空经济区

北京临空经济区的建设开始于 1993 年，凭借独特的区位优势和政策资源，成为全国临空经济的发源地。目前，北京临空经济区已集聚了临空经济相关企业 380 余家，吸引宝洁、空客、索爱等 30 多家世界 500 强企业入驻，涉及航空产业、现代高端制造业、物流、会展等产业，按照功能空间层级结构划分为临空型综合服务集聚区、临空型现代制造业集聚区、临空产业发展新区三大产业集聚区。其中，临空型综合服务集聚区包括航空枢纽服务、综合保税、航空物流、国际商贸、高新技术、国际商务、国际会展、科技金融八大空间功能板块，临空型现代制造业集聚区主要集聚电子信息、航空航天、汽车制造、装备制造等高新技术产业和现代制造业，临空产业发展新区重点发展都市型农业、现代制造业和都市型旅游休闲。按照"十二五"规划，至 2020 年，北京临空经济区将创建国家级"航空港经济一体化融合发展示范区"，临空经济总量将占北京市经济总量的 5% 以上，形成年国内生产总值 1200 亿—1500 亿元，就业人口 33 万人，常住人口 30 万人的国际化现代化空港新城。①

2. 上海临空经济区

上海临空经济发展较早的是虹桥临空经济园，但是，随着浦东国际机场的建设，特别是 2009 年国家设立浦东机场综合保税区之后，浦东机场航空货运服务能级大幅度提升，上海临空经济的中心随之发生转变。经过 10 年的发展，浦东机场已基本确立国际货运枢纽地位，拥有两座航站楼、4 条跑道，具有国内最发达的外埠航线网络、国际通达能力和最高的货运航班密度。据统计，2013 年浦东机场中外航空公司已达 60 家左右，航线覆盖全球主要城市，旅客吞吐量 4719.2 万人次、飞机起降 37.12 万架次、

---

① 数据资料引自北京临空经济区网站，http：//www.bjshy.gov.cn/Category_ 802/Index.aspx，2014 年 12 月 20 日。

货邮吞吐量291.48万吨，其中国际（地区）货邮比重达88%，全国58%的国际和地区航空货邮从上海浦东机场进出，进出口货源主要包括高科技电子、汽车、纺织、医药等，总价值超过3000多亿美元。[①] 目前，浦东机场及其周围已经构建了三个层面的临空经济圈：机场区域内的航空核心业务圈、空港区域内的航空产业圈和临空经济外延产业圈。上海自贸区成立之后，实施包括"支持浦东机场增加国际中转货运航班"、"鼓励开展飞机融资租赁"、"发展境内外高技术、高附加值的维修业务"等20多项促进航空运输和机场发展的改革措施[②]，全面推动临空经济及相关产业的快速发展。

3. 广州临空经济区

广州以白云国际机场为中心，规划了439平方公里的空港经济区，重点发展临空物流、临空高端服务、临空保税物流、航空维修制造、生态休闲等产业。广州空港经济区定位为全球综合航空枢纽、亚洲物流集散中心之一、中国重要的临空经济中心、航空经济示范区、华南地区重要的发展引擎和增长极，是世界最大的空港经济区。[③] 广州发展空港经济的优势主要体现在区位优势、运输能力、经济实力等方面。第一，具有建成国际门户复合型航空枢纽的天然优势。广州位于亚太地区的地理中心，以白云机场为中心5个小时的航程可触及占世界人口一半的国家和地区，18个小时的航程可达到世界主要城市。第二，航空运输能力强，运输设施较完善。白云国际机场是国内三大机场之一，客流量排全国第二，货流量居全国第三，设有2个国内航空货站、1个国际货站和联邦快递亚太转运中心。到2020年，白云国际机场将建成4条世界领先水平的跑道，旅客吞吐量将达到7000万人次以上，货邮吞吐量将达到360万吨以上。第三，经济发达，经济实力雄厚。2013年，广州市地区生产总值15420亿元，三次产业比例为1.5:33.9:64.6，对经济增长的贡献率分别为0.4%、29.0%和70.6%，高新技术产品产值占工业总产值比重为43%。[④] 广州经

---

① 苏巍巍、戴华婧：《上海浦东机场首次荣获"全球最佳货运机场"》，民航资源网，ht-tp://news.carnoc.com/list/285/285375.html，2014年12月20日。

② 柏蓓：《上海自贸区建设倒逼民航改革?》，《中国民航报》2013年11月12日第5版。

③ 程旭、徐燕：《空港经济区之广州模式》，《21世纪经济报道》2013年12月2日第15版。

④ 广州市统计局：《2013年广州市国民经济和社会发展统计公报》，广州统计信息网。

济基本实现服务经济占主导、先进制造业和战略性新兴产业为两翼的现代产业体系，对航空运输及临空产业发展提供了强大的市场支撑。

同发达地区临空经济的发展相比较，郑州航空港尽管获得国家政策支持，但在经济总量、临空产业、基础配套设施等方面发展滞后，与发达城市临空经济之间的差距短期内不会大幅缩小。郑州航空港应尽可能"面向全球、辐射全国、带动中部"，与北京、上海、广州实现临空经济互补发展、错位竞争。

（三）武汉、西安等中西部地区新兴临空经济区的激烈竞争

当前，经济新常态、产业结构调整和全球性的经济竞争下，中西部地区武汉、西安、长沙、合肥等地纷纷培育临空经济新的经济增长引擎。其中，西安航空城已经获得国家批准，武汉临空经济区规划正等国家批复，长沙、合肥等城市临空经济区正在积极筹划争取更大政策支持，区域间竞争非常激烈。

武汉临空经济区发展时间早，基础产业较为完善，整体竞争力比较强。2006 年 10 月，民航总局批准武汉成为国内首个航空运输综合改革试点城市。2008 年 10 月，武汉就率先提出临空经济区发展规划，重点发展航空运输、航空物流、空港经济等临空经济核心产业。① 尽管武汉临空经济发展较早，但是一直处于缓慢发展。受临空经济区域竞争影响，2013 年武汉市提出临空经济是经济发展的"新引擎"，确定"大临空"板块发展格局。规划到 2020 年前后，大临空板块要成为武汉城市圈"港产城"互动发展的示范新城。②

西安国家航空城实验区于 2014 年获得国务院批准，定位于建设丝绸之路航空枢纽和内陆空港城市示范区。西安航空城试验区以西咸新区空港新城为载体，按照田园城市的理念和国际第四代空港城市的标准，打造国际化、人文化、智慧化、生态化的国际空港城市。根据《西安国家航空城实验区发展规划（2013—2025）》，到 2025 年，航空城全面建成，形成以西安咸阳国际机场为中心，连通国内外 160 多个城市的 280 条航线网络，航空旅客和货邮吞吐量分别达到 6700 万人次和 70 万吨左右，航空制

---

① 引自百度百科："武汉临空经济区"，http：//baike. baidu. com/view/3084665. htm，2014 年 12 月 20 日。

② 蔡木子：《大临空将打造"港产城"一体化新城》，《长江日报》2013 年 9 月 25 日第 1 版。

造业实现产值 3000 亿元，与临空相关联的高端研发制造、文化、旅游等产业年均增长 20% 以上。[①]

上述分析显示，航空经济是各地区经济发展的重点。中西部地区省会城市航空经济都处于起步阶段，但都能够很好整合自身资源科学定位，具有很高的发展潜力。然而，从航空经济的自身发展和竞争规律看，临空经济具有一定的"先发优势"。一旦某地区航空经济聚集，发展成熟，吸引区域内资源流向该地区，那么这种竞争优势将可能在相当长的时间内持续保持。因此，郑州市应该加快培育临空经济竞争优势，推动郑州航空港实验区构筑"先发优势"。

四 培育郑州航空港实验区对外开放 优势的主要思路

培育郑州航空港实验区对外开放优势必须跳出航空港看航空港，站在更高的视角、更广阔的视野谈优势培育。目前，郑州航空港经济实验具有两方面的显著性优势：一是郑州航空港实验区享受国家先行先试的政策优势；二是形成以铁路、公路、航空三大运输方式为核心的综合交通枢纽优势。然而，在世界经济增长乏力和我国经济新常态的背景之下，如何把现有政策优势、区位优势转变为经济竞争优势，进一步全方位加快对外开放，是郑州航空港实验区迫切需要解决的问题。

（一）枢纽功能创新

区域竞争，是区位枢纽之争，更是经济枢纽之争。经济枢纽主要是指在一个经济系统中非常重要的部分，具有显著的经济磁场效应，能大幅度提升人流、物流、资金流。郑州航空港实验区要积极实现综合交通枢纽向经济功能枢纽转变。

1. 从提升人流角度，培育出入境旅游航空枢纽

出入境旅游是以促进旅游者的跨国流动而发展起来的产业，能够快速提升航空港"人流"，带来显著的经济效益。由于河南省是中华文明的发

---

① 王睿：《临空经济引领丝路经济带建设：西咸新区融入中国对外开放新格局》，《陕西日报》2014 年 10 月 15 日第 11 版。

祥地，历史文化遗迹众多，旅游资源丰富，国际上具有较高知名度，而且随着河南省经济发展，大众出境旅游需求增长强劲，旅游业国际市场潜力非常大。出入境旅游正在成为河南区域经济增长的新引擎。根据《河南省人民政府关于加快旅游产业转型升级的意见》，郑州航空港实验区将打造成为中西部乃至全国知名的旅游集散地、旅游产业融合发展引领区、旅游标准化服务带动区和智慧旅游先行区。[①] 因此，河南乃至中原经济区要根据郑州机场国际航线所能到达的国家和地区，加大旅游产品的宣传力度，提升品牌知名度；郑州航空港实验区应该抓住机遇积极建设出入境旅游航空枢纽港。

2. 从提升物流角度，培育航空物流枢纽

郑州航空港实验区定位为国际航空物流中心，发展航空物流枢纽能够带来大量的商品流，促进区域商贸发展。一方面，高效的航空物流不仅仅为实验区生产制造的货物提供了国际贸易通道，腹地经济也会受到航空物流枢纽的辐射，借助无缝对接的陆空一体化实现商品送达全球市场，促进腹地经济发展；另一方面，随着郑州航空港实验区特色产品口岸功能的完善，航空物流可以高效实现全球各地的特色产品、物资集聚到郑州，使郑州航空港实验区成为重要的商贸物流集散地。因此，加快培育航空物流枢纽，有利于河南省进一步发展对外开放、实现资源全球配置。

3. 从提升资金流和信息流角度，培育国际金融商务枢纽

发达的国际金融与商务产业能够带来资金、信息集聚，加强国际、国内两个市场的经济联系，实现对服务产业和实体经济的国际金融支撑，是区域经济实力的重要标志之一。郑州航空港实验区的经济活动主要是面向全球市场，外向型经济优势显著，有必要探索培育区域型国际金融商务枢纽，加快与国际金融资本市场的对接，促进国际金融资本在郑州航空港实验区的集聚和有效配置。

（二）国际贸易创新

随着信息技术的发展，以及外贸新常态时期的到来，国际贸易在贸易环境、贸易方式等方面发生显著变化。郑州航空港实验区要积极创新国际贸易，在国际市场竞争中占据优势地位。

---

① 参见《河南省人民政府关于加快旅游产业转型升级的意见》（豫政〔2014〕44 号）。

1. 发展跨境电子商务

随着互联网时代的到来，跨境电子购物在全球范围内快速发展。所谓跨境电子商务是指处于不同关境的贸易主体，通过互联网络平台达成在线交易、在线结算，并通过线下跨境物流渠道配送商品的一种国际贸易活动。郑州市已经被国家发改委、海关总署联合确定为国家跨境贸易电子商务服务试点城市，并且取得显著成绩。据统计，2013 年 7 月至 2014 年 6 月期间，郑州跨境贸易电子商务总值达到 1607 万元，涉及奶粉、食品、化妆品以及服装等，缴纳进口行邮税位居全国 6 个试点城市首位。①

大力发展跨境贸易电子商务符合现代国际贸易的发展趋势，能够充分发挥跨境贸易所带来的货物集聚效应，直接对航空物流业务产生增量提效的作用，促进临空经济的发展。跨境贸易电子商务与国际航空物流业之间相辅相成、互补发展。相对于传统的国际贸易方式，跨境电子商务不仅可以节省贸易结算以及海关商检的时间，大大降低时间成本和物流成本，而且还可以有效地促进信息化管理，实现网络资源、全球贸易信息共享，构建物流公司、电商及金融机构三位一体的贸易模式，对于加快航空物流业发展具有很强的促进作用。

2. 发展市场采购贸易

市场采购贸易方式是一种新兴的国际贸易方式。所谓市场采购贸易方式是指由符合条件的经营者在经国家商务主管等部门认定的市场集聚区内采购的、单票报关单商品货值 15 万（含 15 万）美元以下，并在采购地办理出口商品通关手续的贸易方式。② 该种贸易方式给予市场采购出口商品通关便利，满足了小商品多品种、多批次、小批量、拼箱组货出口的特点，大大提高了小微型企业的外贸积极性。2014 年，国家海关总署批准浙江义乌正式试行市场采购海关监管方式，市场采购贸易方式已经占到义乌出口额的 70% 以上。③

目前，国际贸易领域机械、电子信息等热门产业竞争尤其激烈，拓展

---

① 李萧伶：《郑州跨境贸易电子商务服务试点全国领先》，《河南工人日报》2014 年 6 月 25 日第 1 版。

② 参见中华人民共和国海关总署公告 2014 年第 54 号《关于市场采购贸易监管办法及其监管方式有关事宜的公告》。

③ 刘乐平、胡梦、徐晓恩：《市场采购贸易方式落地义乌》，《浙江日报》2014 年 11 月 1 日第 2 版。

专业市场国际化对河南省对外贸易无疑是一种有效的补充。郑州是河南省最重要的小商品批发基地，有纺织品、五金、灯具等众多专业市场，具有发展市场采购贸易的基础。郑州航空港实验区应该积极尝试发展市场采购贸易，进一步提升实验区的经济开放度。

（三）金融业务创新

金融是现代经济的核心，也是经济发展的内生动力之一。但是，由于河南省金融竞争力整体偏弱，金融成为郑州航空港实验区的短板。因此，在发展外向型经济和开放性经济的过程中，郑州航空港实验区应强化金融驱动力，鼓励金融业务创新，提升区域经济发展的内生动力。

1. 发展离岸金融业务

离岸金融是指设在某国境内但与该国金融制度无甚联系，且不受该国金融法规管制的金融机构所进行的资金融通活动。离岸金融是资本全球化流动的产物，能为国际投融资和国际结算提供高效、便捷的途径，显著提升区域金融国际竞争力。随着我国对外开放领域的不断拓展，我国离岸金融业务正在全面推进时期。目前，上海、重庆、西安等城市都在发展离岸金融业，经济效益显著。例如，重庆建立"亚太结算中心"带来每年超过 1000 亿美元的结算资金，增加税收千万美元。① 郑州航空港实验区也应积极发展离岸金融业务，加强与国际金融市场的对接，提升对外开放度。一方面，郑州航空港实验区外向型经济比重高，具有较大的国际结算需求，可以通过税收优惠、政策扶持等措施，吸引跨国公司、国际金融机构在区内开展离岸金融结算业务，把郑州航空港实验区建设成为区域性离岸金融结算中心；另一方面，郑州航空港实验区积极发展离岸信贷资产业务，允许离岸存款向国内企业提供外汇贷款，创新国际投资融资模式，为境内企业提供新的融资渠道。

2. 创新航空物流金融

航空物流的运输产品多是技术含量高、经济价值大的商品，这对供应链企业造成巨大的资金压力，不利于供应链企业规模扩张，也不利于航空物流业务规模的扩大。因此，航空物流服务商应该积极创新"物流＋金融"业务。所谓航空物流金融，是指在航空物流业务运作过程中，借助

---

① 杨仕省：《效仿新加坡重庆离岸金融中心定调避税港型》，《华夏时报》2010 年 10 月 9 日第 A07 版。

金融产品创新，将供应链企业和金融机构紧密地联系在一起，有效地满足物流服务商、供应链企业和金融机构不同的利益需求。

针对郑州航空港实验区的发展战略，郑州航空港实验区可以从两个维度创新物流金融。第一个维度是设置专业的物流金融服务部门，满足物流企业和供应链企业对金融的需求。金融机构以供应链企业商品或物资为质押，借助于物流服务商的信息管理系统，供应链企业提供融资、结算等多项金融服务。第二个维度是鼓励保险公司开发航空物流保险。航空物流涉及商品运输、仓储、配送等环节，每一个环节都存在一定程度风险，特别是航空物流的运输商品一般经济价值较高，一旦发生损失则会给物流企业带来巨大损失。针对航空物流企业量身设计出新的保险产品能够大幅度降低企业运营风险。

3. 探索发展商业保理

保理是指卖方将其现在或将来的基于其与买方订立的货物销售或服务合同所产生的应收账款转让给保理商（提高保理服务的金融机构），由保理商向其提供资金融通、买方资信评估、信用风险担保、账款催收等一系列的综合服务方式。近年来，无论国内贸易还是国际贸易，赊销结算方式日渐盛行，在赊销贸易下，企业对应收账款的管理和融资需求正是保理业务发展的基础。目前，随着国际贸易竞争的日益激烈，国际贸易买方市场逐渐形成，对进口商不利的信用证结算的比例逐年下降，信用证的使用率已经降至16%，在发达国家已降至10%以下。由于保理业务能够很好地解决赊销中出口商面临的资金占压和进口商信用风险的问题，因而在欧美、东南亚等地日渐流行。在世界各地发展迅速，已成为主流的结算方式。

郑州航空港实验区本身是开放经济区，要为对外开放主体（企业）提供成本低、风险小，且又便捷的结算服务，提升企业的国际竞争力，增加外资入驻吸引力。因此，郑州航空港实验区应探索开展商业保理尤其是国际保理试点工作，尽早出台准入政策和监管措施，推动港区商业保理公司业务信息监管平台建设，借助先行先试优势，吸引股东背景为大型国有、企业总部以及金融行业的优质商业保理企业落户发展，使商业保理与现代金融产业融合发展，创新涉外优势主导产业并带动新型业态的发展。

（四）产业模式和主体创新

郑州航空港实验区的发展、繁荣离不开临空产业的做大做强。按照集群招商和垂直整合的理念,充分发挥"产业圈经济"的带动效应和"产业集群区"的集聚效应,重在构建"一圈"和"三区"发展模式。"一圈"是指机场业务核心圈,涉及航空物流的核心,包括航空运输、配送、快件处理业务、贸易结算,等等;"三区"是指高端制造产业集聚区、总部经济集聚区和现代商务服务集聚区,形成以航空制造维修、电子信息、生物医药、精密制造等为主的临空经济产业群,以跨国公司区域采购中心、物流配送中心、财务结算中心等为主的总部经济集聚区,以及以现代金融、电子商务、休闲娱乐为主的现代商务服务集聚区。"一圈"和"三区"发展模式能够加快实现产城融合,保证实验区可持续发展。

郑州航空港实验区产业集聚发展和提升,必须围绕主导产业,瞄准世界 500 强企业,大力引进行业龙头企业,带动其他竞争同行和配套产业进驻。西方学者在研究跨国公司对外直接投资行为时曾提出"寡头反应论",即在国际寡占的市场竞争结构中,每一家寡头大公司都占有举足轻重的地位,其重大选择都会影响到其他同类的几家大公司。一旦有一家寡头大公司到国外建立子公司,其他寡头就会追随而至,以抵消领先者可能得到的任何优势,从而保证市场的均势。由此可见,若一家大型跨国公司进驻郑州航空港实验区,就会引起其他大跨国公司连锁反应,争相到港区直接投资,争夺优势竞争性资产,这将大大增强外资的吸引力,继而形成产业聚集竞争优势。

五 培育郑州航空港实验区对外开放优势的主要举措

临空经济的发展依赖良好的软硬件环境。所谓软件环境,是指包括促进临空经济发展的政府相关政策、金融生态环境、人才支撑等因素;所谓硬件环境,是指保障临空经济发展的物质基础,例如现有产业基础、航空基础设施等因素。河南省应该积极加大政府支持力度、构建金融生态环境、引进临空经济高端人才、大力发展跨境电子贸易和完善航空基础设施,打造高效的临空经济产业链条。

(一) 加大临空经济发展的政策支持力

第一,以智慧化和空港一体化的高标准完善《航空港发展规划》,全方位、多角度支持实验区枢纽经济功能创新。

第二，通过海关监管制度创新推进贸易便利化，加大整合资源、突出特色，积极申报自由贸易区。

第三，支持国际贸易创新，尝试发展市场采购贸易，探索设立国际大宗商品交易平台，开展大宗商品国际贸易。

第四，合理压缩市场准入负面清单，以集群招商和垂直整合模式加大临空产业的招商融资力度，积极引入世界 500 强企业，发挥引领和示范效应。

第五，突破现有人才引进机制束缚，对港区急需的国外优秀人才，要给予全方位政策支持和服务保障。

（二）打造有利于临空产业发展的金融生态环境

临空经济的发展离不开良好的金融生态环境。

第一，加强郑州航空港实验区的金融网点建设，加强金融机构与物流服务商的合作，为郑州临空产业的发展提供全方位、高层次金融服务。

第二，引进和培育一批规模大、影响力强的融资租赁公司，为临空产业的发展提供金融租赁、航运保险、贸易融资等专业化金融服务。

第三，争取设立国家金融业对外开放试验示范窗口和跨境人民币业务创新试验区，推动人民币跨境业务、离岸金融结算等领域的金融创新，重点支持区域离岸金融中心建设。

第四，争取设立"郑州航空港实验区商业保理试点"，并尽快探索制定并出台相关规范性管理政策。

（三）完善跨境电子商务服务平台

跨境电子商务是新经济增长点。因此，积极发展跨境电子商务将有利于扩大临空经济规模。

第一，加快跨境电子商务立法工作，完善相关法律法规，推进国家电子发票及电子会计档案综合试点工作，创新促进电商发展的制度环境。

第二，建设跨境电子商务公共信息平台，打通结算、退税等通关环节，实现部门信息共享和协同联动。

第三，争取培育 1—2 个国家级电子商务示范基地，建若干座电子商务主题楼宇，吸引第三方支付机构和国内外大型电商入驻。

第四，积极完善跨境电子贸易信用体系，建立企业和消费者的信用评价机制与监管机制，促进跨境电子贸易健康发展。

（四）构建有利于临空经济发展的人才培育体系

要多途径、多层次培养和引进高端临空人才，为临空产业的发展提供强而有力的人才保障。

第一，鼓励高校面向市场创新人才培养体系，积极探索校企合作的临空人才培养模式。

第二，鼓励相关企业加强与科研院所的合作，把员工的培训纳入企业发展规划，扩展从业人员的知识视野和提高技能水平，培养了解临空经济运行规律、具有开拓精神的高素质人才。

第三，争取建设一所与郑州航空港实验区主导产业相关的职业院校，如河南物流职业技术学院等。

第四，通过多种形式、多途径吸引高端航空人才，聚集临空智力资源，为郑州航空港实验区的发展提供高端人才保障。

郑州航空港实验区发展现状与展望

周阳敏

郑州建设航空港经济综合实验区之时，也是"航空港"成为中国国家战略之时，全国各地都掀起了建设"航空港"的浪潮，特别是郑州周围都建立了各种实验形式的航空港，例如陕西把西安航空城实验区建设成为丝绸之路航空枢纽和内陆空港城市示范区。这是全国首个以发展航空大都市为定位的临空经济区，也是继西咸新区获批国家级新区之后，国家推进西部大开发和丝绸之路经济带建设的又一重大举措。山东打造济南临空经济区，以临港开发区为核心区，以建设先进制造业、航空物流园区、临空产业和现代都市农业聚集区为目标，依托济青、青银、绕城等高速公路及国际机场优势，建设国内一流空港。大力培育航空物流、铁路物流、公路物流，构建立体物流体系，初步形成以国际机场为中心的航空物流园区，努力建设绿色生态空港新城。武汉提出打造出围绕天河机场建设占地1100 平方公里的"临空新城"，涵盖武汉黄陂区、东西湖区和孝感市孝南区部分区域，发展航空运输、物流、飞机维修保养等空港产业。由此可见，郑州航空港实验区必须认真梳理现状，清理问题，并科学地作出未来发展展望。

一 郑州航空港实验区发展现状

2015 年 2 月 10—11 日，河南省省委书记郭庚茂，省长谢伏瞻，省政协主席叶冬松与省委、省人大、省政府、省政协四大班子齐赴郑州航空港调研，对 2014 年郑州航空港取得的成绩表示高度赞扬。事实上，2014 年全区地区生产总值完成 415 亿元，增长 18% 左右；规模以上工业增加值完成 345 亿元，增长 22%；固定资产投资完成 402 亿元，增长 92%。

2014 年全年，全区完成实际利用外资 4.79 亿美元，占全年任务目标的 105.7%，同比增长 14.12%；完成合同利用外资 2.57 亿美元，占全年任务目标的 100%；引进省外资金 35.15 亿元，占目标任务的 105%，同比增长 18.55%。

截至 2014 年 12 月 11 日，郑州机场旅客吞吐量已达 1500 万人次，同比增长 20%；国际地区航线人数达到 84 万人次，同比增长 43%；2014 年 12 月 12 日，货邮吞吐量也突破 35 万吨，同比增长约 60%。郑州航空港现已成为全球生产和商业活动的重要节点，航空物流以其高速、安全等优势，成为地区经济持续增长的重要推动力。郑州新郑国际机场，2008 年被国家民航局确定为全国八大区域性枢纽，远景规划建设 5 条跑道，到 2025 年实现旅客吞吐量 4000 万人次，货运吞吐量 300 万吨；远期 2045 年实现旅客吞吐量 7200 万人次，货运吞吐量 520 万吨。2013 年，郑州机场完成旅客吞吐量 1314 万人次，同比增长 12.56%，总量位居全国第 18 位；实现货邮吞吐量 25.57 万吨，同比增长 69.13%，增速位居全国大型机场首位，总量位居中部六省首位，全国第 12 位。目前已有 UPS、卢森堡国际货运航空公司俄罗斯空桥、南方航空、国泰航空、东方航空等多家航空公司入驻。为加快国际航空物流中心建设步伐，积极打造航空物流体系。

一是与卢森堡国际货运航空形成覆盖全球的货运网络"双中心"。河南省航空投资收购卢森堡货航 35% 股权，双方打造以郑州机场为亚太物流枢纽、卢森堡机场为欧美物流枢纽的"双枢纽"战略，"郑州—卢森堡"国际货运航线开通运营后，分别覆盖亚太和澳洲、欧美和非洲市场的全球航线网络，预计 2016 年货运量达到 20 万吨。

二是建立了综保区与 12 个直属海关的区域通关机制，获批保税货物结转试点，属地海关接单到机场海关查验放行由原来的 30 小时压缩到 5.5 小时。

三是快件监管中心获批运行。2014 年上半年完成快件货运量 1141.3 吨，同比增长 606.89%，货值约 6049.6 万元。

四是获得通往 13 个国际城市的航空快件总包直封权，还将陆续申请至乌克兰、韩国、新加坡、泰国等地的国际快件出口总包直封权。

五是郑州机场航空口岸获批口岸签证权，"落地签"有望在 2014 年年底实施。

六是获得开展保税航油业务。上半年，机场海关已为 30 余家航空公司提供了保税航油监管服务，实际加注航油55144.8吨，为企业节约费用6600余万元，极大地刺激了国内外航空公司在郑开辟或拓展国际航线。

七是"卡车航班"成为重要补充。从2013年7月23日开通卡车航班至今，郑州机场已经开通了到北京、天津、青岛、西安等城市的卡车航班，目前可根据需要开通直达各地的"卡车航班"。

八是获得综合经济实验区海关国内地区代码，正式以独立的经济区划被纳入海关统计。

九是河南进口肉类指定口岸获批，可进一步加快航空物流发展，扩大机场进出口货物种类。

十是河南省电子口岸综合服务中心建成投入使用，实现物流运输企业、货主企业、政府监管和决策部门通过平台，可以进行联网核查，实现信息共享。

十一是习近平总书记于2014年5月10日视察郑欧班列。2014年以来，郑欧班列已累计开行20班，总货重13509吨、货值8.84亿元，班数、货重、货值均位列全国第一，综合影响力位居国内亚欧班列之首。

十二是"菜鸟智能骨干路网"、传化公路港等项目已正式落户航空港实验区。据统计，航空物流对产业带动的比率是1：28，对就业带动的比率是1：12，特别是身处内陆的河南，航空物流不再仅仅是一种物流方式，而是区域经济融入全球的最佳通道，而航空港实验区发展航空物流可谓是天时、地利、人和。

2013年，生产手机9645万部，同比增长40.8%，实现电子信息产业产值1722亿元，同比增长42.3%，产值占全省70.2%，占全市81.9%。2014年1—11月，富士康累计生产手机10144万部，同比增长24.5%，其中，11月生产手机1911万部，环比增长29.1%，富士康郑州厂区现有员工29.8万人，其中，航空港实验区26.85万人。目前，创维、中兴、天宇等整机生产企业也纷纷进驻实验区，酷派集团14家核心供应商集中签约落户实验区。2018年全部达产后预计智能手机产量将达到5亿部，届时郑州将成为全球重要的智能终端手机生产基地。区内现有生物医药企业11家，其中规模以上企业9家。作为国家级生物医药产业基地先导区的郑州台湾科技园项目已建成33栋楼，总建筑面积20万平方米，签约企业67家，其中院士项目2个，国家千人计划专家项目4个。此外，穆尼飞机零部件制造项目已落户实验区，微软、友嘉精密机械、正威科技城等多家投资超 10 亿美元的大型项目正在加快推进中。制造业尤其是高端制造业，从原料进口到产品出口都一定会产生大量的航空物流业务，也会带来相关客运量的增长，对发展航空经济会产生良好的刺激和影响。富士康的引进以及电子信息产业的崛起已经说明了这一问题，2012 年，在全国各大机场货运量同比下滑的情况下，郑州机场的货运量增长了近 50%。

现在已获批成为国家"自产内销货物返区维修业务"试点，启动内陆地区首个"国家移动通信设备检测重点实验室"建设，并获批筹建肉类进口口岸。河南省是肉及肉制品销售大省，有双汇、大用、众品、雏鹰等国际知名肉制品企业，对进口肉原料需求量非常大，每年进口肉类产品的市场销售量约 40 万吨。现有中外运、海程邦达、上海畅联、中计进出口公司等 15 家企业入驻。2014 年 3 月 3 日，在综保区举行了首届中法葡萄酒文化节，包括滴金、白马、龙船三大名庄在内的一百多家法国酒庄参加了展示、拍卖、交易。河南电子口岸服务中心项目 2014 年年底投入使用，届时将可实现各口岸监管单位、货代企业与异地申报的"一个门户入网、一次认证登录、一站式服务"。2014 年 6 月 26 日，郑州航空港国际大宗商品供应链产业园开园，将推动郑州航空港实验区产业升级和结构调整，建成区域贸易中心、金融中心和结算中心，形成贸易、金融、信息、文化高度集聚的大宗商品供应链生态圈。2014 年 10 月 22 日，郑州欧洲制造之窗首届展销会开幕，来自欧洲的 64 家约 100 位高端工业品企业代表进驻展销中心，该中心的成立将为河南企业与欧洲企业提供一个现代贸易服务平台。2014 年 5 月，河南省人民政府出台了《关于建设高成长服务业大省的若干意见》，谋划了 3000 个服务业项目，力求完成投资6000 亿元，到 2020 年，争取成为全国重要的现代服务业基地；在信息服务业方面，建设郑州国家级互联网骨干直联点，积极引进知名互联网、物联网、云计算企业设立总部或基地，建成重要的区域性数据枢纽，快速发展的现代服务业正成为河南经济发展的新名片、促进中原崛起的新动力。

2015 年 2 月 9 日，河南省第四代云计算数据中心——浪潮集团云海科技园项目已在郑州航空港奠基；2015 年 2 月 13 日，郑州航空港国际生物医药产业园项目正式启动，中邦（北京）国际投资管理公司、武汉光谷百桥生物科技有限公司、上海盛景实业股份有限公司、河南省医疗器械商会等正式签署园区入驻协议等，这标志着郑州航空港以产业为核心的发展思路基本形成，但是仍然存在一些问题。

二 郑州航空港实验区发展存在的主要 矛盾和问题及面临的形势与机遇

（一）主要矛盾与问题

郑州航空港实验区发展存在的主要矛盾表现在以下六个方面：

1. 航空港辐射能力的行政区划限制

中国区域发展模式的行政区划特点依然存在，继郑州航空港成为国家战略之后，郑州周边也相继掀起了航空港建设大浪潮，特别是陕西把西安航空城实验区建设成为丝绸之路航空枢纽和内陆空港城市示范区。他们自称西安航空港是全国首个以发展航空大都市为定位的临空经济区，是国家推进西部大开发和丝绸之路经济带建设的重大举措，成为郑州航空港西边的重大竞争对手，在郑州航空港物流辐射时必将产生重要的制约作用。

山东明确提出了打造济南临空经济区，以临港开发区为核心区，以建设先进制造业、航空物流园区、临空产业和现代都市农业聚集区为目标，依托济青、青银、绕城等高速公路及国际机场优势，建设国内一流空港。并将大力培育航空物流、铁路物流、公路物流，构建立体物流体系，初步形成以国际机场为中心的航空物流园区，努力建设绿色生态空港新城。山东依托临海与临空的两大优势，必将在物流辐射的巨大竞争中占有许多不可比拟的优势，也是郑州航空港东边的一个巨大竞争对手，特别是将可能成为"一路一带"大战略的关键点。

一直与郑州就有相同地理优势的武汉更是果断地提出了围绕天河机场建设占地1100平方公里的"临空新城"，这个规模远远大于郑州航空港的规模，其港区面积涵盖武汉黄陂区、东西湖区和孝感市孝南区部分区域，发展航空运输、物流、飞机维修保养等空港产业。武汉航空港比郑州航空港还有一个重大的优势，那就是水陆空立体交叉同时具备。

行政区划的限制使得航空港重复建设非常严重。截至2012年年底，全国共有27个省、自治区、直辖市的51个城市先后提出了57个航空经济区的规划与设想，虽然郑州航空港区唯一入选了国家航空经济综合实验区，获得了政策上的优势，但其他各航空港区在承接产业转移时也具有各自的竞争优势。郑州航空港区与北上广等航空枢纽相比还存在着较大的差距，如 2012 年首都机场航空货运量为 160 万吨，而郑州机场航空货运量为 15 万吨，而北京在中国的独特地位和影响力，也是郑州航空港区无法比拟的。另外，郑州航空港区目前还缺乏主体产业和真正意义上的航空物流园区，缺乏实用性技术人才，周边也没有形成相应的商贸环境，这都是郑州航空港区承接产业转移时需要解决的问题。

2. 中西部其他省市以及东部欠发达地区的竞争

在东部地区产业转移资源有限的情况下，中西部其他省份以及东部欠发达地区积极发挥自身优势，使得承接产业转移的区域竞争非常激烈。中西部地区尤其是中部六省处于同一发展基础之上，区位、资源要素及政策环境都极为接近，使得河南包括郑州航空港区面临很大的竞争压力。比如国务院批准安徽《关于设立皖江城市带承接产业转移示范区》的请示，为安徽省承接产业转移带来极大的竞争优势。东部欠发达地区如粤北、苏北、鲁西南等地与东部沿海发达地区的政治、经济、文化、地理等方面存在密切的联系，便于东部发达地区企业就近转移，在承接产业转移竞争中也具有不可比拟的优势，也使得郑州航空港区面临的形势很严峻。特别是河南发明的"回归式产业转移"虽然近些年越来越显示出了独特的优越性，但是其限制性也越来越明显，尤其是对产业的选择非常明显。

3. 产业选择虽然具有航空偏好的产业越来越多，但相对比较单一，特别是新兴产业的比重不高

研究发现，航空偏好的五大特征指标体系下郑州航空港的产业布局出现了产业圈层不显著的问题，尤其是航空产业类的拉动不明显，高航空偏好产业类杠杆效应也不明显。

4. 产业配套与产业链延伸仍然问题严重

产业转移的诸多动力因素中，土地、劳动力、区位交通等传统因素的比重在下降，但是产业链配套、市场通达性、制度资本等非传统要素的比重在上升，这正是目前郑州航空港存在的重大问题之一。

5. 保护生态环境可持续发展的挑战

经济发达地区的产业转移，一定程度上推动了产业承接地区经济的发展，但也有一部分高耗能、高耗材的产业，无形之中会督促对煤炭、石油、天然气等资源的大规模开发，对当地的生态环境造成破坏或形成资源的恶性开采，如若处理不当，反而会影响经济的发展。郑州航空港区在承接产业转移的过程中，必然要面对生态环境可持续发展的挑战，必须处理

好保护生态环境与经济发展的关系。

6. 航空港产业发展与高端人才的低成本供给不匹配

郑州航空港飞速发展过程中，其高端人才与特殊人才极端缺乏，尤其是与临空经济相关的高端人才异常缺乏。而要形成低成本的充足供应的郑州本土的人才培养体系既不完整也不科学。郑州大学近年做了一些努力，例如，开设临空经济与管理学科、加大航空港课题研究等，但是，从整个大局角度出发，郑州高校在临空经济发展，特别是产业发展过程中的人才培养方面仍然问题重重，这必须要引起足够的重视。

（二）形势与机遇

第一，随着全球油价的低位运行渐成新常态，全球经济复苏，特别是发达国家的经济复苏的力度加剧，尤其以美国为代表的一些国家在 2015—2016 年将出现快速发展的劲头，GDP 增速可能达到 4% 左右，这将是 2008 年经济危机之前的最高水平。美国等发达国家的失业率也基本控制在 6% 以下，也就是说，全球经济在强劲复苏，这对中国是一个重大机遇。

中国未来 10 年内的经济增长仍然依靠"全球红利"来推动，这是中国 30 多年来经济出现"奇迹"的根本钥匙，绝对不能主观地否定。前 30 年河南作为内陆省份因为出海口的交通问题没有充分分享全球红利，但是，在郑州航空港作为主导型交通工具下，郑州铁路与高速公路将配合郑州航空港成为中国中部零距离与国际接轨、零距离充分分享全球红利的重要机会，这也是当前郑州航空港面临的重要形势，不能错过。

第二，习近平同志提出了"一带一路"战略以来，郑州航空港将必然提出"空中丝绸之路"的核心概念体系，也势必推出复兴黄河文明的重大战略部署，也就是说，郑州空港将不再简单是航空运输的交通工具型的空间概念，而是集航空、铁路、高速公路以及水路为一体的地理概念与文化概念。

第三，省内诸多区域都积极向郑州航空港靠拢，形成巨大的内聚效应，例如鹤壁等地实施了接轨郑州航空港的战略，洛阳甚至提出了建设洛阳航空港对接郑州航空港的方向，这都是内聚效应逐渐增强的表现，既是大势所趋也是重要机遇。

三 郑州航空港实验区未来发展展望

郑州航空港实验区的未来发展模式，必然跳出郑州航空港发展郑州航空港，树立"河南全域临空"的概念，临空经济区不仅包含419平方公里的郑州航空港的区划面积，也应该包括整个河南省的区划面积，甚至包括整个中原经济区的面积。"河南全域临空"对产业的定位也不仅仅局限于传统观念的核心区、主题区与辐射区，还应该建立另外四大区域，而这四大区域不一定都集中在419平方公里以内，可以分散在郑州周边的产业集聚区内，特别重要的是产业配套与支撑体系相关的区域。至少还应该建设延链区、配套区、激活区与支撑区四个区域。为此，应围绕航空港实验区五大战略定位，坚持"建设大枢纽、发展大物流、培育大产业、塑造大都市"的发展主线，以大型航空枢纽为依托，以国际航空货运为突破口，着力打造高端产业集群，把航空港实验区打造成为内陆地区对外开放高地和体制机制创新示范区、战略突破口和核心增长极。

（一）工作思路

航空港实验区建设将迈入爬坡见成效的关键阶段，将以"两个一"即"一个枢纽"（综合交通枢纽）和"一个专案"（富士康系列项目）为核心，以"三大片区"（北部科技研发片区、东部会展城片区、南部园博会片区）为载体，以"四个十"（十个重点产业项目、十个重点招商项目、十个公共服务设施项目和十个平台项目）为重点，加快推动拆迁安置工作，加快提升城市服务管理水平，以航空港实验区改革方案获批为契机，打造新常态下的国际营商环境，努力在"见成效、树形象、打基础、当先行"方面取得重大进展，努力实现"大建设、大发展、大跨越"的发展目标。特别是以制度建设为抓手，着力打造以郑州航空港为制度资本的高地。因此，郑州航空港不仅仅是地理空间概念的枢纽，也是制度资本概念的枢纽。

（二）主要目标

跨越式目标：力争2015年全区地区生产总值增长30%，规模以上工业增加值增长30%，固定资产投资增长50%，公共财政收入增长30%。

确保目标：确保 2015 年全区地区生产总值增长 15%，规模以上工业增加值增长 15%，固定资产投资增长 30%，公共财政收入增长 15%。

（三）主要任务

郑州航空港 2015 年的主要任务分成以下四大类：

1. 基础设施建设

基础设施建设是郑州航空港飞速发展的基石，也是完成郑州航空港主要目标的关键，包括以下四个方面：

一是配合做好航空枢纽配套设施建设。全面保障机场二期及配套工程建设稳步推进。重点抓好振兴路、云港路、航海路改扩建及迎宾路高架地面段工程，做好与各单位的施工协调工作。

二是加快多式联运体系建设。重点做好京港澳高速至机西高速连接线、商登高速郑州境航空港区段、机场高速改扩建航空港区段、G107 东移改建（二期）、迎宾大道高架工程、迎宾大道东延至机西高速二期工程和双湖大道与京港澳立交及连接线工程、志洋路与京港澳高速立交工程、前程路与郑民高速立交工程、机场高速改扩建新增跨线 8 座立交、四港联动大道南延与 S102 线交叉互通式立交及京港澳薛店互通立交改建工程建设的协调服务保障工作，确保四港联动大道南延、S102 新郑郭店镇至嵩家段改建工程 2015 年 10 月 1 日建成通车。

三是积极拓展并加密航线网络。全面配合做好航空公司引进、航线开辟及加密等工作。

四是重点抓好重点城市功能项目，尽快提升航空港实验区城市承载能力。加快推进河南省儿童医院（河南省省立医院、河南省胸科医院）建设工作。2015 年完成一期急诊楼和两栋病房楼工程建设工作；加快推进郑州市第一人民医院港区医院项目建设工作。2015 年完成一期病房楼、门诊楼和急诊楼主体建设工作；加快推进航空港实验区公共卫生综合服务中心项目建设工作；加快推进郑州一中港区高中部项目建设工作；加快推进省人力资源和社会保障综合服务中心项目建设工作；继续完善邻里中心规划方案，加快邻里中心建设工作；制订航空港实验区电站、管网、公园、游园、体育场馆 2015 年建设计划；加快推进第三污水处理厂建设工作。航空港实验区第三污水处理厂设计总规模为 30 万立方米/天，其中一期工程设计规模 10 万立方米/天，占地约 145 亩，总投资约 3.5 亿元（不含厂外管网）；加快推进棚户区改造建设工作。配合管委会关于棚户区改造安置方式的调整，做好有关工作；加快推进"井"字形骨干路网建设工作。

2015年实现新港大道改造、雁鸣路、南区"三纵三横"等重点道路全部具备通车条件，河西区域2014年开工的项目全部具备通车条件，年度完成新增通车道路里程100公里以上。2015年计划新开工道路达120公里以上。其中，围绕机场二期建设，启动迎宾大道地面段、东西贯穿路、云港路升级改造、振兴路升级改造工程，全力配合机场二期建设；围绕重大产业项目，针对友嘉、绿地会展城、正威、物流产业园、手机产业园等重大项目，建设会展路等周边骨干道路，并根据项目方需求适时启动其地块内部道路建设；围绕合村并城、医院、学校等民生项目，启动郑港三路、龙中路、郑港六路河东区域骨干道路，及河东九大安置区内部支线路网建设；加快推进第二水厂建设工作。2015年启动第二水厂一期工程建设，2015年完成水厂的土建部分，完成投资约2亿元；按照渣土消纳场规划布局方案，加快推进渣土消纳场建设工作；按照环卫设施规划布局方案，加快环卫设施建设进度，确保辖区群众如厕方便，各类垃圾有序收集、日产日清。

2. 产业基地建设

郑州航空港以产业为落脚点，因此，产业基地建设是郑州航空港所有工作的重中之重，2015年的产业基地建设主要包括以下几个方面：

一是全力打造智能终端（手机）产业基地。尽快与富士康公司对接，确定2015年具体手机产量；加快正威科技城、展讯电子信息项目、富士康面板项目建设进度。

二是加快"一个专案"配套项目建设。力争凡客小镇项目尽早开工建设。加快富士康航空物流园推进步伐，争取尽快取得实质性进展。尽快确定富士康A次集团研发中心项目规划建设方案并开工建设。

三是加快重点产业项目建设。全力加快正威科技城、阿里巴巴大数据、瑞弘源蓝宝石、手机产业园等项目建设进度。加大与阿里云计算产业园项目单位的对接力度，争取早日签约；加快友嘉精密机械产业园建设及手续办理进度；按照已确定的酷派手机产业园建设模式，尽快启动前期建设工作；保证天宇手机产业园一期工程按计划投产，尽快解决二期征地及工程建设等有关问题；加快中兴产业园各项手续办理进度，加快推进土地征迁工作，力争早日开工建设；积极争取中移动大数据中心项目与河南总部签订正式协议，争取早日开工建设。加大与菜鸟项目对接力度，争取早日开工建设；加快唯品会中部地区物流基地项目各项手续办理进度，力争早日开工建设；加快推进郑州普传物流基地项目建设工作；加快推进绿地会展城开工建设工作；加快推进苏宁云商华中区域枢纽项目推进步伐；加快推进顺丰电商产业园项目建设工作；加快推进TCL华中电子商务配送中心项目建设工作。

四是加快重点要素平台建设。做好河南电子口岸服务中心、跨境贸易平台、进口肉类指定口岸建设工作；加快推进进口食品药品医疗器械口岸项目建设工作；加快推进智能手机检测中心、大宗商品交易中心、欧洲制造之窗项目建设工作；加快推进公共资源交易平台建设工作；加快推进土地交易中心建设工作；加快推进投融资平台、智能终端出口退税资金池建设工作，积极研究创投、股权投资、风险基金等方式，加快航空港实验区建设。

五是加快电子商务产业发展。制定出台支持电子商务产业发展相关政策。按照多区域、多园区、多模式，大力推进电子商务示范园区建设工作。加快航空港实验区跨境E贸易发展，组建电商团队。

3. 加大智力智库建设

智力与智库建设是郑州航空港未来发展的基础性工程，尤其是高端智库建设更是郑州航空港未来竞争力的核心。为此，2015年郑州航空港的工作主要有以下几个方面：

一是尽快制订建设方案，加快中国郑州航空港引智试验区建设；挂牌运营郑州航空港大都市研究院，充分发挥卡萨达工作室带动作用。争取建设一所与航空港实验区主导产业相关的职业院校。

二是充分发挥航空港实验区专家顾问作用。充分发挥国家"千人计划"张丹专家作为航空港实验区生物医药顾问的作用；充分发挥国家"千人计划"汤晓东专家作为航空港实验区金融业发展顾问的作用；继续发挥约翰·卡萨达教授作为航空港实验区首席顾问的作用，开展多种形式的合作。

三是强力推进以人为主的重点招商项目。重点跟进圆通速递航空货运枢纽、中国邮政国际航空邮件转运集散中心和邮航基地、正威半导体产业园、IBM高端服务器、TCL手机、小米智能手机、展讯电子信息、中国民生投资股份有限公司分布式能源项目、亚马逊区域物流枢纽基地、百桥国际生物医药产业园等重点招商项目，力争通过"龙头带动、配套跟进"，全年引进项目超过 50 个，签约项目投资总额超过 1500 亿元。

4. 制度资本建设

制度资本是郑州航空港成为"中国商都"的法宝和秘密武器，更是郑州航空港飞速发展的翅膀。2015 年郑州航空港在制度资本建设方面主要应该做以下几个方面的工作：

一是积极探索，大胆创新，全力推进"深化改革体制机制创新示范区"建设。积极向省政府有关部门汇报衔接体制机制创新方面改革方案，争取尽快批准实施。

二是推动落实上海自贸区 14 项海关监管创新制度复制推广工作，争取全面落实。配合做好郑州自贸区申建工作。

三是加快组织力量研究服务自由贸易与金融自由贸易的制度创新，尤其是离岸金融的制度重大创新，这是未来郑州航空港占领制高点的关键。

行业篇

郑州航空港实验区金融业发展现状与对策

刘 霞

2013 年 3 月 7 日，国务院正式批复《郑州航空港经济综合实验区发展规划（2013—2025 年)》，郑州航空港实验区成为全国首个上升为国家战略的航空港经济发展先行区。自 2014 年以来，港区面对国内经济形势，多措并举加快金融体系构建步伐，引进金融机构，活跃金融市场，创新融资模式，完善地方金融服务，金融业总体运行平稳。但是，利率在央行的引导下只是结构性改善，贷款利率并未伴随货币市场和债券市场利率的显著下降而明显改善，企业"融资难、融资贵"的问题依然严峻。

一 2014 年郑州航空港实验区金融业总体情况

（一）融资渠道多样化，融资规模稳步增加

港区在 2014 年按照郑州市委市政府及港区管委会"强投资"的工作要求，不断拓宽融资渠道，超额完成"百亿融资任务"。截至 2014 年 12 月 31 日，实验区共获得贷款审批额度 397.4 亿元，到位资金 277.24 亿元（不含 BT 融资项目）。从到位资金看，资金主要来自银行、信托和租赁，其中来自银行的资金占比高达 94.81%（见图 1）。此外，港区已成立三只产业基金：（1）2014 年 3 月 21 日获国家发改委批复与百瑞信托合作的中原航空港产业投资基金，总规模为 300 亿元；（2）郑州航空港实验区发展基金，该基金与建信信托合作，总规模 200 亿元人民币；（3）郑州航空港城市发展基金，与惠银东方合作，总规模 100 亿元人民币。

（二）金融体系逐步完善，助推大产业发展

2014 年以来，银行、信托、担保公司等大、中型金融机构相继在航

空港设立分支机构，金融体系不断完善。中国银行、中国建设银行、中国工商银行、浦发银行、洛阳银行、平顶山银行等均在航空港设立支行或提高航空港分支机构的级别。与河南国控合作的国控租赁将总部迁往航空港，填补了航空港租赁公司总部的空白；兴港投资与中瑞集团成立了瑞兴保理，成为首家入驻航空港的商业保理公司；与河南省中小企业担保集团股份有限公司合作的郑州航空港实验区投资担保有限公司，增资控股的正和担保等担保公司，及郑州新郑综合保税区天成小额贷款有限公司等小额贷款公司纷纷落户航空港，活跃了金融市场，扶持了中小微企业的发展。2014年6月26日，航空港国际大宗商品交易中心揭牌成立。此外，港区积极推动上海股权托管交易中心办事处的设立，以方便区内中小微企业获得融资指导，以形成金融产业集聚效应，聚集资产管理、法务、会计、审计等各类服务，有效地延长金融业服务链条。

（三）对小微企业的金融支持力度不断加大

伴随着郑州市对于小微企业支持的各种政策出台①，2014年以来，港区加大对小微企业的金融支持力度。港区对小微企业进行调查分类，组织不同类型的金融机构与相应的企业进行对接，引导鼓励保险机构服务小微企业，推进小微企业多元化融资。尤其对那些筛选出的成长性好、发展潜力大的优质小微企业，推荐进入郑州市小微企业名录库，作为郑州市重点培养、扶持对象，享受郑州市政府试行的向试点银行、保险机构推荐，并作为贷款风险补偿基金和创业投资重点支持对象的优惠政策。

（四）对投融资体制机制进行改革探索

2014年以来，港区金融办与区内平台公司分赴江西、西安、上海、苏州等地学习调研，一方面通过向当地投融资平台公司学习经验，并结合自身实际提出了体制机制改革方案。体制机制改革主要着眼在法人治理结构、人事薪酬福利、权责划分、绩效考核和财政结算等方面。另一方面通过赴上海自贸区调研学习，深入了解自贸区的概况和政策，详细学习自贸区金融改革［央行"金融30条"支持上海自贸区，《关于金融支持中国（上海）自由贸易试验区建设的意见》］，并初步探索港区申报自贸区的思路。

---

① 这些政策包括《郑州市金融支持小微企业发展（暂行）办法的通知》、《郑州市人民政府关于加快推进企业上市工作的意见》和《郑州市人民政府办公厅关于印发郑州市小微企业贷款风险补偿基金实施细则等3个实施细则的通知》。

二 郑州航空港区实验区金融业发展存在的问题

完备高效的金融体系应是一个多元化、多功能的金融产业集群,包含三个关键元素:多类型的金融机构、高度市场化运作机制和有效的政策支持,涉及政府、市场和金融机构三个主体。随着郑州航空港区建设的推进,港区金融业步入一个新的发展阶段。金融机构数量、信用总量、金融服务水平都在不断增加,但与"大都市、大产业、大枢纽"的金融需求相比,供求失衡的特征仍很明显。

(一) 金融创新不足,缺乏"量体裁衣"式金融产品

金融产品是金融体系最基本的要素,是金融体系构建的最终承载者。郑州航空港区金融体系内的金融产品仍以各种传统金融工具为主,主要为存款、贷款、股票、债券等基础性金融工具,趋同性高,有助于航空经济发展的特色金融工具和金融服务偏少,缺乏航空金融租赁、离岸贸易结算、贸易融资等金融服务。金融产品创新速度滞后于航空港经济多元化发展的速度。

(1) 动产抵押贷款金融产品缺乏。航空港区的产业具有动产比例高,有效的不动产占比低的特点,而港区内的商业银行普遍没有开展流通物品等动产抵押业务,动产抵押贷款工具缺乏,港区产业获取贷款大部分需要厂房土地、机器设备等进行抵押贷款。为港区内各企业贷款融资设置了难以逾越的障碍。此外,空域使用权的抵押也仅仅处于探索阶段,金融机构的认知程度较低,相关制度和操作规程不规范,港区内大多数商业银行仍未开展此业务。其结果是港区内许多涉空企业以飞机为抵押从香港或境外银行获得贷款融资,港区内的商业银行因此失去一定的市场份额。

(2) 结算产品不足。金融机构的结算业务范围受到区域限制,且不允许开展承兑贴现、国债投资、国际结算等业务。尤其一些小型法人金融机构,结算渠道不畅,同业业务难以开展。

(3) 风险防控型金融产品缺乏。港区内的保险机构缺乏专门针对航空经济的政策性保险产品;即使对于已有的保险项目,由于专业人才和相关定价、估损、理赔技术的缺乏,无法保、不敢保的现象普遍存在。同时,与航空港经济相关的保险品种覆盖面狭窄,在很大程度上制约其保障

功能的充分发挥。

（4）针对港区中等收入群体的理财产品缺乏。伴随着大产业建设步伐的不断推进，吸纳的劳动力就业不断增加，中等收入群体的收入稳步增加，其对理财服务的需求也在不断增加。然而，居民个人理财的主要受托机构——商业银行提供的理财服务仍然单一，理财品牌同质化，适合中等收入群体的理财品牌较少。

金融产品创新不足的原因有以下两个方面：

（1）虽然国家放开了贷款利率限制，并将进一步全面推动存款利率市场化，但是，由于金融中介和市场主体对于新政策都需要一定的反应时间。因此，现阶段区域内银行等存款金融机构并未推出创新型投融资业务产品，仍以传统存贷款业务为主。

（2）区域内商业信用环境不佳，使得以商业信用为基础的金融工具得不到充分认可，无法广泛流通。于是出现了独特的资金供求"双堰塞湖"。资金"供给堰塞湖"是针对资金供给方而言，由于缺乏适合小规模投资的金融产品，降低了资金供给方选择金融资产的机会而形成的堰塞湖。资金的"需求堰塞湖"就资金需求者而言，受限于法律约束，小企业无法依托商业信用发债，无法募得资金，形成资金需求无法满足的现象。

（二）金融机构以银行为主，融资渠道单一

港区的金融机构以传统银行机构为主，中国银行、中国工商银行、中国建设银行等在港区内已设置分支机构，而外资银行、股份制商业银行尚未在港区开设分支行，多采取设立小型自助银行或者 ATM 的形式，其他金融机构更是严重缺乏，尤其缺少以服务航空港经济为主要功能的跨区域、主导性的金融机构，如没有承担航空风险业务的再保险机构和航空金融租赁机构。此外，港区内上市公司很少，航空港区利用证券市场融资的能力整体不高。

单一的金融机构体系带来的结果：（1）限制了金融机构之间的良性竞争，金融机构创新不足，金融服务效率低下。现有金融业不仅无法满足现有企业规模扩张的金融服务需求，更限制了政府与金融机构的良性互动，大大降低了政府在建立企业融资服务平台、健全融资担保体系和风险补偿机制等方面的可为性，使得政府政策支持作用难以发挥效力。（2）融资方式仍以间接融资为主，2014 年港区到位资金中有 94.81% 来自银行。相应地，其他融资渠道在港区发展缓慢。

从地方债融资来看，郑州市政府及郑州航空港区主要靠财税及补贴获取公共资金，都没有充分利用航空港区这一区域投资热点来发放地方债。BOT 融资模式既能加快大型基础设施的建设速度，也能吸引民间资本入场参与郑州航空港区的建设。但是，BOT 融资模式在港区却很少被使用。从风险投资和私募股权投资来看，港区内的风险投资刚刚起步，投资主体相对单一，产业以制造业为主，新兴产业不占优势。由于风险投资退出机制不健全，注册的风险投资机构很多，但真正做风险投资业务的却非常少。此外，港区内私募股权投资基金的发展非常落后，这与全省的风险投资和私募股权投资整体水平偏低有很大关系。

（三）港区金融开放度低，海外融资滞后

从金融开放程度看，虽然我国国有商业银行通过产权改革，吸引了合格外资金融机构的投资，弥补了本土银行金融支持体系的缺陷，一定程度上做到了鼓励港区企业利用海外金融资源和金融市场融通资金。但是这种开放是借助金融中介机构的"走出去"被动实现资金来源的外向选择，并非资金需求主动追求外部供给。而要培养产业在面对资金缺口时能同等程度地考虑国内国际资金供给途径的意识，相对弱化对国内资本市场资金来源的严重依赖，就需要建立起一个充分适应本地实情、相对高效完善的引导国际资金进入并运用的金融支持体系。就现阶段实际情况而言，郑州航空港区现存金融体系在吸收吸引外资参与产业资金融集过程的作用还有很大提升空间。

（四）资金供求失衡，港区发展受到"瓶颈"制约

郑州航空港实验区的建设已经取得了一定的进步，但是其未来的建设发展仍然面临着资金层面的问题，金融供给主体——金融机构与金融需求主体——政府、企业还存在缺口，资金供不应求。

1. 资金供求缺口巨大，创新融资模式迫切

按照《郑州航空港经济综合实验区发展规划》，实验区在 2025 年建成 415 平方公里的大区域、大枢纽、大都市，仅郑州机场（2009—2040年）规划总面积就达 47 平方公里，规划建设五条跑道，成为地铁、城际铁路、高速公路转换的枢纽，实现客运零距离换乘和货运无缝衔接。根据对郑州航空港区建设的金融需求预测，港区在未来十年固定资产投资需求将有大幅度增长，将进一步导致资金需求与资金供给之间巨大的缺口。

2014 年全区财政收入完成 24.38 亿元，同比增长 21.86%；公共财政预算收入 21.17 亿元，同比增长 40.43%。但从资金需求来看，城市基础设施建设需要财政投入 250 亿元，加之智能终端出口退税资金池、肉类口岸等要素平台建设、重点产业项目建设等资金需求，总需求达 300 亿元。从财政资金的供求来看，资金缺口达百亿元。拓宽资金融资渠道，创新资金融通模式是港区金融业发展的主要问题。

2. 资金供求结构失衡，小微企业融资仍面临困境

如前所述，航空港区金融机构以国有金融机构的分支结构为主，信托等其他功能尚不完善。银行类金融机构主要开展贷款业务，且贷款的对象多限于政府和大型公司，小微企业难以通过银行或直接发行债券取得所需资金，加上政府对中小民营金融机构的限制，导致了中小企业融资渠道不畅通。有数据表明，2013 年上半年，郑州航空港申请贷款企业户数 169 户，融资需求为 443.9 亿元，但银行对符合贷款条件的企业实际投放 124.9 亿元，申贷成功率为 28.15%。其原因一方面源于金融机构在传统经营理念的影响下，对有金融需求的主体认识不全面，形成重视大型、国有企业，轻视小型、民营企业的金融服务思维。另一方面在于办理抵押贷款业务时涉及的部门多、环节多，手续繁杂、耗费时间长，绝大多数中小企业达不到贷款条件，申贷失败。此外，从资金使用领域看，金融机构所提供的资金支持主要用于航空港经济区基础设施的建设，而对于支撑航空港发展的物流业、服务业发展的相关企业支持力度不够，势必影响临空经济产业链的构建。

（五）外部政策及法律环境支持不足

综观国内外港区发展的经验，航空金融业的发展不仅与当地经济发展战略、航空业发展、区域位置等外部环境密不可分，更离不开政府的支持。目前，郑州航空港区已制定了一系列金融支持政策，如支持开展融资租赁业务，拓宽直接融资渠道，引入保险资金投资实验区，鼓励银行业设立"专营科技支行"等。但是，由于金融生态环境以及金融法律法规的缺失，使得这些政策难以发挥合力作用。

（1）社会信用体系不完善，企业和个人信用意识淡薄，导致借助虚假信息、实施骗贷的现象较为严重。

（2）地方政府干预金融机构经营活动的现象较为普遍。在促进地方经济增长的内在冲动下，地方政府往往会迫使银行提供信贷支持。郑州航

空港在很长一段时间不被纳入支持范围，在信贷管理上却尤为严格。每当清查贷款时，郑州航空港不仅是信贷检查的重点，而且制定了一系列严格措施。许多信贷员由于担心受到经济和行政处罚，对郑州航空港产生"恐贷"、"惜贷"情绪，因而将其列入"控、压、清"的范畴。有的金融机构规定仅对港区发放少量存单、有价证券等质押贷款。

（3）人才政策滞后。郑州航空港核心区功能的实现需要软件和硬件的共同支撑。按照郑州航空港综合经济实验区规划，发展高端制造业以及教育培训、医疗保健、金融产业等城市配套服务业。这就要求必须有上下游产业配套的硬件支持，以及高等院校、科研院所的软件支持。目前，在上下游产业的完善性方面和科研开发能力方面，郑州航空港实验区均处于劣势，需要通过政策引资，增强承接产业转移的持续性，吸引高端产业落户，培养引进高科技人才。

（4）管理体制方面的制约。省委、省政府在实验区管理体制方面提出的原则是"市管为主、省级扶助"、"两级三层"的管理体制。但是，就行政级别来说，郑州市的规格是正厅级，实验区的规格也是正厅级，将来有可能会升格为副省级，郑州市要管理与其平级甚至是比其规格高的实验区，体制该如何理顺。除郑州航空港实验区以外，郑州市还有中心区及郑州高新技术产业开发区、郑东新区、经济技术开发区，如何理顺实验区与这些区域之间的关系，实现区域之间发展的良性互动，将成为郑州航空港实验区建设中面临的体制制约因素。

三 2015 年郑州航空港实验区金融业发展目标与主要任务

（一）预期发展目标

争取到 2015 年年底，港区金融业发展实现如下目标：

（1）融资规模达到 300 亿元，融资成本降低 0.5 个百分点，平均融资时限增加 0.5 年；

（2）剥离融资平台政府融资的功能，实现融资平台公司职能转变；

（3）建设河南省股权基金聚集地和股权融资示范区；

（4）使航空港成为商业保理试点；

（5）建立中小企业科技金融孵化基地，完成中小微企业融资平台搭建工作；

（6）打造港区金融业成为中部地区对外开放试验示范窗口。

（二）主要任务

2015 年，航空港区金融业发展将紧紧围绕郑州航空港区的"一个枢纽、一个专案、三大片区、十个招商项目、十个产业项目、十个城市功能项目、十个要素平台项目建设"重点任务展开，重点抓好以下任务：

（1）发展创新金融。创新融资模式，重点强化采取政府与社会资本合作 PPP 项目融资的方式。突出机构创新，加快金融产业集聚。

（2）发展绿色金融。加强金融业对港区产业的支持，推广绿色金融业务，建立完善的绿色金融运行体系，为能源资源节约和生态环境保护提供强有力的金融服务。

（3）发展外向金融。积极引进外资金融机构，开拓创新外向型金融业务，加强对外金融合作，提高我市金融业的区域辐射服务能力。试行跨境金融、离岸金融，构建开放高效安全的区域金融体系。

（4）发展高端金融。大力推动金融创新，为港区提供特色金融产品与服务，实现产融结合。进一步完善投融资平台的体制机制改革，协助国际大宗商品交易中心的建设。

（5）发展普惠金融。面向港区各类市场主体提供方便快捷的金融服务，特别是搭建中小微企业融资平台，服务中小微企业，为民生重点领域提供金融保障。

（6）出台优惠政策扶持金融业发展。

四　郑州航空港实验区金融业发展措施与建议

（一）进一步完善港区金融体系

在国家一系列政策的鼓励和支持下，天津滨海新区准确定位，建立多元化金融机构体系，将于家堡打造成 24 小时运营的国际金融活力半岛，致力于发展产业基金、离岸金融、私募基金、金融租赁等新型业务形态。天津滨海新区创新性的金融产业集群正在形成，为新生区域金融产业的发展提供了良好的借鉴。郑州航空港区可借鉴天津滨海新区金融产业集群模式，形成金融聚集区。

1. 有区别地发展银行类金融市场主体

（1）对于本地银行，积极引导其在港区开设营业部，利用本地业务信息成本较低、市场反应迅速准确的特点，大力开发创新支持港区产业建设的资金供给项目，最大化发扬其本地化的区域主导功能。

（2）对于股份制商业银行，以优惠政策克服其对于航空港产业区市场规模和利润率不确定的犹豫心理，坚定其在港区设立分支机构的决心，发挥其完善的公司制法人治理结构和灵活的人事管理制度的示范效应，为航空港区金融体系增添活力和创造力。

（3）对于外资银行，合理借鉴其先进的资金运作模式和高效的金融业务技术，结合自身经营特点、业务需要等实际情况，拓宽资金来源，不断提高资金配置效率，发挥金融机构集聚效应。外来金融机构的入驻不仅在总量上提高郑州航空港实验区金融业的实力；同时给河南金融业带来更为先进、科学的经营理念、管理理念、投资理财方面的创新及风险控制意识和能力，提升和改善当地的金融生态环境，形成与本土金融机构的良性竞争和优势互补。从而提高整个河南金融业的经营管理和服务水平，为河南经济发展提供更优质的金融服务，推动产业资本和金融资本的融合。

2. 培养非银行类金融市场主体

（1）积极培育保险公司、证券公司、国际租赁公司等金融机构，促进金融市场主体多元化。河南要以市场机制为主导、政府调控为辅助，着力培育多元化的金融产业主体，鼓励郑州商品交易所，中原证券等本土金融机构在航空港区设立分部，充分发挥其对港区建设的助推作用。同时要积极推动金融机构的创新，促使金融机构开发社保基金、医疗保险基金、保险投资基金等金融工具。

（2）推进各股权基金落地，使实验区成为河南省股权基金的聚集地，成为省内股权融资的示范区。

（3）进一步完善投融资平台的体制机制改革，协助国际大宗商品交易中心的建设，争取上海股权托管交易中心办事处早日落地。

（4）广泛吸引国内外成熟投资银行和基金管理公司入驻港区，形成一个集中的 PE 市场，为港区产业私募融资提供便利。

（二）创新融资模式

（1）开展海外融资。航空港的融资中，没有一笔是海外融资，市场空间巨大，有稳定的仓储和物流产业，可以直接进行现金流融资。且比起国内的银行贷款，海外融资程序快捷且成本低廉，可以给航空港发展提供更多的资金支撑。

（2）发展供应链金融，为生产性服务业提供金融支持。现代供应链金融能够提高商品流转速度、降低商品流转费用，进而支持实体经济发展，这是金融创新服务于生产性服务业的必然选择。可借鉴东疆保税区发展预付款融资模式，预付款融资是未来飞机租赁业务竞争的主要业务。

（3）重点推动政府与社会资本合作的 PPP 项目融资方式，解决基础设施建设财政资金缺口大的问题。推动央企、省属企业和民营企业等各类投资主体，运用 PPP、BT、BOT、TOT 等模式参与港区机场设施、通用航空设施和铁路、公路等基础设施项目建设，进一步调动社会资本投入公共服务和社会事业领域建设的积极性。

（4）搭建高效的中小微企业融资平台，吸引证券、担保、保理、信托、小额贷款等各类金融机构，对中小微企业的融资、担保、挂牌上市等业务进行一条龙咨询服务。

（三）大力发展特色金融业务

1. 试行离岸金融业务

伴随着资本全球化流动日益频繁，离岸金融成为国际投融资和国际结算的重要途径。目前，国内上海、深圳、天津等保税区都已开展离岸金融业务，并表现良好。离岸金融不仅可以简化银行间结算的复杂手续，而且可以减少由于时间差造成的汇兑损失，给企业提供便利的同时降低了风险。郑州航空港区外向型经济比重高，国际结算需求大，可通过税收和准备金减免等措施，鼓励金融机构开展离岸金融结算业务，把实验区建设成为区域性离岸金融结算中心；积极发展离岸信贷资产业务，允许离岸存款向国内企业提供外汇贷款，创新国际投资融资模式，为境内企业提供新的融资渠道。

2. 创新物流金融业务

美国孟菲斯航空港区的金融机构开发物流金融产品，整合物流、信息流、资金流，从而使物流产生价值增值。商业银行将市场上较为畅销、价格稳定的物流产品质押，然后通过物流公司的信息管理系统，有针对性地向符合条件的客户提供多种银行结算和融资服务业务，提高运作效率，降低资金运行成本。物流金融既能使物流企业为客户提供物流和金融的集成式服务，又实现了为客户降低企业资金占有率的要求，更能增加物流企业的服务附加值和利润。航空物流的运输产品技术含量高、经济价值大，恰恰适合进行物流金融业务的创新，从而满足物流服务商、供应链企业和金融机构不同的利益需求，有效延长金融业产业链。

目前物流金融主要有四种模式：物流结算金融模式，主要利用各种金融产品和结算方式为物流企业及客户提供代收货款、垫付货款等金融服务；物流仓单金融模式，主要包括融通仓业务和其他仓单金融模式；物流授信金融模式，即金融机构基本不参与质押贷款项目，而是根据第三方物流企业运营状况、资产状况及信用程度，授予物流企业一定的信贷额度；物流金融进出口模式，主要包括进口业务中的开证监管和现货质押。

郑州航空港区应鼓励金融机构与物流企业合作，开展动产质押融资、仓单融资、保兑仓融资、应收账款融资等物流金融业务，基于整个供应链的视角整合供应商、生产商、分销商、需求商，为采购、生产、销售、消费服务提供便利的金融环境。

具体可以分步实施：

（1）推进城市商业银行转型为专业物流银行。鉴于物流金融服务的性质以及我国对金融行业市场准入的监管，非金融机构难以涉足物流金融业。可考虑推进城市商业银行转型为专业物流银行，如将郑州银行定位为专业物流银行，重点开发物流金融产品，引领战略投资者，为郑州航空港区的发展提供专业化的物流金融服务。

（2）引进国内外知名物流企业，组建专业的物流金融公司。传统金融机构在开展物流金融业务中，需要了解质押物的规格、型号、销售区域、销售情况等，以降低其所承担的风险。但由于受到人力、物力等方面的限制其专业化水平难以保证，因此，在大型物流公司旗下组建专业的物流金融公司可以解决这一难题。

（3）银行应加强同物流企业的合作，开展与创新物流金融服务。以商业银行为代表的金融机构应积极开展物流金融业务，扩大自身的业务范围，在传统物流金融基础上发展银行承兑汇票、进出口信用证、物流保理等适合航空港经济区发展的授信业务。另外，还可以适当培育本土融资租赁公司，引进国银租赁，中银航空租赁，工银租赁等具有飞机及航空设备租赁经验的租赁机构。

3. 倡导绿色金融业务

通过税收优惠、财政补贴、贷款援助、风险投资与企业技术进步、节能减排配套使用等政策措施，鼓励金融机构开展绿色信贷，建立完善的绿色金融运行体系，重点支持战略性新兴产业，为能源资源节约和生态环境保护提供强有力的金融服务，避免出现单纯地追求产业发展而忽视环境污染的产业发展模式。

4. 拓宽金融理财业务

建立金融理财产品超市，为港区中等收入群体提供理财服务。该超市涵盖三个功能区：

（1）实物投资产品及消费品供应区。将黄金、房产、汽车、字画、古玩、贵金属收藏等实物投资供应，以及装修、旅游等消费品供应集中在超市指定区域，为中等收入群体提供咨询、业务洽谈、交易等类型的服务。

（2）中介机构服务区。此区域包含与金融理财服务有关的所有中介机构，比如律师、公正、房产抵押登记、担保、房地产交易中介等，为中等收入群体个人理财活动提供各种中介服务。

（3）金融理财服务区。商业银行可以根据不同类型客户的群体特征，将不同性质和类型的金融工具进行组合，推出适合各类型客户投资的"理财套餐"服务。比如，在某一理财品牌下将专项信贷（与汽车、旅游、高档消费品购买相关的支出）、医疗保险、子女教育储蓄、养老保险、基金定投等工具整合在一起，作为组合整体推向市场。也可以推动银证合作、银保合作、银信合作系列产品，既满足理财产品的收益保障职能，又实现资产组合的价值增值。

（四）加大港区金融对外开放程度

作为国际物流中心，港区必须进一步拓展对外开放的广度和深度，做到"走出去"和"引进来"相结合，开拓创新外向型金融业务，加强对外金融合作，提高港区金融业的区域辐射服务能力。

1. "走出去"

（1）支持港区企业与国外金融机构的业务往来，引导其主动从国际金融市场寻求资金来源。

（2）进一步增强市场意识，积极学习借鉴国外金融机构的成功经验，运用国际上先进的风险管理理念，提高服务水平和效率，满足港区企业特别是境外企业的金融需求。

2. "引进来"

（1）吸引外资金融机构设立分支机构、办事处或投资入股境内金融机构；同时，加强与发达省份的交流与合作，吸引更多的区域性地方金融机构前来开设分支机构。

（2）改善金融生态环境，结合 QFII 机制，吸引合格境外投资者参与到港区产业体系建设的资金运作过程中，并促进航空港区内金融机构同外资金融机构的合作和交流。如为金融机构在新机构注册、税收政策、市场准入、业务经营限制以及人口流动、子女教育方面提供便利，降低金融机构的经营成本，为金融机构提供良好的生态环境。

（五）打造港区产融结合金融示范区

发挥国家对港区发展的政策优势，探索金融业与港区产业集群融合发展的新模式。围绕服务航空服务业、电子技术、物流等产业，引进业务特色鲜明的金融机构和组织，构建专业化的金融要素市场，大力开展产业金融服务，深化发展离岸金融，推进投融资体制改革试点工作。

（六）出台优惠政策引导金融业健康发展

（1）出台租赁、基金税收优惠政策，金融高管所得税优惠政策，对上市公司的奖补政策等，促进更多的金融机构，特别是法人金融机构在航空港落户，繁荣地方经济。

（2）出台相关政策支持企业和金融机构在银行间市场进行直接融资，支持港区金融机构、企业和个人开展跨境人民币业务，支持企业利用境内境外两种资源缓解企业融资困难等。重点发展与航空经济密切相关的金融租赁、离岸结算、航运保险、贸易融资等业务。

（七）加快投融资机制改革

（1）政府出资设立郑州航空港发展基金，用于支持企业发展高新技术产业、科技创新、技术改造、创业基地等项目，对符合条件的产业项目进行贴息、补贴或会同银行等部门开展政府优惠贷款，发挥政府性资金的导向作用。

（2）建立郑州航空港贷款贴息专项资金。由市财政每年预算1亿—2亿元，逐步建立郑州航空港专项贴息资金，用于对创业型、就业型、科技型、服务型郑州航空港的贴息补助。

（3）设立郑州航空港贷款风险补偿资金。整合中央、省、市支持产业发展的各类发展资金、奖励资金、贷款贴息资金和风险补偿资金，再由地方财政每年预算拿出 2000 万—5000 万元，集中起来建立贷款风险分担补偿资金。主要用于对银行、担保公司在支持当地经济发展中因市场风险、自然风险造成的贷款损失的补偿，以及对新设立金融机构开办费用的补助、对企业上市和债券发行的经费补助等。

（八）加快人力资源库的建设

航空港区临空经济的发展和完善还需要通过多种途径汇集整合金融人才，既要考虑以优惠的政策吸引外部高级人才入驻，又要充分依托郑州商品交易所、中原证券、郑州银行等区域大型金融机构，加强本土化高端金融管理人才的培育。

（1）建设航空港区及周边地区共享的人才资源库。鼓励从事金融业的专业人才之间的相互流动，完善人才流通相关政策，联合周边地区制定人才引进政策，吸引和鼓励一批高水平金融人才来到航空港区从业，推动区域人才交流与合作。

（2）大力培养和开发本土人力资源。充分发挥高等院校、科研院所的优势，加强银校合作，开辟金融专业人才培养的新渠道。同时，采取短期交流、项目带动、委托培养等办法，精选政界、金融界的有关人员到国内外著名院校和金融企业进行培训深造，集成培养急需的金融专业人才。

（九）推动实体经济快速发展

金融业能在投融资、支付结算、跨境交易等方面为实体产业的发展提供金融服务，提高产业运行的效率。反之，港区内产业的发展也必将在离岸金融、跨境结算、物流金融、融资租赁等方面对港区金融业提出更高的要求，反推金融业改革创新，呈现出螺旋上升的发展态势。同时，人口、资本等生产要素不断聚集到航空港经济区，产业规模不断增大，产业结构不断升级，也为金融业发展提供了更大的利润空间。金融业给实业"出路"，实业还金融业以"前途"。目前河南省外贸进出口过度依赖富士康，应加大对航空港区的招商力度，吸引更多生物制药、电子科技、高新技术等产业入驻，同时，加快产业结构升级，从之前的农业省份升级为工业省份，特别是加大能与航空港区形成优势互补的产业的升级，大力承接产业转移，逐步形成区内电子信息、生物医药和航空产业三大主导产业。加快郑州航空港区及其周边产业集聚区的建设步伐，形成产业之间以及与产业链上的供应商、生产商、分销商、需求商之间的协同效应，反推金融业的发展，形成金融业与非金融业相互推动的格局。商业银行的金融服务也应该更精细化、专业化，要推动大银行的中小企业信贷部门与其他部门在业务上实现单独考核、单独管理，提高其服务内容和质量，要进一步推出针对中小企业的创新产品，如供应链融资和知识产权抵押贷款。港区要适度放开对中小银行的准入门槛，逐步形成"大银行服务大企业、中银行服务中企业、小银行服务小企业"的多层次行业格局，引导银行业更好地服务实体经济。完善金融的投融资功能、支付结算功能、规避风险功能，为非金融业提供高效金融服务。

参考文献

［1］刘武君：《航空港规划丛书》，上海科学技术出版社 2013 年版。

［2］毛哲炜：《拓宽融资渠道，发挥物流金融在经济发展中的作用》，《时代金融》2012 年第 8 期。

［3］杨小成：《承接东部产业转移与河南产业结构调整研究》，《南都学刊》2013 年第 3 期。

［4］张占仓：《临空经济为郑州插上腾飞翅膀》，《郑州日报》2013 年 4 月 4 日。

［5］张占仓：《郑州建设国际航空港的历史趋势与战略方向》，《区域经济评论》2013 年第 3 期。

［6］张占仓：《中国经济升级版的科学内涵与地方响应》，《河南日报》2013 年 6 月 19 日。

［7］张占仓、孟繁华等：《郑州航空港经济综合实验区建设与发展研究综述》，《河南科学》2013 年第 7 期。

［8］魏华阳：《郑州航空港经济综合实验区的金融创新策略》，《区域经济评论》2013 年第 3 期。

郑州航空港实验区现代物流业
发展现状与展望

李玉民　秦　愚　姬小利

物流业是融合运输、仓储、货代、信息等产业的复合型服务业，是支撑国民经济发展的基础性、战略性产业。加快发展现代物流业，对于促进产业结构调整、转变发展方式、提高国民经济竞争力和建设生态文明具有重要意义。①

当前，在世界经济复苏普遍曲折缓慢、"一带一路"战略快速实施、全国经济处于"新常态""三期叠加"阶段、河南经济稳中向好发展的形势下，对郑州航空港实验区（以下简称航空港区）现代物流业，尤其是航空物流业的发展进行总结和梳理，对2015年航空港区现代物流业发展进行分析与展望，既必要又迫切。

一　航空港区现代物流业发展现状

自郑州航空港区启动建设，尤其是《郑州航空港经济综合实验区发展规划（2013—2025）》实施以来，以航空物流为核心基础的现代物流业，在郑州航空港区迎来了巨大契机，发展迅速，日新月异。紧紧围绕"建设大枢纽、发展大物流、培育大产业、塑造大都市"的发展主线，航空港区建设迈出了坚实步伐，现代物流业尤其是航空物流业，对促进航空港区建设、临空经济发展都起到了关键引领和推动作用。

（一）各级领导高度重视，利好政策大力支持

2012年11月17日，国务院批准《中原经济区规划》，同时提出建设

---

① 节选自2014年10月4日国务院印发的《物流业发展中长期规划（2014—2020年）》。

郑州航空港经济综合实验区。2013年3月7日，国务院批复《郑州航空港经济综合实验区发展规划》，成为全国首个上升为国家战略的航空港经济发展先行区，规划中明确提出，郑州航空港经济综合实验区的首要战略定位为国际航空物流中心。

2014年5月10日，习近平总书记来到河南郑州，考察了郑州跨境贸易电子商务服务试点项目，同时专门听取了郑州航空港经济综合实验区的发展汇报。省委书记郭庚茂、省长谢伏瞻等省领导也多次到航空港区进行调研，同时省政府、郑州海关等机构出台了多项政策措施，从财税、金融、产业发展、要素保障、人才保障、通关、检验检疫、口岸建设及通关便利化等方面，全方位支持郑州航空港区建设（见表1）。各级领导高度重视、相关政策措施大力支持，为航空港区建设、航空物流及关联物流业态的快速发展提供了强大保障。

表1　　　　　　郑州航空港实验区及航空物流相关政策（部分）

	政府部门	时间	相关政策或规划
1	国务院	2012年11月	《中原经济区规划》
2	国务院	2013年3月	《郑州航空港经济综合实验区发展规划（2013—2025）》
3	国家民航局与河南省人民政府	2014年7月	《共同推进郑州航空港经济综合实验区建设的合作备忘录》
4	河南省人民政府	2013年11月	《关于支持郑州航空港经济综合实验区发展的若干政策》
5	河南省人民政府	2014年2月	《郑州航空港经济综合实验区概念性总体规划（总体规划深度2013—2040年）》
6	河南省人民政府	2014年8月	《关于培育外贸竞争新优势促进外贸稳定增长的实施意见》
7	河南省人民政府	2013年7月	《加快推进郑州市跨境贸易电子商务服务试点工作方案》
8	郑州海关	2013年8月	《郑州海关支持郑州航空港经济综合实验区建设的十项措施》
9	河南省质量技术监督局	2013年7月	《关于服务郑州航空港经济综合实验区发展的意见》

续表

	政府部门	时间	相关政策或规划
10	河南省高级人民法院	2013 年 8 月	《关于服务保障郑州航空港经济综合实验区建设的意见》
11	河南省国税局	2013 年 9 月	支持郑州航空港经济综合实验区建设的 20 项税收措施
12	河南省商务厅	2013 年 9 月	出台关于推介招商、招大引强、贸易便利、下放审批和举办展会五项措施
13	河南省科技厅	2013 年 9 月	《支持服务郑州航空港区经济综合实验区建设的意见》
14	河南出入境检验检疫局	2013 年 10 月	《河南出入境检验检疫局支持郑州航空港经济综合实验区建设的九项措施》
15	河南省台湾事务办公室	2013 年 12 月	《关于支持服务郑州航空港经济综合实验区建设的意见》
16	河南出入境检验检疫局	2014 年 11 月	复制推广上海自贸区海关监管创新制度
17	河南省通信管理局	2014 年 12 月	《郑州航空港经济综合实验区通信信息网络基础设施规划》

（二）物流基础设施建设迅速，多式联运物流体系建设加快

围绕《郑州航空港经济综合实验区发展规划》，以国际航空货运枢纽建设为核心，郑州航空港区各类物流基础设施建设进展迅速；依托贯穿河南全境的"米"字形高速公路网和高速铁路网，"铁、公、机"三网联合的多式联运物流体系建设速度明显加快。2014 年 10 月 9 日，郑州新郑机场二期工程中能够实现客运"零距离换乘"和货运"无缝衔接"的现代综合交通枢纽——新郑国际机场 T2 航站楼的主体结构全面封顶。郑州高铁南站建设方案初步确定，规划方案已上报国家发改委审批。在公路建设方面，重大公路网连接项目建设稳步推进，机场高速改扩建、机场至西华高速一期、商登高速郑州段加快建设，G107 郑州境东移改建、G310 郑州境改建、S102 新郑中牟尉氏交界段改建等干线公路项目前期工作快速推进。航空港区周边高速公路出入口初步完成设计，正在随主线工程同步施工。

作为郑州航空港经济综合实验区的重要配套项目，郑欧国际铁路货运班列的首趟列车于 2013 年 7 月 18 日运行。郑欧国际班列的开通标志着郑州沟通世界的国际铁路物流大通道由此打通，河南省成为我国中部、西北、华北、东北地区货物的主要集散地和中转站。同时，借助河南四通八达的高速公路网，2013 年 7 月，郑州机场到上海的第一辆"卡车航班"正式投入运营，上海的进出口空运货物均可通过"卡车航班"实现与郑州机场国际航班的无缝衔接。

（三）航空物流发展迅猛增长，国际航空物流中心渐露端倪

1. 郑州机场的建设力度不断加大

河南省机场集团于 2013 年 5 月正式成立，为郑州新郑机场的发展建设提供了一个更大平台，进一步推动了郑州国际航空物流中心建设，加快了产业集聚和临空经济发展，促进了中原经济区和航空港经济综合实验区建设。2014 年郑州机场二期 T2 航站楼、GTC 综合换乘中心、4F 级第二跑道等工程均已完成主体施工，极大地促进了郑州航空物流的建设和发展。未来郑州新郑机场将成为继上海虹桥机场之后，全国第二个将城际铁路、高速公路、轨道交通等多种交通方式有效衔接的机场。

2. 客货运量呈现迅猛增长态势

近年来，新郑机场的客货运量逐年上升，呈现迅猛增长态势，郑州航空港的吸引力和影响力进一步增加。2014 年，新郑机场完成货邮吞吐量 37.04 万吨，同比增长 44.86%；旅客吞吐量 1580.54 万人次，同比增长 20.29%，客、货运量增速在全国 20 个大型机场中位居首位。同时，新郑机场在全国 20 个大型机场中的排名也再次提升，货运行业排名由 2013 年的第 12 位跃居第 8 位，客运行业排名由 2013 年的第 18 位提升到第 17 位。尤其是，新郑机场货邮吞吐量增长迅猛，在全国大型机场的排名不断上升，同比增长速度创历史新高，充分说明了郑州航空港"货运为先、国际为先"枢纽建设的正确性。

3. 知名航空货运公司纷纷入驻，航线网络快速拓展

郑州新郑机场坚持"以货为先"，积极拓展国内外航线网络，引进知名航空货运公司入驻。2014 年 4 月，卢森堡航空公司入驻郑州机场，成为首个入驻郑州机场的国际货运航空基地公司，该公司是欧洲最大、世界第八大全货运航空公司，拥有覆盖全球的航线网络、市场资源以及行业内最为先进的货运机队。在"郑州—卢森堡"双枢纽战略指导下，开辟的郑欧直航货运航线成为"空中新丝路"的重要载体。增开郑州至科隆全

货运航线，并适时开展空铁联运。香港第一东方投资集团拟在郑州新郑机场设立航空公司总部。韩国最大的航空企业大韩航空入驻新郑机场，带动一批韩国航空企业先后在郑州开通国际航线。国内三大货运航空公司东航物流、国货航、南航货运均在郑州开通了国际货运航线。国际大型货代企业也开始纷纷看重新郑机场，包括 DHL、马士基等国际知名货代巨头已计划在郑州建立分拨中心。2014 年新郑机场新增了卢森堡、美国南航和马来西亚 3 家货航，货运航线达到 32 条。国内与国际地区通航点 33 个，新增了 9 个。全货机周航班量达到 92 班，航空货运网络覆盖范围快速扩大，货邮集疏能力大大增强。基本形成通达全国主要城市和欧美亚的航线网络，以郑州枢纽机场为中心的轮辐式航线网络初步建成。

4. 国际地区货邮吞吐量和全货机承运比重增加

2014 年年底，郑州新郑机场在货运上出现了三大改变。从货源上看，国际地区货邮量占到货邮总量的 55.64%，超过国内货邮量，改变了过去国内货邮多、国际地区货邮少的局面。从承运方式看，全货机承运货邮量达到 25.7 万吨，同比增长 80.65%，占货邮总量的 69.39%，全货机承运货邮量已经占主导地位，改变了过去以腹舱货为主、全货机承运为辅的局面。从货物流向看，出港货邮达 19.86 万吨，占货邮总量的 53.62%，进港货邮 17.18 万吨，占货邮总量的 46.38%，进出港货邮趋于平衡，改变了过去以出港货物为主，回程货物严重不足的局面，航班利用效率大幅提升。

5. 国际快件出口总包直封权助力国际快件集散中心建设

2014 年，郑州喜获国际快件出口总包直封权。目前，只有北京、上海、广州拥有国际快件出口直封权，郑州是我国中西部第一个，这意味着中西部邻近城市的出口纽约、旧金山、洛杉矶、莫斯科、新西伯利亚、伦敦、库里提巴、圣保罗、温哥华、悉尼、马德里、巴黎、川崎 13 个国际城市的国际快件可以在郑州港区直接打包出口。

国际快件出口总包直封权获批，极大地促进了郑州建成中西部国际快件集散中心的步伐。一方面为郑州跨境贸易电子商务（E 贸易）试点运营奠定了坚实的国际物流基础；另一方面极大地完善丰富了郑州国际货运货源。郑州现有国际货运航线主要货源是电子产品，国际快件出口总包直封权获得后，国际快件业务将大大加强，进一步丰富了郑州出口货源，巩固郑州的现有国际货运航线。

（四）电子商务快递物流呈现快速发展

随着网上购物、电子商务以及 E 贸易（跨境电商）的迅猛发展和普及，与之相关的快递物流行业呈现出高速发展趋势。2013 年 11 月 27 日下午，河南省人民政府与菜鸟网络科技有限公司战略合作框架协议签约仪式在郑州举行，双方共签署了《河南省人民政府菜鸟网络科技有限公司战略合作框架协议》、《中国智能骨干网（郑州航空港实验区）项目投资合作协议》（包括新型物流仓储基地及电商产业集聚园区、多式联运转运基地、保税物流基地和电商产业园 4 个项目）以及《中国智能骨干网郑州电子商务物流配送暨运营中心项目投资合作协议》。2014 年 11 月 29 日，中部国际电子商务产业园在郑州航空港实验区正式开园，这是郑州航空港实验区首个电子商务产业基地，主要划分电子产品体验区、电商办公区、电商孵化区、智能仓储区、综合服务区和生活配套区六大功能区。目前入驻园区的企业高达 100 余家，其中包括唯品会、苏宁云商、中外运、河南航投等国内、省内知名企业。顺丰、申通等国内知名电商快递企业也达成意向，纷纷入驻港区。随着消费者对物流及时性及准确性越来越高的要求，航空快递物流将迅速成长为郑州航空港区航空货运物流的重要组成部分。

（五）保税物流持续增长，口岸通关能力大幅提高

2010 年 10 月 24 日，国务院正式批准设立郑州新郑综合保税区，这是中部地区第一个综合保税区。新郑综保区一期、二期 2.73 平方公里，入驻有富士康、中外运、海程邦达、上海畅联等电子制造和物流企业。随着新郑综保区对河南外向型经济拉动作用越来越大，以及航空港区发展需求，2014 年新郑综保区三期工程启动建设。综保区三期围网建成后，将在现有加工贸易基础上，大力开展保税物流、保税展示、保税研发等业务，建立维修中心、销售中心、结算中心，推进和带动海关特殊监管区的转型升级，打造中原经济区对外开放的重要门户，为我省申建中部第一个自由贸易区创造条件。

2013 年 10 月 24 日，河南出入境检验检疫局出台《支持郑州航空港经济综合实验区建设的九项措施》，支持郑州机场等口岸单位完善条件，积极争取拓展进口肉类、进境水果、进境种子苗木、进口整车等指定口岸功能，支持开展水产品、红酒、乳制品的直接进口，形成内陆开放高地的集聚性效应，助力实验区经济快速发展。2013 年 12 月 30 日，

国家质检总局批准在航空港区设立河南进口肉类指定口岸，选址位于港区北部综合服务区工业物流产业园。2014 年 12 月 27 日，河南进口肉类指定口岸项目开工仪式在航空港区举行，首期占地约 80 亩，可满足日查验冷冻肉 1200 吨、年进口 40 万吨、查验冷库容量 2 万吨、集装箱卡位 27 个。口岸建成后，将实现从郑州航空港口岸进口肉类，每吨肉类可节省各项费用总计约 1000 元，将大大降低河南省进口肉类物流成本。

郑州海关积极采取措施，促进通关便利化，通关服务能力进一步增强。2013 年 3 月 26 日，郑州海关快件监管中心在郑州新郑国际机场正式开通运行，郑州机场由此成为也能直接对国际航空快件分拣、交付和收运等业务处理的机场，同时，航空港区也获得了海关国内地区代码 "41018" 以及航空快件总包直封权。为了给区内进出口企业提供高效的通关服务，区内的海关、检验检疫等部门均为企业提供 7 × 24 小时预约通关服务，满足企业全天候连通国际市场的需求。目前郑州海关已与北京、上海、满洲里、天津等 12 个直属海关签订了区域通关合作协议，将这些关区的口岸通关功能延伸到郑州，涵盖了河南企业进出口必经的绝大多数口岸海关。河南出入境检验检疫局与天津、山东、河北等达成了检验检疫直通放行的通检协议，形成了便利化的联动通检模式。同时，郑州海关已成功复制实施上海自贸区 9 项海关创新制度，推动了海关监管便利化。

（六）大型物流项目入驻步伐加快，集聚态势渐趋增强

在坚持 "签约项目抓落地、落地项目抓开工、开工项目抓达产达效" 原则下，航空港区围绕高端制造、航空物流和现代服务业等三大主导产业发展，越来越多的航空偏好型物流项目落地，各类物流园区规划建设的步伐加快，航空偏好型物流集聚态势渐趋增强。2012 年 12 月 21 日，中原国际医药物流产业园在郑州航空港区举行开工奠基仪式，该项目是河南省发改委批准的首批进入郑州航空港区的重点项目之一，由河南邦仁实业投资有限公司投资兴建，用地规模 160 亩，预计总投资 8.29 亿元。2014 年 12 月 11 日，郑州普传物流基地开工仪式在郑州航空港区举行，项目位于航空港区南部高端制造业集聚区，占地 560 亩，由浙江传化物流基地有限公司投资建设，一期占地 355 亩，预计总投资 12 亿元。

二 郑州航空港实验区物流业发展 存在的问题与面临的形势

（一）航空港区物流业发展存在的问题

1. 省内临空产业基础薄弱，本土适航货源不足

一个产业是否具有明显的航空指向性，所运输产品的价值高低程度是重要的判断标准之一。由于航空运输的高成本，临空经济产业所提供的产品和服务的单位体积或者单位重量必须具有较高价值。

由于河南省是传统的农业大省，粮食精深加工的高值产品比较少。同时，河南省又是重化工业大省，轻、重工业比例大致呈三七开，规模以上工业 40 个行业大类中，规模居前列的主要是非金属矿物制品业、农副食品加工业、煤炭开采和洗选业、黑色金属冶炼及压延加工业、化学原料及化学制品制造业、纺织业等。近年来，虽然河南省大力培育生物医药和医疗器械、电子信息、新材料等高技术产业，高技术产业发展迅速。但目前河南总体上仍以化工、有色、钢铁、纺织、食品加工等传统产业为主，适合航空物流运输的货物比较少，这在较大程度上限制了郑州航空物流的货源基础。

2. 航空港区物流基础设施尚不健全

郑州航空港实验区自 2013 年 3 月获批至今，建设期不足两年，港区相关物流基础设施普遍处于在建或规划中，物流功能尚不完善。作为航空港的主体工程，郑州新郑机场一期工程设计货邮保障能力 35 万吨，但 2014 年新郑机场完成的货邮吞吐量已达 37.04 万吨，同比增长 44.86%。新郑机场扩建的二期工程于 2012 年 12 月开工建设，全部工程计划于 2015 年 9 月才能基本建成并开始调试，至 2015 年年底才能正式投入使用。现有的机场设施远不能满足日益增大的航空物流需求。同时，航空港区规划建设的"四纵六横"快速路网尚未全部完工，航空港区连接京港澳高速、机场高速、郑民高速等的快速物流通道，以及连接主城区与航空港区的南北重要快速通道——四港联动大道都还存在不少遗留工程尚待收尾。

3. 航空物流多式联运"零换乘"还比较困难

当前，郑州机场二期工程进展很快，T2 航站楼、GTC 综合换乘中心、

4F级第二跑道等主体工程均已完成，但具备空陆联运条件，实现客运零距离换乘和货运无缝对接的现代综合交通枢纽，预计2015年下半年试运营。虽然目前郑州已经进入了高铁、普铁、地铁、城铁的"四铁"生活模式，但航空港区依然还只有普通铁路的单一铁路运行模式。作为郑州"米"字形快速铁路网的重要支点、距离航空港区T2航站楼东约5公里的规划建设的郑州高铁南站，尚处于国家发改委审批当中；连通郑州机场至郑州东高铁站的城际铁路按照计划要到2015年年底前才能建成通车。虽然河南高速公路通车里程连续多年居全国第一，但目前港区对外联通的"四纵六横"快速路网还未成型，与京港澳高速、机场高速、郑民高速、四港联动大道的连接尚存在断点、盲点。同时，目前航空港区多式联运设施、快递快运"换乘"设施、中转分拨设施等多处于在建或规划阶段。因此，航空港区航空物流多式联运"零换乘"还比较困难，还难以实现物流货运的无缝对接，同时也影响了郑州航空物流辐射范围的拓展。

4. 物流信息共享还存在一定距离

现代物流业是为生产制造业、商贸流通业等服务的，为生产制造企业提供原材料和产成品的运输、仓储、调拨等物流服务，为商贸流通企业提供商品采购、存储、配送等物流服务，信息共享是促进物流企业与工商企业物流协同发展的重要手段。航空港区开工建设以来，围绕航空物流、高端制造和现代服务业三大主导产业，吸引了大批知名企业入驻。但由于航空港区建设仍处于起步阶段，河南智达物流科技公司自主研发的大型物流信息公共平台刚刚上线试运行，供应链上下游企业之间、生产企业、流通企业与港区内的航空公司、快递企业、物流企业、电子商务企业之间互联互通、实时共享的物流信息机制还没有真正建立起来，信息割裂、信息孤岛等问题还普遍存在。充分实时、互利共赢的物流信息共享机制的建立还需要加快推进速度，否则将可能制约航空港区现代物流业向更高层次发展。

5. 航空物流仍处于培育阶段，尚未形成常态化良性发展

总体来看，相比于北京、上海、广州等临空经济先进区域，郑州航空港区还存在较大差距，航空物流发展仍处于培育阶段。虽然郑州航空物流近年来发展形势喜人，但河南省、郑州市出台的一系列优惠政策发挥的重要作用不可估量。如对有关航空企业新开辟客货运航线航班、航线市场推介、机场使用费减免等给予补助；对航空公司、航空货运代理企业、客货

销售代理企业等有关单位开拓客货运市场给予奖励；根据运输距离和货运规模，对在郑州新郑国际机场集散货物的公路运输企业给予一定额度的补助。奖励、补助资金由省、郑州市财政各负担 50%；支持实验区内的基地航空公司和新郑国际机场引进飞行、机务等紧缺专业人才，对个人所得税属于可税前扣除的，按照国家规定的优惠标准予以扣除；对设在实验区的飞机维修劳务增值税实际税负超过 6% 的部分实行即征即退政策；等等。

上述优惠政策在郑州航空港区建设初期发挥了重要作用，措施成效显著，吸引一大批航空企业入驻，航空企业开辟的客货运航线快速增长，航空货代企业开拓的航空货运市场快速膨胀，有效提升了郑州航空港的影响力，明显扩大了航空港的辐射范围，有力地促进了航空港的快速发展。但随着航空港区产业规模不断壮大、高端产业不断增强、产城功能日益完善，未来政府应逐步淡出，市场化手段应逐步加强，并最终进化到以市场化手段为主，形成常态化良性发展。

6. 体制政策创新有待进一步提高

郑州航空港实验区是全国首个上升为国家战略的航空港经济发展先行区。建设实验区是全新的事物，关键在于政策、体制与模式的创新。国家、省、市各级政府出台一系列政策措施，积极支持实验区在航空管理、海关监管、口岸建设、通关便利化等重点领域和关键环节方面先行先试。在与国际物流密切相关的海关监管方面，创造性地提出了"政府边建设、企业边生产、海关边监管"的特殊建设模式；在实验区建设方面，加大民航业的对外开放力度，鼓励外资进入民航业。对涉及郑州的航权开放予以积极考虑，优先考虑开放第五航权，适时研究开放第七航权的可能性，鼓励中外航空公司经营往返郑州的国际客货运航线。但航空物流作为现代物流发展的大趋势，目前郑州航空港区的体制机制、政策措施，还远远不能满足航空物流业的发展需要。航空港区在为航空物流营造良好发展环境方面，还需要与时俱进、大胆创新，致力于实现"航空港区不仅要成为开放的平台和窗口，还要成为深化改革体制创新的实验示范区"（郭庚茂书记语）。

（二）港区物流业发展面临的形势

伴随着郑州航空港经济试验区近两年来快速发展，作为港区重要支柱产业之一的现代物流业面临着诸多新的机遇和挑战。

1. 大力发展临空经济、航空物流成为国际发展大趋势

在全球经济一体化及"速度经济"时代，继铁路、内河航运、海运、公路运输方式之后，航空运输已成为21世纪经济发展的"第五冲击波"，以机场为核心的临空经济，必将成为推动全球经济新一轮增长的主力军。在经济全球化、信息化背景下，随着全球范围内产业结构、产品形态及产业组织结构的飞速变化，临空经济在区域经济格局中的地位日益突出，已经成为一种新兴的经济形态，临空经济正成为在全球范围内配置高端生产要素、提升国家和区域竞争力的重要途径，航空港经济日益成为推动经济发展的新引擎。

从国际经验看，在机场周边建设临空经济区，依托航空物流发展临空经济，已经成为国际上很多国家推动区域经济发展的重要战略措施。美国孟菲斯国际机场、爱尔兰香农机场、荷兰阿姆斯特丹史基浦机场、日本东京成田机场、英国曼彻斯特机场、德国法兰克福机场、韩国仁川机场、香港国际机场等许多国际现代化机场的周边区域，均依托当地航空枢纽区位优势，受多功能的临空经济效应带动，成为全球产业链上的重要价值节点和核心发展区域。

2. 河南省和郑州市大力推进航空港区建设带来大机遇

自郑州航空港区建设启动以来，省委书记郭庚茂、省长谢伏瞻等多次到航空港区调研，同时指出，航空港区是事关我省经济社会发展全局的三大国家战略规划之一，是目前全省对外开放的最高平台，是全省深化改革、体制创新的示范区，是全省最大的科学发展载体，是构建"四个体系"的先行区，也是中原崛起、河南振兴、富民强省的战略突破口和核心增长极，具有举足轻重的地位和作用。

基于此，河南省、郑州市抢抓机遇，大干快上，把航空港经济综合实验区作为全省、全市的一号工程，在财政、税收、土地、融资等方面给予了史无前例的倾斜力度。航空港区以大型航空枢纽为依托，以航空物流为突破口，建设大枢纽、发展大物流、培育大产业、塑造大都市，致力于建成国际航空物流中心，快速形成全国航空港经济发展先行区。

3. 临空经济已成为河南产业升级、经济转型的重要引擎之一

当前，国内外经济都处在深度调整期，经济运行发生重要转折，由过去的高速增长转为中低速增长，经济增长呈现明显回落趋势。在新的挑战面前，加快产业升级、经济结构转型，成为河南省省委、省政府的重要任

务和目标。郑州航空港实验区的建立，给河南经济转型、产业升级带来了前所未有的机遇。临空经济已成为河南产业升级、经济转型的重要引擎之一。

（1）临空经济发展促进河南产业结构转型升级。改革开放 30 多年，河南的经济发展取得了辉煌成就。但是经济总量迅速增长的情况下，河南工业产业中缺乏高精尖产业，河南省和郑州市面临着结构调整、转变经济发展方式的重大挑战。建设航空港经济综合实验区，着力发展临空经济，推动高端制造业和现代服务业集约集聚，通过大力发展与航空运输紧密相关的产业，包括电子信息、生物医药、飞机维修、航材制造等，吸引高端研发、总部经济、电子商务、物流、快递、金融、会展等现代服务业在航空港区集中布局，形成高端制造业和现代服务业的相互交融、相互促进的临空经济产业集聚区，带动航空港区及周边更大区域，乃至河南全省的经济发展方式转变，促进产业结构调整、转型升级。

（2）航空港区建设促进河南外向型经济新发展。虽然河南省 GDP 连续多年位居全国第五位，但 2010 年以前的外贸进出口总额占全国的比例，几乎可以忽略不计。随着航空港区建设和临空经济的快速发展，河南省外贸进出口数据大幅提升。据海关统计，河南省近三年外贸进出口数据明显好于全国水平。特别是 2012 年，地处内陆的河南省进出口额大幅跃升，不仅增幅全国第一，总额更是历史性地跻身全国十强，这其中对河南省外贸进出口贡献最大的就是郑州航空港区，其贡献度均达到近 60%。详见表 2。

表 2　全国、河南省和郑州航空港 2012—2014 年的外贸进出口数据统计

	指标	2012 年	2013 年	2014 年
全国	外贸进出口额（亿美元）	38668	41600	43000
	增长率（%）	6.20	7.60	3.40
河南省	外贸进出口额（亿美元）	517.5	599.5	645
	增长率（%）	58.60	15.90	7.50
郑州航空港	外贸进出口额（亿美元）	307	350	379
	在河南省的占比（%）	59.30	58.40	58.80

（3）现代物流及关联产业的快速发展促进郑州国际航空物流中心地

位快速提升。作为全国铁路网和高速公路网重要枢纽的郑州，再加上航空货运物流中心的建设，陆空对接、多式联运、内捷外畅的现代交通运输体系将日益完善，综合交通枢纽地位将持续提升，港区临空经济和现代物流业将持续快速发展。郑州航空港区现代物流产业的快速发展，一方面有利于加速吸引发达国家以及东南沿海地区高端制造业、电子信息产业入驻郑州航空港区发展；另一方面有利于带动河南国际中转物流、航空物流、电子商务、航空快递、综合保税、信息金融等关联产业和配套服务的发展，快速提升郑州国际航空货运物流中心的地位。

4. 中部各省市基于临空经济的现代物流业态竞争形势激烈

近年来我国临空经济发展迅速，各地政府都高度重视航空港区建设，纷纷以机场为核心进行临空经济规划。据中国民航总局《2013 中国机场发展报告》显示，截至 2013 年 6 月，我国共有 57 个城市依托 50 个机场，规划了 58 个临空经济区。其中，年旅客吞吐量在 500 万人次以上的机场都规划了临空经济区，年旅客吞吐量在 50 万人次以上的机场中也有 9 个规划了临空经济区。在这些临空经济区中，已初步形成了以北京、上海、广州等枢纽机场为依托的临空经济区为中心，以成都、重庆、西安、深圳、武汉、天津、青岛等省会或重点城市的特色临空经济区为骨干，其他城市相继顺势规划发展临空经济的基本格局。虽然郑州航空港作为全国首个航空港经济综合实验区，率先占据了区域经济的发展先机，但同样位于中部地区的武汉和西安，紧随其后也都在大力建设航空港经济区。

2013 年 5 月 15 日，经商务部会同有关部门研究，国务院批准武汉吴家山经济技术开发区正式更名为武汉临空港经济技术开发区，成为湖北省首个发展临空经济的国家级功能区。武汉临空港经济区总规划面积约 1100 平方公里，其核心是集先进空港设施、现代航空物流、综合保税服务和经济技术开发于一体的武汉天河国际机场。目前该机场正在抓紧建设 T3 航站楼，规划到 2020 年，该机场的旅客吞吐量将达到 3500 万人次、货邮吞吐量达到 44 万吨。

2014 年 5 月 14 日，西咸新区空港新城《西安国家航空城实验区发展规划（2013—2025）》获国家民航局复函。批复指出：支持把西安航空城实验区建设成为丝绸之路航空枢纽和内陆空港城市示范区。《规划》把西安国家航空城实验区定位为丝绸之路经济带对外开放的国际门户、临空现代服务业引领区、现代航空高端制造科研聚集区、国际内陆型空港城市示范区。其中在临空现代服务业方面,西安航空城实验区则将围绕三星电子、应用材料、美光半导体等世界 500 强企业,主要布局航空物流、航空维修、通用航空、航空租赁、航空人才培训和航空会展六大航空服务业。

郑州新郑机场与中西部几个主要竞争对手在 2011—2014 年的机场货物吞吐量的变化比较,详见表 3 和图 1。从中不难看出,相对于其他竞争城市,郑州航空港综合经济试验区的起步、获批均较早,基础设施建设和项目招商都更早得到了推进。在河南省和郑州市的大力扶持和推进下,郑州机场的货运发展速度是惊人的,实验区的建设进度和规模已远超对手,成为中部城市航空物流领域的"领头羊",发展前景受到国内外一致看好。

表3　　　　2011—2014 年郑州与中部主要竞争对手的航空货运量　单位:万吨

	2011 年	2012 年	2013 年	2014 年
郑州新郑机场	10.28	15.12	25.58	37.05
西安咸阳机场	17.25	17.48	17.86	18.64
武汉天河机场	12.28	12.81	12.95	14.3
长沙黄花机场	11.48	11.06	11.76	12.5

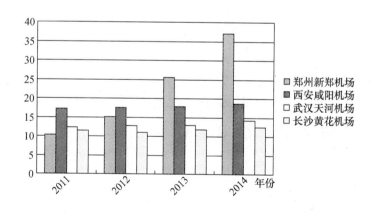

图1　郑州机场与中部主要竞争对手的航空货运量比较

从航空运输经济距离看,某一区域航空港经济区建成后,将在数百公里范围内具有较强排他性,因此,中部地区各省临空经济、航空物流的激烈竞争,给郑州航空港区发展带来了巨大挑战。

5. 现代物流业将成为航空港区的支柱产业

现代物流业是一种典型的复合型服务业，是现代产业体系和现代服务业的重要组成部分。郑州航空港区的战略定位之一是以航空经济为引领的现代产业基地，"大力发展航空设备制造维修、航空物流等重点产业，培育壮大与航空关联的高端制造业和现代服务业集群，促进产业集群发展，形成全球生产和消费供应链重要节点"，"构建以航空物流为基础、航空关联产业为支撑的航空港经济产业体系"。航空港经济产业体系包括航空物流、高端制造业、现代服务业、产业创新中心等。其中航空物流涉及了特色产品物流、航空快递物流、国际中转物流、国际物流配套服务、电子商务以及跨境贸易电子商务等内容，这都属于现代物流业的重要范畴和关联业务。

2014 年 6 月，中国民航局与河南省政府签署《关于共同推进郑州航空港经济综合实验区建设合作备忘录》，按照"建设大枢纽、发展大物流、培育大产业、塑造大都市"的总体思路，共同推进实验区建设。其中"大枢纽"、"大物流"、"大产业"均与现代物流业息息相关，"大都市"中百姓的日常生活也离不开城市配送"最后一公里"的大力支持。近年来，一批电子信息、生物制药、食品加工和航空运输等企业在郑州机场及周边加快集聚，产业发展初具规模，智能手机生产基地初步形成。与此同时，围绕航空物流展开的现代物流产业发展也已初具规模，将快速发展成为航空港区的支柱产业之一。

三 2015 郑州航空港实验区现代物流业的 预期目标和重点任务

（一）预期发展目标

以航空物流为核心基础，着力吸引各类物流关联要素集约集聚、融合发展，着力推进重点物流企业招商和重点物流项目落地，着力开展支持电子信息、航空制造等高端产业的物流供应链服务，致力于尽快形成国际航空物流中心、国际快件中转集散中心、全球电子商务与快递集散分拨中心、全球电子信息产业物流供应链调控中心。

争取到 2015 年年底，航空港区物流业发展实现如下目标：力争到年底在郑州机场运营的货运航空公司突破 20 家，货运航线达到 40 条，航空货邮吞吐量突破 50 万吨（其中国际货邮吞吐量占半），引进 10 家国内外知名的航空物流企业。

（二）重点任务

2015 年，航空港区物流业发展将紧紧围绕郑州航空港区的"一个枢纽、一个专案、三大片区、十个招商项目、十个产业项目、十个城市功能项目、十个要素平台项目建设"重点任务展开，重点抓好：

（1）完善物流基础设施，加快航空枢纽设施建设。全面保障机场二期及配套工程建设，抓好振兴路、云港路、航海路改扩建及迎宾路高架地面段工程。

（2）稳步推进多式联运体系建设。重点抓好郑州高铁南站项目前期工作，全面联通航空港区与京港澳高速、机场高速、郑民高速、四港联动大道等快速陆路通道。

（3）积极拓展并加密国内外航线网络。积极引进基地航空公司，全面配合做好航空公司引进、航线开辟及加密等工作。

（4）加快推进新郑综合保税区三期围网建设工作。

（5）加快重点物流产业项目建设。加快富士康航空物流园推进步伐，争取尽快取得实质性进展；加大与菜鸟智能骨干网项目对接力度，争取早日开工建设；加快唯品会中部地区物流基地项目各项手续办理进度，力争早日开工建设；加快推进郑州普传物流基地项目建设工作；加快推进苏宁云商华中区域枢纽项目推进步伐；加快推进顺丰电商产业园项目建设工作；加快推进 TCL 华中电子商务配送中心项目建设工作。

（6）强力推进重点物流招商项目。重点跟进圆通速递航空货运枢纽、中国邮政国际航空邮件转运集散中心和邮航基地、亚马逊区域物流枢纽基地等重点物流招商项目。紧密结合航空港区高端制造业、电子信息产业发展，重点引进关联产业的全球供应链集成服务供应商。

（7）加快重点航空物流要素平台建设。切实做好河南电子口岸服务中心、跨境贸易平台、进口肉类指定口岸建设工作；加快推进进口食品药品医疗器械口岸项目建设工作；加快推进大宗商品交易中心、欧洲制造之窗项目建设工作；加快推进公共资源交易平台、土地交易中心、投融资平台等建设工作。

（8）加快电子商务产业发展。按照多区域、多园区、多模式，大力推进电子商务示范园区建设工作。加快中部国际电子商务产业园的招商工作，加快航空港区跨境 E 贸易发展。

（9）重点发展航空物流、保税物流、电子信息行业物流、电子商务快递、冷链物流等专业特色物流。

（10）谋划航空港实验区"十三五"重大物流项目，积极争取进入国家、省、市"十三五"规划。

四　郑州航空港实验区现代物流业发展的措施与建议

（一）加快推进国际航空物流中心建设

国际航空物流中心是郑州航空港综合经济实验区的首要定位和港区经济发展的动力源泉，港区高端制造业、现代物流业均围绕国际航空物流中心衍生和发展。航空物流的特点决定在一定区域范围内不可能存在多个航空物流中心，郑州国际航空物流中心建设具有明显的先发优势，目前西安、武汉、合肥、长沙、成都等地都在推进航空物流的发展，所以郑州国际航空物流中心建设有必要从硬件设施、发展环境、产业基础、物流市场主体等方面全方位加速推进，抢占和巩固中西部地区航空物流业的龙头地位。

（二）尽快形成现代综合运输体系

现代综合运输体系是郑州国际航空物流中心建设的重要支撑条件。以"建设大枢纽"为目标，尽快构建郑州航空港区的现代综合运输体系。在航空方面，拓展航线网络，增加国际货运航线，吸引国际货运航空公司入驻，充分利用国际快件出口直封权，进一步增加国际货邮吞吐量；铁路方面，以高铁南站、机场高铁站为重点；公路方面，以高速公路网互联互通、公路港项目为重点。同时应注重不同运输方式枢纽之间的无缝衔接。综合交通运输枢纽和综合交通运输体系不仅仅是各种运输方式的场站在地理位置上靠近，同时需要打破管理体制上的束缚，打破条块分割，实现不同运输方式之间的信息通畅，由市场配置不同的运输资源，大力发展货代，大力发展无船承运人，在票据、信息等关键环节取得突破，实现真正意义上的多式联运。

（三）完善和落实港区现代物流产业发展规划和布局

以"发展大物流"为基本思路，尽快完成《郑州航空港实验区航空物流产业发展规划》的鉴定并加快实施，明确港区现代物流业的发展目标、发展定位、发展方向、主导产业、发展布局，重点关注重要物流通道、交通枢纽、多式联运设施、物流园区的规划布局。科学规划布局有利于物流产业的用地保障、有利于招商引资、有利于集聚高效发展。注重与周边物流产业的差异化协调发展，充分利用周边国际物流园区、圃田铁路集装箱中心站、国际陆港、郑州出口加工区、河南省保税物流中心（B型）、华南城、华商汇等重要物流资源。

（四）大力发展特色物流产业

1. 电子信息行业物流

智能手机等电子信息行业是港区的支柱性高端制造业，港区应该打造以供应链管理为核心的电子信息行业物流。以富士康物流园为平台，为富士康等重点企业提供定制物流服务，将其列为"一专案"（富士康系列项目）的重要组成部分。

2. 电子商务快递物流

网购和电子商务的快速增长推动了电子商务快递物流爆发式增长。郑州航空港区应充分利用航空物流中心和综合交通枢纽的及时性、便利性，充分发挥港区的电子商务产业优势和 E 贸易服务平台优势，大力发展境内、境外电子商务快递物流。积极对接 UPS、FedEx、中国邮政、圆通速递等国内外知名快递企业，争取其在实验区布局快递物流项目。

3. 国际物流和保税物流

充分利用机场口岸和新郑综合保税区的口岸功能，发挥新郑综合保税区的海关监管区域的特殊优惠政策，大力发展保税物流和国际物流，吸引并辐射周边更广阔的地区。充分利用国际航空物流中心优势，以机场为依托，大力发展国际中转物流。

4. 商贸物流

利用郑州航空港区的交通优势、区域优势，努力形成全国性大型商业企业的区域分拨配送中心。同时为港区自身的商贸业（郑州航空港国际大宗商品供应链产业园、欧洲制造之窗展销中心等）提供物流服务。

5. 冷链物流

航空港区周边是河南省重要肉类、花卉、蔬菜等产品的生产基地，分布双汇、大用、众品、雏鹰等国际知名肉制品企业，对进口肉原料需求量非常大。随着进口肉类口岸的批复和进口食品药品医疗器械口岸项目的推进，以及食品加工业和生物制药业逐步成为港区重要产业，将有力促进港区冷链物流发展。

6. 会展物流

航空港区东部是"三大片区"之一的会展城片区，伴随航空港区会展业尤其是保税会展业的发展，航空港区会展物流发展将具有一定前景。

（五）吸引高端现代物流企业和人才集聚

航空港区现代物流业起步较晚，要想实现跨越式发展，必须引进全国甚至全球的高端现代物流企业，形成集聚发展。对于入驻港区尤其是国际航空物流港的物流企业的经营业态、品牌与商誉、投资强度等方面设立严格门限，重点引进世界 500 强物流企业、大型物流央企、航空偏好型龙头物流企业。进一步加大现代物流产业招商引资力度，建立现代物流产业项目库，对于入驻企业在用地、税收、融资等方面给予优惠政策。积极引进国际物流、国际贸易、货运代理、金融结算、融资租赁、电子商务、物流信息等方面高端人才。支持在郑的高等院校、各类职业院校与企业合作，建立高技能人才实训基地。

（六）不断创新物流业经营模式

航空港区独特的资源优势为物流业经营模式的创新提供了可能，航空港区需要通过物流业经营模式的创新引领全省现代物流产业的发展。模式创新方向，包括但不局限于以下方面：随着郑州东站至机场高铁的建设，可以扩展现有的高铁货物快运的形式，着手筹备高铁与航班在货运方面的无缝衔接；进一步扩大卡车航班数量、目的地对接海关；探索粮食、钢铁、有色金属等大宗商品在航空港区（包括综合保税区）的期货交割库业务；郑州是全国首批"跨境贸易电子商务（E 贸易）"试点城市，加快形成 E 贸易电子商务的网购保税进口、特殊区域出口、直购进口、一般出口等有效模式；开展多种形式物流金融业务；围绕海关监管区域关于物流业的特殊政策开展保税展示、拍卖和交易，开展保税仓储、分拨配送等业务；利用新郑综合保税区的口岸作业区开展口岸物流；落实海关总署的《中国（上海）自由贸易实验区 14 项海关监管创新制度复制推广工作方案》，用海关监管方式创新推动新型物流业态的发展。

（七）加强口岸与通关建设

口岸和通关建设是使航空港区成为中原经济区对外开放门户的关键。口岸建设依托机场口岸和新郑综合保税区口岸，以河南省电子口岸服务中心、进口肉类口岸、药品口岸为重点，集中力量推进跨境贸易电子商务通关服务平台建设。以电子口岸建设为载体实现便利通关，实现口岸监管模式创新、功能创新和多元化发展，构建"一站式"大通关信息服务平台，实现"买全球、卖全球，唯一关口在郑州"。加快进口肉类口岸获批后的建设，加快药品口岸、水果口岸的筹备。通关建设以真正实现内陆地区通关便利化为目标，全面落实海关总署2013年58号令《全面深化区域通关业务改善》，积极执行《郑州海关关于贯彻落实海关总署支持外贸稳定增长若干措施的实施办法》，拓展"属地申报、口岸验放"通关模式，加强与口岸海关之间的协作。加快解决二次转关、多次转关中存在的障碍。

（八）扩大航空港区物流业辐射范围

航空港区现代物流业的快速集聚发展需要大量的物流服务需求支撑。只有扩大航空港区现代物流业辐射范围，才能实现航空港区物流业的长期可持续发展。航空港区扩大物流业辐射范围，必须依靠自身的优势。充分发挥以国际航空物流中心和综合交通枢纽的作用，充分发挥以河南省电子口岸、各种指定口岸为核心的口岸平台作用，充分发挥 E 贸易平台作用，充分发挥以新郑综合保税区为核心的国际物流平台作用，充分发挥电子商务平台的作用。在航空港区物流市场的培育过程中，在今后一段时期内应继续实施扶持和补贴政策。

（九）加强航空港区物流业与制造业、商贸业的联动

现代物流业本身是现代服务业的重要组成部分，现代物流业与生产制造业、商贸流通业呈现互相促进的关系。港区物流业服务周边生产制造业的对象，主要包括临空高端产业和经开区等周边地区的高端产业，包括电子信息、航空制造、生物制药、食品加工、汽车及零部件、机械制造等；港区物流业服务商贸流通业的对象，主要包括电子商务、跨境 E 贸易、会展、海关特殊监管区域相关贸易等。港区各类物流企业，应积极主动为周边地区的生产制造业和商贸流通业提供高质量的物流外包服务。

（十）加强相关部门协作

郑州国际航空物流中心和综合交通枢纽地位，决定航空港区现代物

流业发展必将涉及多个物流业市场主体和相关政府职能部门。其中，物流市场主体包括航空公司、航空货运公司、机场、各种货代、物流信息与科技企业、物流咨询企业、供应链管理公司、铁路运输物流企业、公路运输物流企业乃至海运物流企业等。政府职能部门包括海关、口岸、检验检疫、税务、工商、交通、运管、铁路、航空及港区相关政府部门等。为了有效地理顺各种关系，促进航空物流协同发展，航空港区政府部门有必要牵头建立一套沟通良好、运作高效、联动配合的信息沟通和协作机制。

郑州航空港实验区电子信息业
发展现状与展望

周 柯 刘 磊 张 斌

电子信息业具有科技含量高、技术密集的特点和优势，对经济发展具有很强的带动作用，是构建现代产业体系的战略先导产业。加快郑州航空港实验区（以下简称港区）电子信息产业发展，对实现航空港战略、中原经济区战略，促进河南经济振兴、中部地区崛起等具有重要的战略意义。以富士康为代表的郑州航空港电子信息业发展迅速，效益规模稳步提升，结构调整不断加快，对构建港区现代产业新体系、对郑州市及河南省的电子信息产业发展和经济发展方式转变有着举足轻重的作用。然而，港区在发展电子信息产业过程中，还存在着龙头企业依赖性大、产品结构不尽合理、创新能力薄弱、产业发展所需人才匮乏等问题，要使港区电子信息产业进一步发展，需要找准方略，着重解决这些问题。

一 郑州航空港实验区电子信息产业发展现状

（一）产业规模不断扩大

1. 产值情况

截至 2014 年 12 月 31 日，港区共实现手机产量 1.44 亿台，同比增长49.2%，其中，苹果手机 1.19 亿台，增长 23.3%。2014 年 1—11 月，富士康累计生产手机 10144 万部，同比增长 24.5%，其中，11 月生产手机1911 万部，环比增长 29.1%。① 而从整个郑州市来看，2012 年，郑州市

---

① 杨凌：《郑州航空港手机产量破亿》，《河南日报》2014 年 12 月 17 日第 1 版。

电子信息产业实现销售收入 1300 亿元①，2013 年，全市电子信息产业销售收入增至 2017.91 亿元。② 可以说港区电子信息产业规模成效显著。从发展趋势看，航空港的电子信息产业将会形成几十家以上的品牌手机企业和几百家零部件配套企业集聚，并带动包括研发、销售、物流等相关产业的发展。未来 3—5 年内，这里将形成年产 3 亿—5 亿部智能终端产品的产能规模，成为全球智能终端产品主要生产研发基地之一。③

2. 入驻企业

港区在启动的电子信息产业园建设中，重点以加快推进正威科技城、朝虹电子、台湾软件产业园等电子信息项目的建设步伐为目标，截至2014 年年底，产业园已有正威、酷派、中兴、天宇、瑞弘源、展唐、联懋、辉烨等 89 家手机整机及配套企业签约入驻，其中整机生产企业 55家，配套零部件生产企业 34 家。截至目前，已有中兴、天宇、创维、华世基等 12 家企业正式投产。全年实现智能手机产量 1.43 亿部，占全球智能手机产量的 1/8。力争经过 3—5 年的发展，引进手机及配套企业 200家以上，形成全产业链手机产业集群，实现年产智能手机 3 亿—5 亿部，产值 3000 亿—5000 亿元，成为全球重要的智能终端生产基地、国内领先的电子信息产业基地。作为智能终端产业发展"领头雁"的富士康自2010 年入驻港区以来，已在航空港累计完成投资 148 亿元，布局手机生产线 116 条，累计生产手机 2.3 亿部，富士康郑州厂区现有员工 29.8 万人，其中航空港实验区 26.85 万人。

3. 进出口

2013 年，港区进出口总值 348.75 亿美元④，2014 年上半年实现进出口总值达 866.5 亿元，同比增长 5.2%，占同期全省进出口总值的53.9%，港区的窗口平台作用进一步凸显，且已成为我省对外开放的战略高地。⑤ 2014 年前 9 个月，富士康完成外贸进出口 215 亿美元，约占全省进出口总额的 53%。随着苹果手机的批量生产，港区电子信息产业进出

---

① 河南省工信厅：《郑州市 2012 年电子信息产业销售收入突破千亿元》，2013 年 1 月 22日，http://www.henan.gov.cn/zwgk/system/2013/01/22/010361880.shtml，2015 年 2 月 25 日。

② 陈诗昂、张科峰：《未来郑州电子信息产业将三足鼎立》，《河南商报》2014 年 11 月 5日第 B04 版。

③ 杨凌：《智能终端产业雁聚航空港》，《河南日报》2014 年 10 月 31 日第 1 版。

④ 张建、赵铁军等：《一年奋飞不寻常》，《河南日报》2014 年 3 月 8 日第 8 版。

⑤ 赵振杰：《航空港区外贸总值 866.5 亿元》，《河南日报》2014 年 7 月 19 日第 1 版。

口总值将达到一个新的制高点。

（二）产业增速持续领先

就整个郑州市来说，2013年，郑州市电子信息业完成增加值320.8亿元，增长33.9%，其增速在七大支柱产业中占据首位，而港区电子信息产业增速是"领头羊"，2014年，港区电子信息产业增加值达330.6亿元，增长24.4%。仅2014年1—8月，港区计算机、通信设备和其他电子设备制造业增加值就达144.6亿元，增长12.2%。远远高于平均经济增速水平。另外，2014年前三季度，港区地税局已征收入库企业所得税近1.39亿元，较去年同期入库量翻一番，增幅达116%，增收7461万元①，税金增速在全省范围同领域内处于持续领先位置，电子信息制造业在工业经济中继续保持领先地位，支撑作用不断增强。

（三）产业结构日益调整

1. 不同企业融合步伐加快

继2014年1月港区智能终端产业园一期项目成功开园后，总投资6.5亿元的该产业园二期项目也顺利开工。建设目的主要为已签约的十几家智能手机企业提供芯片、摄像头、主板、电池、机壳等全产业链配套建设厂房，以持续提升郑州智能手机产业链配套能力。此外，不同企业在本领域都有较高的行业地位，不同企业的紧密融合也为吸引更多智能终端企业聚集郑州发展创造了条件。

2. 同一企业产业链条完善

2014年，港区还大力支持富士康手机产业链垂直整合，积极引进实施手机整机及零配件研发制造项目，尽快形成贯通研发、关键零部件加工、手机组装完整的本地化链条，率先在国内外形成具有规模效益和明显竞争优势的产业集群。以酷派为例，其入驻港区后，已有深圳海派、深圳旺鑫、深圳迈科、深圳雅视、深圳立德等9家酷派的产业链企业与航空港智能终端产业园签约，集合了代工商、配件商、模具商、电池商、面板商等智能终端产业链各重要环节。港区电子信息产业中同一企业内部的细化分工在提高企业效率、竞争力以及行业高度化的同时，也调整了产业链的整体结构。

---

① 杨凌：《前三季度入库企业所得税增幅116%》，《河南日报》2014年11月3日第2版。

3. 软硬件产业比例趋于协调

2014 年港区电子信息产业调整后，纯粹的硬件设备越来越罕见，绝大多数硬件都基本含有平台软件、嵌入式软件或应用软件，事实证明硬件设备的价值会在一定程度上取决于其中软件产品的价值技术含量。此外，软件服务化作用也越来越明显，同时改变着软硬件产业的比重。2014 年，微软 Windows Azure 公有云服务在港区成功落地，为河南企业和政府搭建国际水准的云计算平台，实验区 300 多家中小企业通过平台进行电子信息的转型升级改造，解决了自身进行转型升级改造的难题。

（四）产业环境不断改善

1. 投资环境

2014 年，港区电子信息产业投资力度继续增加，产业链配套企业的投资额度也进一步增长，整个产业的投资环境逐步改善。据统计，2014 年一季度该实验区累计新签约项目 18 个，合同投资总额 492 亿元，其中电子信息项目就达 5 个，在所有产业项目中占比最大。港区的投资环境改善速度在全市范围内都处于前列，其中以电子信息产业投资增长最为明显。2014 年，全区累计完成固定资产投资 400.9 亿元，同比增长 91.8%。其中，工业投资 80.03 亿元，增长 104.9%；批发和零售业投资 13.7 亿元；交通运输、仓储和邮政业投资 104.55 亿元，增长 107.8%；房地产业投资 166.65 亿元，增长 74.2%；水利、环境和公共管理业投资 47.1 亿元，增长 265.3%。2014 年的投资项目在聚焦于行业大项目的同时，加大了配套产业项目的投资力度，使得港区项目整个投资比例趋于完善，给企业投资营造良好的环境。在 2014 年的产业园区项目投资建设中，电子信息产业园与智能终端（手机）产业园的投资项目集群效应较为明显，新投资项目中突出代表为正威集团投资港区电子信息产业。正威集团计划在航空港实验区投资 250 亿元，主要是建设手机整机制造、手机产业链核心配件制造、软件开发、交易展示、商贸物流等产业项目[1]，还带动核心配套企业进驻航空港产业园区，形成完整产业链条，极大地改善航空港区的投资环境。政府与社会为企业投资航空港区在投资政策上逐渐减少投资壁垒，保证每个企业都能够得到一个公平的投资机会，让整个大的投资环境

---

① 郑州航空港经济综合实验区管理委员会商务和物流业发展局：《正威国际集团与航空港实验区正式签署正威智能手机产业》，2014 年 12 月 7 日，http://www.zzhkgq.gov.cn/Port/jcq/html/2014-12-07/3456234f9f6667a513389151.html，2015 年 2 月 25 日。

进一步改善。

2. 招商引资环境

为了进一步完善港区电信信息产业的招商引资环境，2014 年实验区通过举办或参与智能终端产业链企业家座谈会、智能终端专题对接会、大宗商品发展高峰论坛、省政府"香港及台湾专题招商"等一系列重大招商活动，招商工作取得突出成效。

（1）企业间合作为招商引资发力。为了给港区营造良好的招商引资环境，不同企业也在以不同的方式改善招商引资环境。菜鸟中国智能骨干网项目落户港区，首批合作的 5 个项目总投资 55 亿元，这一项目的落户对港区电子信息产品的运输效率产生了积极影响，也使港区电子信息企业与全国的企业交流更为快捷、紧密，相信会吸引全国甚至全世界的电子信息产业企业来入驻航空港区。

（2）政策上的优惠吸引招商引资。以行政审批制度改革为突破口，省委、省政府赋予港区省辖市一级经济和社会管理权限，为港区更好地发展，明确了 26 个领域 266 项具体事项，推动实验区与省直部门建立"直通车"制度，减少中间不必要部分，激发发展活力，提高行政效率。让港区电子信息产业内部企业有了更多的可选择性，激发企业来港投资的动力，加速港区电子信息产业的发展。此外，为持续支持港区建设，河南省还出台了《关于支持郑州航空港经济综合实验区发展的若干政策》的文件。

（3）改善软、硬环境促进招商引资。软环境最关键的就是服务，政策上的优惠再加上服务上的改进，双管齐下才能吸引到大量的优质企业来投资。港区建立和完善了招商引资服务体系，为外来投资者提供优质、高效的服务。为了更好地为入驻港区的电子信息企业服务，政府推进简政放权、推进通关制度改革、推进通关作业无纸化改革，简化报关单随附单证，使企业生产出的产品快速进入市场，掌握市场先机。硬环境方面主要是改善基础设施建设，基础设施是招商引资的第一窗口，是承载项目的有效载体，是改善港区招商引资环境的基本因素。

3. 人才工作生活环境

港区自建设起就一直关注于创造良好的人才工作生活环境，努力提高社会保障建设，不断提高教育水平，改善基础设施。

（1）不断提升医疗保障水平。15 分钟紧急救援医疗圈已经在郑州航空港实验区初步建成；建立了初生缺陷预防体系，实施了新生儿生理缺陷免费筛查，新生儿乙肝、卡介苗接种率达100%；港区农村居民健康档案电子建档率达到98%，参保率接近100%。此外，省公共卫生医疗中心、市第一人民医院港区医院项目已动工建设。

（2）不断提高教育水平。2013年港区有幼儿园32所、中小学79所。2013年投入资金2.3亿元，新建与改扩建学校49所，增加教学设备，实现了信息化教学全覆盖。① 在原有的基础上，2014年港区重点抓5所幼儿园、10所续建和15所新建中小学建设工作②，加快推进教育设施的建设进度。以招教与选配等形式，为提高港区的教育界水平匹配了高层次的教育人才，支持港区教育事业的快速进步。具有开端意义的是由港区政府出资购买，为港区中心学校配备iPad与教室内的相关配件，使学生更形象地接受传承的知识，提高教学质量。

（3）创造优良的生活环境。人才的聚集给港区经济带来了新的活力，同时也给港区带来了挑战。2014年，港区房地产项目累计完成投资151.8亿元，增长71.6%，为改善港区居民的居住条件着力。与电子信息产业人才的生活环境有密切关联的富士康生活小镇项目也在有序推进，项目控规编制和征迁工作已全部完成。此外，2014年港区在"生态工程"方面，开工建设南水北调运河生态防护绿廊实验区段项目，绿化总面积430万平方米。加快推进道路两侧生态廊道建设，总长度约165公里，启动南区双鹤湖中央公园与南水北调总干渠以东区域9个市民公园建设③，这些都为港区的人才营造了良好的工作生活环境。

二　郑州航空港实验区电子信息业发展面临的形势与存在的问题

（一）港区电子信息业发展面临的形势——基于国内外地区的对比分析

1. 与美国孟菲斯国际机场对比

（1）营商环境。孟菲斯接近于人口的中心，绝大多数主要市场都位

---

① 王艳艳：《现在新郑的孩子还往港区跑》，《河南商报》2014年3月4日第B05版。
② 辛晓青：《航空港区启动八大产业园建设》，《郑州晚报》2014年2月17日第A29版。
③ 同上。

于孟菲斯可以第二天早上交付的运输半径范围内。依托优越的地理位置，孟菲斯2小时以内的航程几乎覆盖了全美所有大中城市，4小时的车程可到达美国中南部的大多数城市。从孟菲斯始发，FedEx能够在24小时内到达北美任何地方，在48小时内到达全球主要城市。较低的时间成本是时间敏感度高的企业选择孟菲斯的原因之一。孟菲斯拥有非常进取的分拨中心房地产市场，和全国其他地方相比价格更加便宜；在西海岸各地，以及达拉斯、亚特兰大等地，在仓库空间面积方面，孟菲斯每平方英尺的成本是最低的。孟菲斯的房地产资源及较低的仓储成本是吸引企业的另外一个原因。空港建设成功的前提，必须有政府的强力支持。比如，建设资金的投入、规划控制、征地拆迁、交通配套、环境保护等，单靠一个企业的力量是无法解决的。孟菲斯政府非常支持联邦快递入驻当地并给予了很多帮助。

港区为营造良好的营商环境做出了诸多努力。如企业注册登记方面，应当由郑州市工商行政管理局登记的内资企业委托郑州市工商行政管理局郑州机场分局登记，外商投资企业由市工商局派驻专人受理；手续齐全的，办理时间由法定15日缩短到3个工作日办结，并免收所有工商登记费用；对重大项目及招商引资企业开辟"绿色通道"，指定专职联络员专门服务。在创新服务方面，把港区作为全省经济发展的"特区"，赋予港区省辖市级外资审批权限，减少审批环节，缩短审批时限，提升服务质量和水平。建立了综保区与12个直属海关的区域通关机制，获批保税货物结转试点，属地海关接单到机场海关查验放行由原来的30小时压缩到5.5小时。郑州机场航空口岸获批口岸签证权。充分发挥外来客商投诉咨询综合服务平台作用，降低航空港区商务运行成本，营造良好营商环境。将实验区作为郑州市行政审批制度改革试点，全面推行客商投资代办制，设立投资便利化集中办公场所和营商服务专职机构，在企业注册登记、融资、跨境交易、投资者保护、履约、结算等方面，加强与国际规则和国际惯例接轨，打造国际化营商环境。

孟菲斯机场是世界上最大的航空物流基地，其物流量一直遥遥领先。孟菲斯机场集聚了一批世界知名的航空物流企业。围绕航空物流，集结一批相关的商务机构，使之成为世界航空物流规模最大、货运效率最高、服务设施最齐全的空港，在世界航空物流界一枝独秀。与孟菲斯相比，港区在地理位置、政策支持等方面的差距并不大，甚至因有"后发优势"而创新空间更大。政府为支持港区发展，提高行政效率，创新服务方式，进一步"先行先试"，无疑会逐步建立起有竞争力的营商环境。由于港区尚在建设阶段，在企业运输成本、仓储成本、人才生活成本等方面可能会与孟菲斯存有差距。目前港区多是在企业入驻方面节省企业时间成本，如何进一步降低企业入驻后的营商成本，从而完善企业营商环境形成营商优势，是港区未来需要考虑的问题。

（2）投资环境。孟菲斯市拥有发达的公路、铁路和水路的运输，通过高速公路、水路和铁路与全球相连。公路方面，东西方向横穿美国的公路将孟菲斯与美国第 55 州（南北方向横穿美国的公路中心）相连，此外有 7 条高速公路在孟菲斯相交。铁路方面，孟菲斯拥有 5 条 I 级的铁路，6 个铁路码头都具有联合运输的能力，平均每天有 220 班列车。水运方面，孟菲斯码头拥有 44 个私营站，8 个政府运营站，超过 30 个国际货物运输代理公司在孟菲斯码头运营。另外，孟菲斯接近于人口的中心，绝大多数主要市场位于孟菲斯可以第二天早上交付的运输半径范围内，从孟菲斯出发，通过卡车运输能在一夜间到达全美 152 个市场。由于优越的地理位置和丰富的运输基础设施资源，孟菲斯吸引了不少公司投资入驻。伟创力集团（总部设在新加坡，全球第二大电子合约制造服务商。业务包括手机电路板设计、通信工程等）在孟菲斯拥有全球最大的笔记本电脑维修点。惠普、松下、Cingular（全球第二大无线公司）、捷普全球公司的分拨中心以及全球最大的 DVD 分拨中心——Technicolor Video，都设在孟菲斯。

港区为吸引企业来港区投资，举措如下：放宽企业冠省级名称条件；放宽经营范围审批登记条件；不再限制公司设立时全体股东的首次出资额及比例，不再限制公司全体股东的货币出资金额占注册资本的比例；对电子商务、软件设计、文化创意等企业，同一地址可作为两个以上企业的住所，即"一址多照"；实验区内属于国家需要重点扶持的高新技术企业，减按 15% 的税率征收企业所得税；实验区内企业开发新技术、新产品、新工艺发生的研究开发费用，可以在计算应纳税所得额时加计扣除。对实验区内通信信息网络基础设施项目简化审批流程，依法优先为电信运营企业办理规划建设许可、建设用地、环境影响评价与项目竣工验收、电力配套、进口设备免税等手续，对电信运营重点项目用电执行大工业用电电价政策。支持实验区设立产业发展基金，运用政府股权投资引导基金，吸引社会资本通过参股等方式，扶持在实验区内设立创业投资企业和产业投资基金，主要用于扶持区内电子信息、生物医药等主导产业和金融业发展。

可以看出，孟菲斯多式联运体系已经形成，基础设施非常健全，便利的运输条件、较低的运输成本吸进了大量企业投资。另外来孟菲斯投资的电子信息企业不仅包括美国本地企业，还包括来自世界各地的优秀企业（日本、新加坡等）。投资主体的多元化、国际化使得孟菲斯逐步发展成为国际性的货运枢纽。港区在基础设施建设方面还有待改善，需要加快电子信息产业发展需要的交通设施等配套建设。目前，港区电子信息企业多是台资或国内企业，与港区的国际化定位存有差距，应在大量引进国内电子信息企业的同时，不断加强与国际优秀电子信息企业合作，丰富投资主体，激活行业发展活力。

（3）生存环境。孟菲斯处于美国的南部，冬天基本不下雪，夏天也没有很多的暴雨、飓风，所以，孟菲斯机场从天气方面来讲在美国是最优越的机场之一，怡人的气候使得许多电子信息业、物流专业人才等都集中在孟菲斯地区。完善的基础设施建设和发达的交通体系也为人才的生活提供极大便利。另外，孟菲斯丰富的房地产资源也降低了人才的生活成本。总之，人才在孟菲斯的生存环境较好，较好的生存环境也是孟菲斯区别于其他地方吸引人才、汇聚智力的重要因素。

港区一直关注于创造良好的人才工作生活环境，努力提高社会保障建设，不断提高教育水平。加快推进教育医疗、休闲娱乐、餐饮消费等设施建设，不断优化区域生活环境。采取公租房、廉租房等形式，解决年轻员工定居问题。兼顾企业成本与员工福利，设计了更为科学的社保体系，解除员工后顾之忧。对实验区内企业管理人员和专业技术人员简化因私出国（境）审批手续，申请因私出国（境）护照可按急事急办规定优先给予办理，需经常往来港澳地区的可审批一年多次往返签注。

目前，港区人才现状不容乐观，尤其是具备国际化视野的国内外高级人才匮乏，城市吸引力不强是原因之一。因为这些人才素质较高，需求层次较高，单纯的物质激励已难奏效，个人价值是否能实现、生活环境是否宜居、交通是否便利，进一步的休闲娱乐场所等是否齐全都会成为影响人才是否选择港区的因素，所以，港区不但要加强电子信息产业的生产配套建设，还要加强人才的生活配套建设，为吸引电子信息产业的高级性、国际化人才及其他层级人才做准备。如目前从市区到港区还没有直达的地铁，拥堵的交通增加了人才的时间成本等生活成本，对港区的发展有极大的阻碍作用。

2. 与西安西咸新城的对比

（1）资源禀赋。西安国家航空城实验区是西咸新区的核心区域之一，规划集中建设空港枢纽区、中央商务区、临空产业区、生态休闲区、优美小镇和临空农业区六大板块，重点发展航空运输业、航空物流业、半导体（LED）产业、高新技术产业、高端服务业、国际文化交流和临空农业等七大产业。其产业发展具有良好的基础条件。陕西是我国重要的航空产业基地，已经形成集大中型飞机研究、设计、生产、试验、综合保障、产品支援和教学培训于一体的航空科研生产体系。同时，西安阎良国家航空高技术产业基地、经开区、高新区、出口加工区、国际港务区、综合保税区等一批国家级开发区（基地）航空类产业集聚效应也比较明显，为航空城实验区的快速发展提供了产业支撑。可见，西安国家航空城实验区规划发展的产业都是基于自身良好的产业基础和地方优势（区位优势、人才优势等）。

郑州地处我国内陆腹地，空域条件较好，便于接入主要航路航线，适宜衔接东西南北航线，开展联程联运，有利于辐射京津冀、长三角、珠三角、成渝等主要经济区，具有发展航空运输的独特优势。郑州机场是国内大型航空枢纽，发展空间大；郑州市是全国铁路网、高速公路网的重要枢纽，陆空对接、多式联运、内捷外畅的现代交通运输体系日益完善，综合交通枢纽地位持续提升。国家在中部地区设立的首个综合保税区、保税物流中心、出口加工区、铁路集装箱中心站等在区内集中布局，航空、铁路、公路口岸功能不断完善，开放型经济发展势头强劲。另外，河南省20多个单位也出台了支持实验区发展的政策意见，大力支持港区发展。

港区本地优势尚未充分开发，有靠政府大量让利（政策优惠力度大）招商引资之嫌，如富士康的入驻就授人以柄。不可否认富士康支撑着港区乃至河南省电子信息产业的快速发展，但是并非长久之策，一个地区的可持续发展还是要依靠自身资源禀赋，充分开发本地优势，形成内生的竞争能力。与西咸新区相比，港区有着不同的发展优势，如何利用港区的政策"先行优势"，地理区位优势，开放中的"先行先试"优势等是港区形成培育关键资源能力、形成区别于其他地区吸引力的重要一步。

（2）联动发展。西安航空城实验区目标是将建成一座"五脏俱全"

的国际化、人文化、生态化、智慧化的"第四代国际空港城市",而并非承载城市个别功能的"区"。西安国家航空城实验区以航空城为临空经济核心区,以各类产业园区为临空经济支撑区,形成航空城与腹地经济联动发展的总体格局。临空经济产业联动区通过构建航空城经济与腹地经济的联动发展体系,充分利用全球资源,引导和带动西安高新区、经开区、国际港务区、阎良高技术基地、蒲城通用航空产业园、宝鸡飞行培训园、汉中航空产业园等临空重点产业区域在航空航天、电子信息、先进制造、节能环保、专业会展、电子商务、服务外包等领域加强与国际产业链对接,加快实现优化升级和集聚发展。同时,通过腹地经济的壮大进一步紧密航空城与世界重要经济区的联系,形成航空城与腹地经济良性互动的发展格局。

而在郑州港区,虽然一批电子信息、生物制药等企业在加快集聚,呈现出航空枢纽建设和航空关联产业互动发展的良好局面,但是港区与产业、区域等的互动发展效应尚未凸显。以电子信息产业为例,2013 年航空港经济综合实验区电子信息产业生产总值达 1600 亿元,占全省电子信息产业生产总值的 70%,而产品大部分进行出口,与腹地经济的联动效应不明显。虽然郑州港区已有酷派、天宇、中兴等 20 家企业签约入驻实验区,但是,"预计生产 3000 万部智能手机"与富士康生产的过亿部苹果手机相比,仍未能有效互动。就整个港区而言,尤其是与河南省现有产业基础联动发展方面,其对外的辐射带动作用也未能充分发挥。

(3)人才引进。根据《陕西省人民政府关于加快西咸新区发展的若干政策》等有关精神,对西咸新区引进的国家"千人计划"海外人才和省"百人计划"人才,分别给予每人 100 万元和 50 万元人民币的一次性奖励。对政府颁发的各类高层次人才奖金,免征个人所得税。同时鼓励留学回国人员在西咸新区创业,开展科学研究和人才培养,对重点项目、优秀项目和启动项目,给予相应额度的资金资助。另外,西咸新区高端人才优先办理入区户口,并在职务晋升、职称评定、子女入学、医疗服务方面给予政策倾斜,其配偶、子女需要在西咸新区落户的,不受年龄和指标限制。在 2012 年西咸新区的从业人员中,具有各类中高级职称的专业技术人才有 3.79 万人,约占 28%;经营管理人才达到了3.35 万人,约占 25%;而技术技能型人才达到 45% 左右。可见,西咸新区的从业人员素质较高,也说明西安国家航空城实验区对产业发展人才的重视。

而在郑州港区，2014 年获批"中国郑州航空港引智试验区"，这是继福建海西、山东日照后的第三个国家级的引智试验区。筹建郑州航空大都市研究院。联合清华大学、同济大学、美国北卡罗来纳大学在内的多个科研院所联合筹建郑州航空大都市研究院，积极探索科技成果转化与人才开发新模式，目前已完成建设方案。与省人社厅联合承办国家航空物流高级研修班也于 2014 年 11 月 16—21 日举办，建立起专项人才基础数据库。位于航空港实验区的河南省人力资源综合服务中心已开工建设，将成为河南省业务范围最广、政策体系最全的人才服务中心。2014 年，为辖区人才申报国家外专"千人计划" 1 名、省百人计划 1 名、学术技术带头人 1 名，市拔尖人才 1 名、农村实用人才 2 名。2014 年 5 月 6 日，聘请卡萨达教授为实验区管委会首席顾问，设立了卡萨达工作室。10 月 25 日，聘请国家"千人计划"专家张丹先生为实验区生物医药产业顾问、汤晓东先生为金融业顾问。并借省委组织部下派博士服务团机会，为港区企事业引进 5 名优秀博士。2014 年 9—10 月累计为富士康招聘员工 97878 人，天宇、朝虹电子等多家企业用工问题也都得到很好解决。

与西咸新区相比，港区在对高端人才、实用人才、一线工人等引进方面实现突破，人才集聚平台建设成果初现，但是在中高端人才总量方面仍显不足，产业领军人才、经营管理人才、技术技能型人才等缺口较大，在中高低各层级人才的引进培养和各级人才的比例结构安排等方面还有很多工作要做。

3. 与天津滨海新区的对比

（1）金融服务。天津滨海新区大力资助金融服务业发展，对新迁入滨海新区的金融企业总部核心业务给予一次性资助。其中，全国性及以上规模的，补助 500 万元；区域性规模的，补助 200 万元。对在滨海新区新设立的金融服务外包机构给予一次性资金补助。补助金额按注册资本（或营运资本）的 3% 计算，最高补助金额为 500 万元。对不具备独立法人资格的金融服务外包机构，实际投资额在 2 亿元以上的，补助 500 万元；实际投资额在 2 亿元以下 1 亿元以上的，补助 300 万元；实际投资额在 1 亿元以下 500 万元以上的，补助 100 万元。对金融企业在滨海新区规划的金融区域或金融后台营运基地内，新购建的自用办公用房，按每平方米 1000 元的标准给予一次性资金补助；租赁的自用办公用房，三年内每年按房屋租金的30%给予补贴。若实际租赁价格高于房屋租金市场指导价的，则按市场指导价计算租房补贴。

而在郑州港区，依据《河南省人民政府办公厅关于支持郑州航空港经济综合实验区发展的意见》总结，金融支持政策有：支持银行业金融机构与实验区签订战略合作协议，制订专门的信贷支持策略和管理方案。支持实验区率先开展融资租赁业务，积极探索离岸金融、信托、债券等金融创新。支持融资租赁机构通过上市和发行企业债券、公司债券，探索在银行间债券市场融资，拓宽直接融资渠道。支持保险资产管理公司在实验区设立基础设施投资计划、不动产投资计划和项目资产投资计划等产品，引入保险资金投资实验区建设。鼓励实验区内银行或信托公司发行面向保险资金的专项理财产品和信托投资产品，支持实验区内大型企业设立面向保险资金的债券融资计划。支持出口信用保险公司在实验区开展进出口保险业务。支持实验区加快科技金融改革创新，支持银行业金融机构在实验区开展知识产权质押等灵活多样的金融创新服务，在实验区设立专营科技支行，重点支持拥有自主创新产品、技术或商业模式的科技创新型企业破解融资难问题。与滨海新区相比，港区金融服务业尤其是离岸金融的发展略显滞后，进而对港区其他产业的服务作用未能充分发挥，阻碍了港区产业的快速发展。

（2）人才体制机制。天津滨海新区创新人才流动机制，实施知识产权和技术标准战略。实行人才全球招聘制度，对高层次人才可实行协议工资、项目工资等灵活多样的分配办法。试行高级人才双聘制度，探索新型人才管理模式。建立天津滨海国际人才市场，探索与国际通行做法相衔接的人才评价方法。加大知识产权保护力度，实施知识产权和技术标准战略，实行专利、商标、版权三合一的知识产权管理体制。吸引了国内外大量优秀人才。

而郑州港区初步建立了管委会领导联系高端人才机制。实行高端人才首席服务制度，对引进的管委会产业顾问等高端人才实行一对一服务。建立人才工作特殊机制，设立专项资金，制定扶持政策，引进高层次人才，建设一流的自主创新平台。建设人才特区。实验区负责编制全区人才工作中长期规划、年度计划，制定人才综合配套改革措施并组织实施。建设实验区人力资源开发交流综合服务平台和高技能人才实训基地，联合省市人社、教育部门建立起重点项目招工联动机制、大中专学校定向培训机制。在 2014 年上半年承办国家"千人计划"专家联谊会实验区推介会的基础上，建立了与国家"千人计划"专家联谊会常态联系机制。

一方面，由于港区处于初建阶段，各种体制机制包括人才体制机制需要时间逐步完善。另一方面，港区虽然是在"摸着石头过河"，但是，仍可以充分发掘自身优势和特色，以开放的心态大胆创新，尤其是在人才体制机制方面敢尝敢试，积累经验，吸引各地各样人才来港。体制机制健全了，方能渐收"不拘一格降人才"之效。

（二）郑州航空港实验区电子信息业发展存在的问题

1. 产业发展不平衡

港区还处于建设之中，其电子信息产业处于起步阶段，虽然富士康在手机装配行业起到了带头作用，手机制造为港区电子信息产业带来了大量的收入，但是富士康一家独大的局面限制了电子信息产业整体规模的提升，产业规模效应和集聚效应未能充分发挥。另外，微型计算机、集成电路、程控交换机等占有率较低，其余大多企业发展规模较小、发展缓慢，这样不利于抵御市场风险，没有形成规模化产业链，资源不能得到有效利用，产业结构亟待优化；而且港区内电子信息产业的结构"硬重软轻"，以电子信息设备制造业为主，软件业、信息服务业占的比重低，而发达地区信息产业的结构是"软重硬轻"，软件占的比重已超过硬件。郑州航空港内电子信息产业这种不合理的结构制约了产业的发展。就信息产业门类而言，呈现出不平衡态势。

2. 产业创新能力薄弱

港区电子信息产业发展技术基础薄弱，缺乏优秀人才和先进技术的支持，部分电子信息企业由于缺乏核心竞争力，在承接国际、国内沿海地区产业转移的过程中，很容易受到跨国公司和大型企业的影响，不能较好地发展。此外，港区电子产业内知名企业较少，自主产品更少，产业多以手机装配行业为主，产品技术含量低，处于产业链的低端，由于缺少核心技术，企业发展受到限制，产业发展受制于人。如港区多是代工企业、贴牌产品的现状，即使有"酷派、天宇、华为"等自主品牌，也因其规模较小、影响辐射力有限而难与国际品牌竞争，关键还在于产品、软件技术和营销渠道等方面的创新不够，未能真正赢得消费者青睐，自然也就难以占得市场。创新能力不仅是企业取得、维持其核心竞争优势的源泉，同样是产业形成产业核心竞争力、维持其在市场中长盛不衰地位的有力法宝，港区电子信息产业创新能力急需增强。

3. 金融支撑作用较弱

港区金融资本市场发育不完全，层次比较单一，发展相对滞后，金融市场体系不完整。虽然河南省证监局一直在积极地向外宣传港区，试图吸引大型证券公司总部来港区，但是至今还未有明朗的结果。港区现今没有自己的银行，资金状况不能得到保证，本地区银行业发展与外省市的银行业有较大的差距，未能为港区电子信息产业提供充足的资金保障。郑州期货成为国内三家期货交易所之一，且郑商所在小麦、棉花、白糖等大宗农作物的交易上，其"郑州价格"世界瞩目。但是郑商所在电子信息产业和其他高新技术产业上并未有较重的话语权。到目前为止，郑州市乃至河南省都没有自己的保险业，也没有一定规模的金融租赁公司。保险业的缺失致使郑州金融业体系不完善，一定程度上阻碍了郑州金融业的发展速度。

4. 产业联动发展缓慢

港区在引进电子信息产业上花费了很多心血，富士康的入驻为电子信息产业带来了大量的出口订单，增加了电子信息产业的收入，但是，富士康的发展并未充分发挥它对本产业及其他产业的联动作用。

首先，对港区其他电子信息产业的联动作用并不明显，港区除了富士康，还有酷派、天宇、中兴等20家企业，但是，二十几家企业预计的产值无法与富士康一家产值相比。

其次，港区电子信息产业未能对其他产业产品发挥联动作用，港区电子信息产业的发展只集中在了手机制造上，比如，电子信息产业未能利用其发达的网络设施为河南农产品的销售带来任何有力的影响。

5. 产业发展所需人才匮乏

郑州航空港实验区电子信息产业缺少核心技术的领军人才、令行禁止的实干人才等。

首先，港区虽然得到政府及社会各界的大力支持，吸引了大量人才，但是由于我国电子信息产业整体发展落后于发达国家，掌握电子信息产品核心技术人才较为缺乏，港区内电子信息产业虽得到大量的资金投资，但在人才方面仍然缺乏。

其次，郑州市高校数量有限，名校更少，培育相关专业人才的数量和质量偏低，再加上沿海地区电子信息产业发展势头猛烈，吸引了大量优秀人才。

最后，港区建设刚刚起步，虽然各个领域方面的专家都看好郑州航空港的发展，但是现在并未有清晰的数据展示给大众，大众无法对港区的未来有个明晰的判断与定位。因此，港区内电子信息产业从业人员总量相对偏少，同时高、中、初级人才结构比例失调。

6. *产业发展环境有待完善*

虽然港区已经上升为国家战略高度，为振兴河南经济发展、促进中部地区崛起带来了难得的历史机遇，但是其固有的经济基础、产业发展环境对港区引进、布局、发展电子信息产业仍存在一定的限制和阻碍。港区总体经济发展水平（电子信息产业规模）与沿海发达地区相比仍有较大差距，除了依靠大量政策优惠，港区自身经济发展环境（基础设施、配套建设等不健全）吸引电子信息企业入驻乏力，不利于资本、人才等资源在市场机制作用下涌入港区电子信息产业。虽然港区为企业营造了一定的营商环境，但是依靠营商环境（成本）优势吸引企业入驻机制尚未形成，多数企业仍是倚重大幅度的优惠政策而来。原因之一就是企业项目审批内容较多，速度较慢，政府服务企业能力有待提高，造成企业营商环境（成本）与国外先进航空城市相比还存有差距。

三 郑州航空港实验区电子信息业 发展趋势及思路

（一）郑州航空港实验区电子信息业发展目标

2014 年，港区电子信息产业发展势头猛进，有着很好的发展前景，未来在以富士康系列项目为核心的同时，应加快推进微软、正威科技城等多家投资超 10 亿美元的大型项目，创新工作体制机制，提高政府服务水平、企业发展水平，打造新常态下的国际营商环境，努力实现"大建设、大发展、大跨越"的发展目标。预计 2015 年，港区电子信息产业实现销售收入 2300 亿元，全区生产总值突破 500 亿元，形成年产 3 亿部智能终端产品的产能规模，逐渐成为全球智能终端产品主要生产研发基地之一。

（二）郑州航空港实验区电子信息业发展趋势

1. 树立全球视野，产业发展国际化

电子信息产业具有科技含量高、技术密集的特点和优势，对国民经济具有很强的带动作用，是构建现代产业体系的战略先导产业，是一个国家国民经济的基础性、支柱性、先导性和战略性产业。随着郑州航空港成为国务院批准的首个以航空港经济为主题的实验区，随着郑州航空港逐步成为对外开放的内陆高地，在港区布局发展电子信息产业不仅面临着一个地区、国家范围的竞争，同时还面临来自全球的竞争，可以预测，港区电子信息业的未来发展方向将是不断国际化。因此，港区应树立全球视野，不断扩大开放的广度和深度，不断引进世界一流企业，增强合作，参与产品核心关键技术研发应用，提高国际竞争力。

2. 促进信息消费，内需市场扩大化

据工信部报告，2013年上半年我国信息消费规模达到2万亿，同比上涨20%，信息消费规模不断扩大，成为促进内需、提振经济的新动力。港区未来发展电子信息产业的一个方向应是促进信息消费，不断开发本地市场，实现出口到内需的转变。目前，港区在富士康的带动下，已累计生产手机过亿部，但是产品多是出口国外，内需乏力，因此，港区在力争打造全球智能手机研发制造基地的同时，应注意紧抓信息消费（智能终端、信息服务等）的契机，不仅以信息消费带动电子信息产业的发展，更要实现当地经济发展方式由出口带动向出口、内需协同带动转变。

3. 塑造本地品牌，产业竞争力内生化

在需求日益个性化、多元化，竞争日趋激烈的市场中，电子信息产业面临着复杂多变的内外发展环境，通过招商引资入驻的外地企业（品牌）有较大的自利性，其往往由于各种政策优惠而进行产业转移，从长远角度看，对本地经济发展贡献有限（优惠政策的取缔、竞争失败等可能同样使其向其他有更多优惠的地方转移）。因此，发展本地品牌，塑造本地电子信息产业（或港区自身）的内生竞争力，使港区（电子信息产业）的先发优势逐渐转变为可持续竞争优势，也使电子信息产业的发展得以获取源源不息的动力，是港区电子信息业未来发展的一个趋势。

4. 掌握核心技术，价值链位置高端化

创新对一个产业的快速、持续发展不言而喻，核心技术的获取和掌握是产业创新的一个重要方面，电子信息产业尤其如此。在市场需求瞬息万变、产品更新换代如驹过隙的情况下，唯有不断创新，不断研发关键技术，推出满足市场需求的电子信息产品，才能适应电子信息产业的发展要求，在市场中立得一席之地。掌握核心技术，在分工中占据产业价值链高端，才能在利益分配时获得更多话语权，也只有这样，才能不断降低代工产品比例，逐渐发展自主产品，不断完善产品结构，进而塑造本地企业品牌，使产业发展动力内生化。因此，逐渐掌握产业发展核心技术，不断向产业价值链高端攀升是港区电子信息业未来发展的趋势。

（三）郑州航空港实验区电子信息业发展思路

1. 发挥本地市场优势

中国是一个人口大国，河南是一个人口大省，有人便有商机，便有市场，便是优势。港区电子信息业在往国际化方向迈进的同时，不可忘本地偌大的市场规模优势，这也是促进信息消费、开发内需市场的基础。另外，在"市场换技术"（家电业、汽车业等）无果、自主创新又举步维艰的情况下，以市场规模吸引一流企业，使得本地企业有机会参与新产品、新技术尤其是核心技术的研发应用，也即以合作创新的方式增强本土企业的学习能力、创新能力，无疑是适合企业走创新道路的新方式。由于农村人口占据较大比例，农村自然有着无量的市场潜力，如何提高这些人的消费能力，扩大电子信息产品对其的影响力以及有关信息消费（网络基础设施建设、智能终端的普及等）的前期铺垫，都是开发农村市场需要考虑的问题。在把市场规模作为一种优势的认识下，内需市场得以开发，企业创新能力增强，经济社会得到发展，逐渐实现"大国"到"强国"、"大省"到"强省"的转变，是可预期的。

2. 增强产业中主体企业发展能力

毋庸置疑，电子信息产业的发展需要龙头企业、骨干企业的带动，而单单靠这些少数企业又会形成寡头垄断局面，导致产业发展缺乏活力，由寡头垄断到垄断竞争促使产业资源配置更加优化，该过程需要大量"势均力敌"的企业出现，因此，增强产业中主体企业的发展能力，既扩大了产业发展规模，又给企业平等的发展机会，使各种资源更有效率地流动，无疑会提高产业整体竞争力。

首先，应降低产业准入门槛，政府实施招商引资等产业政策一视同仁，不偏不倚，对符合条件的电子信息企业给予相同待遇。

其次，增强政府服务能力，不能在初始发展时"热情满怀"，企业一且入驻，便不管不问，自始至终发挥好政府"守门人"角色，企业有困难及时予以帮助解决。

再次，在市场发挥主导性作用的同时，政府将更大精力用于市场体制机制建设方面，使得产业发展主导一切作为有规有矩，资源有序流动。

最后，产业主体企业发展归根结底要靠自身能力的提高，因此，在优胜劣汰机制作用下，企业应无时不有竞争意识，只有提高自身核心竞争力，使企业较之竞争者拥有不可模仿的竞争优势，方可在激烈的市场中立于不败之地。

3. 丰富产业产品结构

电子信息产业是研制和生产电子设备及各种电子元件、器件、仪器、仪表的工业，由广播电视设备、通信导航设备、雷达设备、电子计算机、电子元器件、电子仪器仪表和其他电子专用设备等生产行业组成。目前港区电子信息企业多处于产业链的上游制造环节、位于产业价值链低端，产品结构多为智能终端（手机、平板电脑）等产品，虽然该类产品消费需求旺盛，但是多满足国外需求（出口），而且多为代工产品，不利于产业的长远发展。因此，港区在维持智能终端产品生产制造优势的同时，还要增加电子元器件、电子原材料等基础元器件类产品，完善电子信息产品比例，满足产业发展的多样化需求。这就要求加强电子信息龙头企业和产业链建设。不断优化电子信息产业的产品结构，上连下延扩展电子信息产业链，形成电子信息产业的核心竞争力。围绕"大项目—产业链—产业集群—产业基地"的发展模式，引进电子信息产业龙头项目，开发龙头产品，提升电子信息产业发展层次和集聚水平。力求完善一批附加值高、带动性强、有利于形成产业集群的重大电子信息项目，完善港区的产业链建设，形成链锁效应。另外还要鼓励电子信息产业进行技术创新，不断推出创新性产品。电子信息产业的竞争，归根结底是高新技术的竞争。要以电子信息企业为中心，以市场为导向，推动企业成为技术创新的主体，鼓励电子信息企业加大研发资金投入。要引导企业重视知识产权保护，特别是要做好专利申请、无形资产与知识产权的保护。要加强与高校和科研院所的合作，充分发挥校企合作优势，实行产学研结合，实现企业、学校、科研机构的优势互补，提高企业自主创新的研发能力，提高企业核心竞争力。

4. 提高产业发展创新能力

电子信息产业是科技含量比较高的行业，掌握一项最新技术，就有可能改变一个行业，传统的以要素带动或资源禀赋驱动经济发展方式已经不能满足经济发展的要求，一个国家或地区的经济发展方式越来越转向创新驱动发展，使经济发展质量不断提高。同样，具体到电子信息产业的发展，创新亦是其发展的不竭动力，创新驱动发展方式无疑是维持其竞争力、保障其可持续发展的不二选择，提高电子信息产业发展创新能力迫在眉睫。首先应加大产业发展创新投入。科技创新投入是一种特殊形态的生产性投入，对经济发展起到倍增效应。政府要加大对高科技人才队伍建设的经费投入，确保高科技人才队伍建设的各项措施能落到实处。一是建立人才开发专项资金，港区政府要在每年财政预算中安排一定数量的资金专门用于高科技人才培养和引进等工作。二是建立必要的财税政策，鼓励和引导企业加大投入。要充分发挥企业在科技创新中的主体作用，健全鼓励企业增加人才队伍建设的投入政策，形成以政府拨款为引导，企业投入为主体，社会各界和个人捐助为补充的多元化的投入格局。三是与学校和研究机构实现深度的产学研结合，定制培养创新型人才。

5. 加大人才培养和引进力度

某种意义上说，人才决定了产业发展的兴衰成败。同样，港区发展电子信息产业也要加大人才的培养和引进力度，完善人才政策和规划。

首先，发挥人才市场作用。完善的人才市场能够提供及时准确的产业人才供求信息，产业发展环境较好，既能吸引人才也能留住人才，各级人才的流入又促使产业布局、结构等进一步优化，提升产业竞争力，促进产业快速发展。因此港区政府应将精力放在能使市场起较大作用的制度安排上，吸引人才资源向港区流动。

其次，优化人才结构。电子信息产业的发展无疑需要掌握高新技术的人才，合理的人才比例结构至关重要。既要拥有掌握核心技术的领军型人才，又要具备令行禁止的实干型人才，还要有既懂技术又懂管理的复合型人才、使产品不断推陈出新的创新型人才，港区政府和入驻企业，要想办法聚集这类人才。要和学校、研究机构主动对接，甚至可以和地方高等学校协商定制专门人才。

最后，完善人才体制机制。人才体制机制主要包括人才引进机制、人才评价机制、薪酬激励机制等，科学合理的人才体制机制能够吸引并且保证人才长期为企业服务，达到个人价值的实现和企业绩效的提升之"双赢"。这不仅仅是企业的任务，港区政府也应该在吸引人才、留住人才上下工夫。

6. 进一步完善产业发展环境

（1）产业政策环境。河南省已出台并落实《河南省信息化条例》、《河南省高新技术产业发展条例》，由省优化产业结构提升重点产业领导小组统筹电子信息产业发展，有关部门按各自职责在土地、项目、资金、税收优惠等方面提供支持。港区管委会、负责港区电子信息产业发展的产业领导部门应及时跟进，除贯彻落实《河南省信息化条例》、《河南省高新技术产业发展条例》外，还要学习并制定新的电子信息产业优惠政策、发展条例等，建立土地、市场、人才、财政、税收、关务等完整的政策体系，为电子信息产业发展营造良好政策环境。

（2）招商引资（企业投资）环境。短期内港区电子信息产业的发展需要通过招商引资聚集一大批企业入驻，迅速形成产业规模，如智能终端产业及配套产业的集聚便得益于港区的招商引资优惠政策。营造良好的招商引资环境，支持电子信息类企业进行项目建设，规划产业园区，优先土地供应，建立公共技术服务平台，参与制定行业标准，加大资金投入，完善电子信息产业配套体系，提高招商引资的竞争力，不仅是港区自身发展电子信息产业、构建现代产业体系的要求，还能提高港区电子信息产业在国内外的影响力，促进电子信息产业集群发展。

（3）企业营商环境。在各港区（航空城）产业发展政策日趋一致的情况下，单纯依靠政策优惠招商引资越来越难以奏效，较低的营商成本优势、良好的企业营商环境越来越成为港区吸引企业的重要因素。承认企业的"自利性"，就要考虑为其营造公平的逐利空间，完善的营商环境。若配套设施齐全，营商成本低，则企业不请自来，同时也构成其他地方难以模仿的竞争力，是港区吸引企业的长期有效机制。这就要求港区增强企业服务意识，提高办事效率，简化项目审批手续等，让企业相信港区与企业是长期共存关系，自始至终都在为企业的便利、成本的降低而努力。

（4）人才工作生活环境。首先要为各种人才营造良好的生活环境和自由的创新环境，使其才能得到充分发挥，进行创新活动不受拘束，一方面提升工作效率和创新绩效，增加企业可持续竞争力；另一方面有益于降低人才流失率，进而使人才对企业认同感增强，为企业创造更多价值。其次要加强信息产业园建设，为企业建立博士后流动站创造更为宽松的环境和良好的配套服务政策，鼓励港区一些电子信息企业设立企业博士后流动站，扩大现有电子信息企业高端人才的规模。最后应建立以人为本、尊重创新、尊重人才的产业（企业）文化，使电子信息技术人才创新创造的道路畅通无阻，在其追求个人价值的同时，为电子信息产业的发展作出更多贡献。

参考文献

［1］陈诗昂、张科峰：《未来郑州电子信息产业将三足鼎立》，《河南商报》2014 年 11 月 5 日。

［2］成燕：《郑州航空港实验区首季经济增长 15%》，《郑州日报》2014年 4 月 17 日。

［3］河南省工信厅：《郑州市 2012 年电子信息产业销售收入突破千亿元》，2013 年 1 月 22 日，http：//www. henan. gov. cn/zwgk/system/2013/01/22/010361880. shtml，2015 年 2 月 25 日。

［4］河南省政府办公厅：《河南省人民政府办公厅关于支持郑州航空港经济综合实验区发展的意见》，2013 年 11 月 12 日，http：//www.henan. gov. cn/zwgk/system/2013/12/10/010440494. shtml，2015 年 2月 25 日。

［5］贾军红：《河南省投资环境现状调查研究》，《华北水利水电大学学报》2014 年第 4 期。

［6］倪天林：《河南省电子信息产业发展问题及对策》，《河南财政税务高等专科学校学报》2014 年第 3 期。

［7］王睿：《发挥陕西比较优势加快国家航空城建设》，《陕西日报》2014 年 6 月 11 日。

［8］王睿：《陕西打造全国临空经济示范引领区》，《陕西日报》2014 年 6月 11 日。

［9］王艳艳：《现在新郑的孩子还往港区跑》，《河南商报》2014 年 3 月4 日。

［10］辛晓青：《航空港区启动八大产业园建设》，《郑州晚报》2014 年 2月 17 日。

［11］徐臣攀、高立军：《试论西咸新区经济发展对高技能人才的需求》，

《中国校外教育》2012 年第 30 期。

[12] 杨凌：《航空港完成投资 290 亿元》，《河南日报》2014 年 10 月 13 日。

[13] 杨凌：《智能终端产业雁聚航空港》，《河南日报》2014 年 10 月 31 日。

[14] 杨凌：《前三季度入库企业所得税增幅 116%》，《河南日报》2014 年 11 月 3 日。

[15] 杨凌：《郑州航空港手机产量破亿》，《河南日报》2014 年 12 月 17 日。

[16] 张建、赵铁军等：《一年奋飞不寻常》，《河南日报》2014 年 3 月 8 日。

[17] 张瑄：《先进国家和地区优化国际营商环境的经验对广东的借鉴》，《新经济》2014 年第 13 期。

[18] 张玉良：《"失落"的河南金融业》，《企业观察家》2013 年第 10 期。

[19] 赵振杰：《航空港区外贸总值 866.5 亿元》，《河南日报》2014 年 7 月 19 日。

[20] 郑州航空港经济综合实验区管理委员会商务和物流业发展局：《正威国际集团与航空港实验区正式签署正威智能手机产业》（2014 年 12 月 7 日），http：//www. zzhkgq. gov. cn/Port/jcq/html/2014 - 12 - 07/3456234f9f6667a513389151. html，2015 年 2 月 25 日。

[21] 郑州市政协经济委员会：《关于构建航空港经济现代产业体系的调查与建议》（2014 年 7 月 24 日），http：//www. zzzxy. gov. cn/zzzx/html/32/14/2014 - 7 - 24/12282. html，2015 年 2 月 25 日。

郑州航空港实验区生物医药业
发展现状与展望

沈 琼 夏林艳

一 郑州航空港实验区生物医药业发展现状

(一) 郑州航空港实验区生物医药产业发展机遇

1. 生物医药产业作为国家战略新兴产业，发展十分迅速

当人类社会进入 20 世纪，随着生命科学的发展，生物技术与医药生产结缘，催生了生物医药产业，生物医药产业按照产业链纵向可以划分为医药产业和生物技术产业。计算机技术的广泛应用，更助推了生物医药产业异军突起，以至于全球产业格局发生重大变革。如今已形成涵盖化学制药、生物制药、中医药、医疗器械、转化医学及健康产业的跨学科综合领域（见图 1）。2012 年，在国务院颁布的《"十二五"国家战略性新兴产业发展规划》中，生物产业被列为七大战略性新兴产业之一。随后，国务院又颁布了《生物产业发展规划》，就发展目标、重点领域、主要任务等做了具体部署。而在生物产业中，生物医药占的比重最大，占 70%。

2. 河南省已经具备了一定的产业基础与规模

河南省医药制造业产值已从 2005 年全国第 7 位上升至 2012 年全国第 3 位。抗生素原料药、血液制品、片剂、中药贴剂、中药丸剂生产规模均居全国前列；郑麦 9023、郑单 958、转基因抗虫棉推广面积均居全国第一位；乳酸、异 Vc 钠、核苷等生物化工产品具有规模优势。在国内率先突破了转基因抗虫棉、甲型 H_1N_1 流感疫苗制备等一批关键技术，涌现出了天方药业、辅仁制药、金丹乳酸、天冠集团、华兰生物、中棉种业、安图生物、焦作健康元等一批骨干企业。郑州国家级生物产业基地和新乡、驻

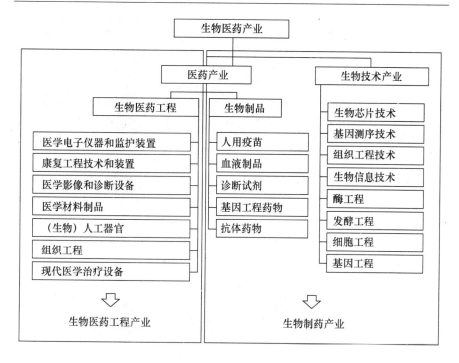

图1　生物医药产业链

马店、焦作、南阳、周口5个省级生物产业基地占全省生物产业的比重达到70%（见图2）。近年来河南省制定了相关的产业发展规划，打造了专业园区，并从资金、技术、公共平台、人才等方面进行大力扶持培育，是我国快速发展生物医药产业的重要潜在力量，也是重要的产业转移与产业投资承接地。

3. 生物医药产业符合航空关联产业特征，在国内外航空港区均有布局

生物医药产业具有高技术、高投入、高收益等特征，对航空运输服务具有较高的敏感性，利用航空货运快速安全和机场口岸功能的特殊优势，可降低生物医药运输时间成本，机场不直接参与航空关联产业产品或服务的生产过程，但机场的航空运输服务可以为产业提供好的运输环境，促进人员和产品的流通，有助于企业降低运营成本，提高经营效率。生物医药产业主要依据运输成本对其生产经营效率的影响大小，基于租地成本和时间成本等因素选择在机场周边不同区域内布局。表1显示了国内外航空港生物医药产业的布局情况。

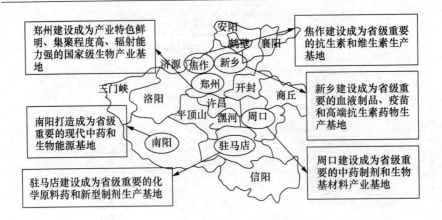

图 2　河南省生物医药产业区域布局

表 1　　　　　　　　　　国内外布局生物医药产业的机场名称

	国外机场	国内机场
生物医药产业	爱尔兰香农机场 仁川机场 达拉斯沃斯堡机场 不来梅机场	北京首都国际机场天竺空港工业区和林河工业开发区 成都双流国际机场 天津滨海国际机场

资料来源：黄由衡、钟小红、吴静：《临空经济发展探索》，中国财富出版社 2012 年版。

（二）郑州航空港实验区生物医药产业发展情况

郑州航空港实验区是首个以航空经济为引领的国家级实验区，拥有广泛的辐射效应，2.5 小时经济圈结合便利的公路铁路网络，可为生物医药产品提供强大的流通支持，再加上河南这一人口与农业大省的巨大潜在市场及生物医药产业全球化趋势，港区生物医药产业具有了良好的发展机遇。郑州航空港实验区作为国家批准的第一个以航空经济为引领的国家级新区，并依托发达的高速公路和铁路网，为大力发展生物医药产业提供强有力后盾，再加上郑州所处的中部核心区域位置，承东启西，陆路交通发达，具有发展生物医药产业的区位交通优势，空港 2.5 小时经济圈，以及陆空对接、多式联运、内捷外畅的现代交通运输体系日益完善，为发展生物医药产业奠定了基础。目前航空港区生物医药产业的发展已经融入了整个郑州市生物医药产业，成为其整个产业布局的一部分。

作为河南省省会城市的郑州市，生物医药产业是郑州市政府确定的七大工业主导产业之一，一直保持良好的发展势头。2013 年，郑州市生物及医药产业规模以上企业完成主营业务收入 113.67 亿元。2000 年 1 月 18 日成立的郑州生物医药产业园是河南省首家火炬计划生物医药产业基地，是国家法定的享受税收优惠政策的特殊区域，位于郑州高新区中心地带，集中发展区规划面积 5 平方公里。郑州市涉及生物及医药企业近 200 家，其中规模以上医药制造企业 40 余家、医疗设备和器械制造企业 6 家，主要分布在郑州高新技术产业开发区、新郑市、荥阳市、航空港区等县（市、区）。为推动生物及医药产业更好发展，郑州市出台了《郑州市生物及医药产业行动计划（2012—2016 年）》，明确了生物及医药产业发展的路线图。郑州市生物医药产业主要集中在生物制药、医疗器械、现代中药、化学药品、生物农业等领域。生物制药方面，主要在体外诊断试剂、血液制品和疫苗生产等方面具有明显优势。医疗器械方面，主要有呼吸机、麻醉机、心电监护、数字式心电图机、心脏介入治疗器械等新型医电设备。现代中药方面，主要产品有健儿丸、感冒颗粒、双黄连口服液等。化学药品方面，主要有乙酰螺旋霉素、青霉素等抗生素原料药，片剂、水针剂等生产能力居国内首位。生物农业方面，农业生物育种具有较强实力，动物用药品和疫苗占有较高市场份额。

近年来，郑州市针对重点产业实施"招大培强"计划，针对重点发展领域招商引资，着力引进拥有较强实力的业界龙头企业或总部，带动产业集群发展。同时，鼓励本土大型企业集团兼并重组，做大做强，实现规模化优势。加强培育有潜力的创新型中小企业成长，扶持优秀企业，打造一批拥有核心技术，能够融入国际生物产业链的服务外包企业，发展一批特色鲜明的专业企业联名，带动全行业竞争力不断增强。以天津药业、润弘制药、卓峰制药为代表的水针剂年产量近 50 亿支，占全国份额的 40%，新郑市成为国内最大的医用水针剂生产基地。郑州市体外诊断试剂研发制造起步较早，在国内具有较强的影响力，龙头企业安图绿科在国内行业中排名第五，销售收入以年 50% 速度增长。上市公司太龙药业位居全国医药百强第 41 位，注册商标"太龙 TAILONG"被认定为中国驰名商标，2012 年公司工商业总产值突破 10 亿元，成为郑州市生物及医药产业首个超十亿企业。在生物科技园建设方面，基地先导区台湾科技园一期初步建成，二期也已开始起步，并已签约企业 67 家，其中"院士项目"2个，国家"千人计划"专家项目 4 个；要素平台初步搭建，生物医药产业支持政策初步出台，项目入区专家评审制度已经建立，支持先导区构建技术、人才、资金平台并且都有了实质性进展；在招商引资、引智方面多措并举，开局良好，先后对接企业118家，联系专家学者109位，成功承办了由著名科学家施一公领衔的国家"千人计划"专家联谊会年会，国内外一些知名药企和投资机构纷纷来访，看好航空港经济实验区，展示出良好的发展势头。经过多年的发展，郑州市生物医药产业初具规模，特色鲜明。这主要表现在以下几个方面：

1. 研发能力不断提升

生物医药产业是一个科技依赖性很强的产业。多年来，我市不少生物医药企业注重加强技术创新，研发能力不断增强，高新技术企业日益增多。截至2013年12月，郑州市在生物医药领域累计认定国家高新技术企业28家，占全市2008年以来认定高新技术企业总数的7.2%。在科技创新的新平台建设方面，生物医药领域共有省市工程技术研究中心32家，其中省级7家。

2. 注重产学研结合

郑州市生物医药企业注重与高校、科研院所进行合作，联合攻关，效果良好。郑州安图生物工程股份有限公司在国内与西安交通大学、北京大学、厦门大学、郑州大学等建立了长期合作关系，在国际上与美国、奥地利、西班牙、巴西、德国、日本等国家的公司或专家进行国际技术合作。该公司近三年来年研发投入均占销售收入的10%以上。

3. 特色优势明显

经过多年发展，郑州市部分生物医药企业已经在业界具有一定的影响，形成了生物医药产业的特色和亮点。郑州市生物医药在体外诊断试剂、血液制品和疫苗生产等方面具有明显优势，在农作物、蔬菜、林果、畜牧等领域具备一定优势，其中优质强筋小麦育种的研究处于国内领先水平。

4. 领军人才引进取得突破

2014年10月，张丹先生受聘航空港区生物医药产业顾问。张丹先生现任国家"千人计划"联谊会秘书长，曾任职于世界最大的药物研发外包服务公司，目前在国内运营我国唯一一家具有国际认证资格的药物外包服务公司，其在生物医药领域药物研发、药物临床试验评审（其为评审组组长）、国际资质认证、专项物流配送及专业人才引进及培养等方面都具有举足轻重的作用。自受聘以来，已着手航空港实验区生物医药产业规划研究、项目引进等工作。

二　郑州航空港实验区生物医药业发展形势分析及面临的问题

（一）航空港区生物医药产业发展形势分析

生物医药产业作为战略性新兴产业，正处于蓬勃发展的时期，正逐步吸引全球的关注。从产业结构来看，虽然生物医药产业在各大主要城市呈遍地开花的态势，但由于郑州市起步较晚，还没有形成较强的区域竞争优势，品牌优势也不明显，目前正是大力发展、迎头赶上的大好时机。而且随着国家经济转型和结构升级步伐的加快，郑州正面临大力发展生物医药产业的大好时机。下面对郑州航空港实验区生物医药产业的竞争力进行SWOT分析。

1. Strength 分析

郑州市生物医药产业近五年年均增长41.1%，并且在某些领域形成了自身特点和优势，如生物育种、生物农用制品、疫苗、诊断试剂、血液制品、化学原料药与制剂、现代中药等；河南医药行业目前位居全国前列，名列第5位；河南拥有一批优秀的医药企业，并且有70多家三甲医院，2家通过JCI认证医院；作为农业、人口大省，对生物医药产业发展提供了不可替代的资源优势；郑州地处中部核心区域，承东启西，陆路交通发达，具有发展生物医药产业的区位交通优势，以及陆空对接、多式联运、内捷外畅的现代交通运输体系日益完善，为发展生物医药产业奠定了基础。

2. Weakness 分析

2013年郑州国内生产总值居城市排名第19位，城市综合实力排在第23位，在国际上缺乏影响力，对产业领先企业的吸引力不足；高新科技人才不足，缺乏成体系的生物医药人才引进机制；生物医药产业链缺乏联系，企业和研发机构间呼应不足；河南郑州拥有传统文化底蕴及产业基础，但高新科技的品牌形象不强烈；产业布局不明，配套发展滞后；园区生物医药产业定位还不清晰，也存在与其他相关园区、现有企业资源整合的问题；

生物医药产业链不完整，缺乏国内外领先的龙头企业，且现有产业规模偏小；产业配套体系不健全，公共技术平台效率不高，对外资或其他地区企业入驻吸引力不强；招商协同性不足，区域引资缺乏品牌规模效应。

3. Opportunity 分析

郑州航空港实验区作为国家批准的第一个以航空经济为引领的国家级新区，并依托发达的高速公路和铁路网，为园区大力发展生物医药产业提供强有力后盾；南水北调正式通水将有利于郑州打造生态保护，绿色宜居的城市形象；国家出台的"十二五"国家战略性新兴产业发展规划，生物医药产业是其中重要部分，国家已经出台一些政策对生物制药产业倾斜，大力资助其发展；我国生物医药市场潜力巨大，并且是一个高利润的产业，将会成为地方经济的支柱之一；目前国内正处于大规模产业化的开始阶段，先行者目前也不存在太大优势，仍有着大量的发展机遇。

4. Threats 分析

国内生物医药产业发展领先城市逐渐形成，产业定位、区域聚集优势出现；各地生物医药产业投入力度日益加大，在产业定位、推广及招商方面面临着全国范围的竞争环境；产业园的吸引力主要来自政府政策的优惠，而同质化的政策对企业的吸引力正在降低；生物医药按各细分行业制定了排污标准，提高了行业门槛，加速行业优胜劣汰，对中小型企业非常不利，而国内现有生物医药企业规模普遍较小，这些标准将会带来巨大成本压力；郑州市现有的生物医药产业资源，以及周边城市的相关资源如何进行有效整合，整体提高产业能力，需要明确政府的政策导向和加大扶持力度。

（二）郑州航空港实验区生物医药产业发展面临的问题

作为河南省省会城市的郑州市，生物医药产业是郑州市政府确定的七大工业主导产业之一，一直保持良好的发展势头。2013 年，郑州市生物及医药产业规模以上企业完成主营业务收入 113.67 亿元。虽然港区生物医药产业取得了一定的成绩，但研发力量薄弱、专业人才匮乏、企业规模小、产业集中度不够已成为行业普遍现象。

1. 规模小、资金少

自 2008 年郑州市获得国家高技术生物产业基地称号，生物医药产业在高新区和新郑市发展较快，并在血液制品、化学原料药与制剂、现代中药、生物基化学品、酶制剂等领域有一定影响。如今这些企业正在按照统一规划向港区转移，但因时间仓促和其他因素，港区尚未形成自己的产业规模和影响。目前郑州市生物医药企业中，销售收入超过 1 亿元的企业仅有 10 家，年销售收入达 10 亿元的唯有河南太龙药业 1 家。单品种销售收入过亿元的产品屈指可数，多数产品处于产业链低端，生物制药所占比例较小。在资金投入方面，生物医药产业的研发资金是非常多的，发达国家的生物研发资金占到销售收入的 20% 以上，而我国企业的研发费用占销售收入的比重只有 1%，说明我国的生物医药投资严重不足，这极大地限制着港区生物医药产业的发展。

2. 创新能力不足

资金投入不足，规模小等从不同程度上影响着相关企业的创新水平。大部分企业研发投入资金占销售收入的比重小，具有创新型的重大项目少，产品同质化竞争严重，产品多为改剂型和仿制药，原创药很少。这些仿制而来的产品，几乎完全没有拥有知识产权。但一些企业的创新意识较为落后，在新产品研发过程中总是想模仿，缺乏创新性，再加上自身注重对已有产品的改革和提高，不愿意研发新产品，也导致新产品的创新性极低。另外，一些药企的研发现状是分散化的，大多数项目是以课题组的形式进行的，产学研分工不明确，使得资源未得到充分利用，对创新能力也造成了不利影响。产品单一、产值低、附加值低、抗风险能力差、市场竞争力弱，这些与实验区产业定位、目标要求尚有较大差距。

3. 技术人才缺乏

随着郑州航空港实验区生物医药产业的发展，人才战略也被提上日程。生物医药产业作为知识型与技术密集型产品，对技术人才的要求很高，其产品的研发需要多学科的综合运用，如医药学、生物学、经济学，然而，这样复合型的人才在我国极度匮乏。很多用人单位也没有高度重视人力资源开发这一问题，没有将人力资源开发措施真正落实到位，另外企业相应的奖励机制和激励机制也有待完善，这不仅造成缺乏高素质的研究人员，也会造成现有人才流失。总之，目前受到企业自身和产业发展环境等诸多因素影响，人才资源的需求数量和质量仍处于较低层面，高水平的技术带头人和研发人才相对缺乏，高端新产品的研制和市场开拓受到制约，严重影响着郑州市生物医药产业的发展，创业型人才和熟练产业技术工人的开发培养显得较为重要。

4. 产业链联系不紧密

首先，郑州航空港实验区生物医药产业处于发展初期，底子薄、基础差，面临着资金匮乏、技术创新能力较弱、规模企业少、产品同质化程度较高等问题，产业内的专业分工没有实现产业链上下游企业的良好衔接。其次，产业链的配套服务也有待加强，配套产品数量少，配套硬件的支持不够，使得港区生物医药产业处于劣势。最后，产品成果转化能力差，港区生物医药产业总体创新能力不足，虽然也在加强产学研合作、新产品研发等项目，但总的来说，科研转化成果的能力较差，难以满足市场的需要。产业链联系不紧密、科研成果转化能力差等问题导致目前港区生物医药产业远未形成专业化分工的产业集聚和联动效应，从而也无法享受产业集群带来的诸多好处。

三　郑州航空港实验区生物医药业发展目标及措施

（一）郑州航空港实验区生物医药产业目标

根据国家的规划，河南省也于 2012 年颁布了《河南省"十二五"战略性新兴产业发展规划》，把生物产业作为河南省重点发展的七大战略性新兴产业之一，并提出具体的发展目标："十二五"期间，生物产业主营业务收入年均增长 20% 以上，成为全国重要的生物产业大省。预计到 2020 年，郑州航空港实验区基地将聚集各类生物企业超过 100 家，吸引各类专业人才超过 1 万名，实现生物产业总收入 150 亿元，成为亚洲和世界知名生物产业基地。

近年来，我省的生物医药产业在快速发展，技术水平不断提高、产业规模不断扩大，涌现出了华兰生物、天方药业、安图生物等一批骨干企业，在血液制品、抗生素原料药、诊断试剂等领域在全国占有重要地位。作为郑州航空经济综合实验区南部高端制造业集聚区的重要组成部分，生物医药产业应立足于航空经济和综合保税区的特点，以现有医药产业为基础，重点发展附加值、技术含量较高的生物制药、生物农业和高端生物医学工程技术和产品，整合郑州高新区和周边城市如新乡、周口、焦作的生物医药产业建立多层次合作与分工机制，形成区域间协同发展（见图3）。

搭建生物医药流通、外包服务等支撑平台，制定各项优惠政策，培养和吸引一批优秀人才，实现产业规模化、市场化和国际化发展，把航空港区建设成为国家示范性生物医药产业园。

（二）郑州航空港实验区生物医药产业发展措施

为实现郑州航空港实验区生物医药产业健康快速发展，港区应立足生物医药产业发展需求，借鉴国家政策及现有园区经验，综合运用财政税收、人才引进、融资配套以及技术支持等手段优化生物产业发展环境，提升区域竞争力。

1. 企业重组，招商引资

面对郑州航空港实验区生物医药企业规模小、数量多的问题，必须经过一个大规模的整合与重组，才能改善规模小、资源分散的困境。生物医药产业高投入的特点决定了企业规模大更适合生存，小公司在产品研发过程中面临的困难可能更大。企业重组可以迅速积累大量的资金与技术，有益于资源优化配置，从而为后期研发做好充分准备。在重组过程中，应采取由上至下的策略，即大企业先重组合并，迫使中小企业无法生存而迅速被吞并的方式，这样的重组战略不仅有利于减少整个行业的损失，更会有至上而下的放大效应，使整个产业迅速走向规模化经营。为应对资金不足问题，企业可进行招商引资。在日常工作中，应充分利用各种交流平台，加大走出去招商的力度，并出台招商奖励政策，进行专业招商、重点招商，通过龙头企业带动集群发展。紧紧追踪国际科技前沿，紧盯诺华、强生、辉瑞、罗氏这样的国际产业巨头和国药集团这样的国内领军企业，利用其市场转移、产业转移的重要机遇，加强专业招商，重点招商，以极大的耐心、细心推介引进。一企落地，百企随行，带动整体产业集群发展。

2. 提升创新能力

在市场竞争日趋激烈、各地发展日益强化的今天，靠局部的政策扶持的效应逐日递减。要想后来居上，持续发展，需要我们不断地改革创新。作为生物医药产业的后来者，需要我们用更大的勇气扩大开放，更大的决心加快创新。打开窗户，学习当今世界上一切有利于我们发展的科学技术和发展理念，革除一切阻碍我们发展的封闭的、落后的障碍和壁垒，开放带动，创新驱动，在创新体制、机制等方面勇挑重担，敢闯敢试，向改革创新要动力，向结构调整要助力。为此，我们应该建立以市场为导向、

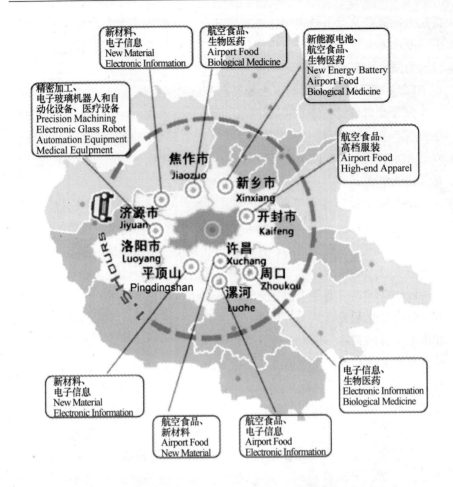

图 3　郑州航空港周边区域的产业布局

以企业为主体、产学研相结合的产品创新能力，推进企业与科研院所合作，建立技术中心与博士后流动站，完善创新激励机制，切实提高自主创新能力。此外还应加强创新链培育，生物医药产业是一个对技术创新依赖性非常强的行业。企业生产的普通药品，只能使企业维持生存，只有生产创新药和有特色的拳头产品，才能为企业带来丰厚的利润回报。因此，所有制药企业，都千方百计地想办法仿制或申报新药。

　　然而，无论是自己研究，还是购买后的生产工艺改进、产品质量控制、生产成本降低、收益率提高等，都离不开技术创新活动。创新链培育路径是指根据生物医药产业发展规律和创新药物的研究开发流程特点，形成一系列在经营运作上相对独立，在创新业务流程上关系密切的技术平台，由于技术平台之间的、互补性活动，从而能快速地带动药物的创新与产业化发展的路径。从创新链运行主体构成来看，互相链接的技术的平台包含了企业、科学研究机构、大学的研发中心、质量控制机构与政府部门所属的技术检测等。从创新链专业的领域构成来看，不仅拥有生物医药服务的支持平台与创新共用的平台，而且还有适合于化学药物、中药开发与基因药物专门化创新的平台。从创新链的作用机制来看，它的建立与运作依赖各技术平台与产学研之间密切配合。

3. 制定人才战略

生物医药产业自身的特点决定了其对高端人才的需求，然而目前高端人才处于匮乏状态，港区应以人才战略支撑生物医药产业发展，可以从两个方面努力：

第一，加大人才培养。企业应该加大人才培养，依托高等院校的力量，培养一批高层次复合型人才；重点培养人的学习能力、实践能力，特别是提高研发人员的创新能力；加强与高等院校、科研单位合作，走产学研发展之路，借脑创新，如加强与北京、上海乃至国际科研院所的联系与合作，做好"千人计划"、"院士项目"的落地；利用河南省一些高校迁址更名的机会，引进专业的医学院校落户港区，以此搭建学术科技平台带动产业发展，同时为港区聚集人气，培养企业急需的专业人才；创新学习型区域，创新人才培训体系，设立人才培养专项资金，建设公共实训基地，依托社会优质资源，实施国际化人才培养工程，全面提升人才的创新能力和国际竞争力。

第二，积极引进人才。打造吸引国内和海外一流人才的政策平台，强势进入国内和海外人才市场，特别是高端人才市场，占领人才发展的制高点。制订重点人才引进计划，有针对性地实施"科技领军人才计划"、"创新人才计划"等，把人才竞争的战线前移，开通"一流高校（科研机构）青年英才直通车"，吸引青年英才把郑州航空港实验区作为第一创业基地，使他们成为实验区人才队伍的中坚力量；建立博士后创新实践基地，鼓励企业与一流学校的一流专业建立博士后流动站、本科和硕士生实习基地。进一步加大对人才发展的投入，建立人才发展的公共服务体系；提高人才发展专项资金的额度，建立高新技术创新基金、青年英才创业基金、海外人才创业基金、博士后资助基金。

4. 打造生物医药产业链

生物医药产业包括以下开发过程：药品发现、药品开发、药品生产及药品销售，这几个过程构成了一条完整的产业链。上游环节是指药品发现这一过程，中游环节指药品的研发与生产，下游环节主要是药品的销售。目前已形成的产业链并不完善，相关企业整合性差，产业链上下脱节，阻碍了生物医药产业的长远发展。

第一，企业应该积极响应政策支持，提高服务质量，推动企业间的优势互补和产业联盟，促进完善的产业链的形成，并培育一批龙头企业。通过龙头企业带动中小企业的发展，努力形成由国际国内知名企业为龙头、带动配套企业发展的集群发展格局。

第二，加强产业链的配套服务，增加配套产品数量，降低集群区域内企业使用配套产品的成本，及时检测产业配套作用效果，使得配套产品的技术服务水平与市场对其企业的创新能力的要求相匹配。

第三，促进产业成果转化。企业应继续加大与高等院校、科研单位的相关合作，促进产学研的进行，进行专业分工、协调进行，促进资源的合理配置，提升产品成果转化能力。

5. 注重信息服务

强化信息沟通和服务，完善区域网络信息化建设，搭建技术信息服务与交流平台。搭建政府和企业之间联系、交流、沟通的平台，加强对重点企业生产规模、企业管理、技术水平、市场营销、企业发展方向等基本情况的跟踪、统计和了解，及时掌握先进制造业的发展动态，对生产经营中遇到的困难和问题，协助企业予以解决；完善区域网络信息化建设，实现技术信息最大限度地有偿或无偿共享，以适应生物医药产业发展对信息及时性的需要；构建电子政务和电子商务平台，充分利用互联网的便利性，拓展医药电子商务的范围，为协调市场行为提供便捷的信息平台；加强产业政策信息的宣传，及时向企业提供政策信息服务，吸引人们对生物医药产业的关注，推动人才、资金、信息向生物医药产业集聚；成立航空经济区生物医药行业协会。充分发挥行业协会的桥梁纽带作用，提升服务水平，加强在推进行业自律、维护行业权益、加强行业合作和行业人才培养等方面的功能作用，促进行业健康发展；建立生物医药发展研究咨询体系，聘请国内外知名专家担任航空港经济区生物医药产业发展的决策咨询顾问，针对产业发展中的实际问题，定期或不定期举办咨询研讨会，为决策提供支持；支持成立各种形式的研究机构，加强对生物医药产业发展中的重点、热点、难点问题的研究；帮助引进基础扎实、创新性强、品牌知名度高、辐射范围广、具有示范带头效应的知识产权服务机构入驻实验区，为其创新发展服务。

6. 建设国家示范性生物医药产业基地和产业园区

郑州航空港实验区需要借鉴国际生物医药科技园建设的经验，分析和思考国际生物科技园的成败因素以及生物医药园的发展规划和管理等方面应注意的问题。应围绕生物技术和生物医药，高标准地建设各类文化平台和设施，创造良好的促进创新的文化环境；要重视非正式交流，形成独特的文化特色，最终形成一种宽松、自由的学术气氛和鼓励尝试、挑战风险、宽容失败的创新、创业精神，使整个园区形成一种特有的"创新文化"氛围，为科技园内的人才施展才华提供重要保证。此外还应该做好入园企业及相关企业的创新服务工作，服务内容应以对高新科技中小型企业的孵化为主。要增强服务意识，联合社会力量、引进社会专业机构，按照生物产业集聚发展的要求，加强生物产业创新能力基础设施建设，包括生物安全实验室、动物实验中心、临床试验中心等。聚集各类咨询公司、策划公司、产品形象设计公司、会计事务所、律师事务所、金融机构、资产评估中心、测试中心、人才培训中心、技术交易市场等社会中介机构，同时大力发展测量、测试盒质量控制、技术中介机构等创新服务业。通过营造良好的生物产业发展软、硬环境，加速企业集聚。同时，借鉴国外市场产业化运作的经验，生物医药产业园应设置具有较高的专业及管理水平的专职项目经理，对入园项目或孵化企业，从科技成果转化、孵化到形成中小企业或科技企业，实行企业化运作管理和"全程项目化管理服务"。

郑州航空港实验区航空设备制造业
发展现状与展望

尚文芳

一 郑州航空港实验区航空设备
制造业发展现状

近几年，河南省充分利用国家大力发展临空经济和航空产业的重大机遇，依托郑州航空港实验区、郑州通用航空产业实验区、安阳市通用航空产业园区等载体，大力推进航空产业的发展，出台了一系列支持航空产业发展的政策意见。在河南投资航空产业的企业和投资额快速上升，2014年河南省航空产业固定资产投资将超过400亿元，河南航空产业已经进入了快速发展期。安阳市对发展通用航空的热情高涨，积极打造航空运动之都，通用航空人才培养和相关产业发展迅猛。目前，安阳正在加快建设豫东北支线机场和林州通用航空机场。

（一）航空设备制造业的发展概况

2014年，航空制造领域被列为河南省重点项目的有：

（1）郑州新郑综合保税区（郑州航空港区）建设投资有限公司通用航空产业园项目，总建筑面积350万平方米，主要建设中美欧亚公务机改装及维修项目、中汇华翼（中外友协合作）通航产业链项目、通用飞机组装生产线厂房、飞机机库、通用航空指挥中心等设施以及新型穆尼飞机的零部件制造、航空复合材料制造、飞机组装等。

（2）中航工业集团郑州产业园项目，总建筑面积50万平方米，主要建设主体厂房、办公楼、综合楼等。

（3）厦门太古飞机工程有限公司太古飞机维修基地项目，总建筑面积42万平方米。主要建设客机的基地维修、航线维修、飞机改装、零件制造及工程技术人员培训等。

（4）航程置业 B737 系列飞机装配完成中心项目，总建筑面积 3.72
万平方米，主要建设装饰厂房、喷漆厂房、交付中心大楼以及配套的机
坪、联络道、滑行道、动力站等。

（5）河南中宇通用航空有限公司高端航空器材物流产业园项目总建
筑面积 33 万平方米，一期建设飞行器、航材展销交易中心。

2014 年 1—11 月，郑州航空港实验区累计签约项目 51 个，其中航空
设备制造行业方面的有：中法通用飞机生产制造产业项目、中汇华翼/全
国友协智能航空产业园等航空园区项目。

2014 年 11 月 1 日，"中国（郑州）产业转移系列对接活动——航空
产业专题对接会"在郑州郑东新区举行。该航空产业专题对接会由工业
和信息化部、河南省政府及中西部有关省（区）政府共同主办，由省工
业和信息化厅、郑州航空港实验区管委会承办。会议以促进郑州航空港实
验区及中西部相关省（区）航空产业发展为主题，邀请国内外知名航空
制造及配套企业、研发机构、投资机构、物流机构、重点院校等，就加强
战略合作和产业、技术、资本合作进行研讨、推介。在本次对接活动中，
郑州航空港实验区、上街区政府、郑州通用航空实验区管委会与中汇华翼
（北京）通用航空投资管理中心、中国物流有限公司、加拿大加德投资有
限公司等 10 家企业签订战略合作框架协议。河南啸鹰航空产业有限公司
是签约企业之一，该公司在航空港经济综合实验区投资建设的穆尼飞机零
部件生产项目计划投资 25 亿元，主要建设飞机零部件制造车间、组装车
间、物流中心、配件仓库、复合材料车间等。项目被列入河南省 2014 年
第一批 A 类重点建设项目。目前航空港区的零部件生产项目地块红线已
经确定，园区规划也已完成，正在进行厂房建设、设备采购和工艺流程的
筹备，预计 2016 年可投入运营。项目建成后，将开展集"飞机制造、试
飞交付、飞行培训、地勤维修与服务、飞行体验、空中游览、航空器销售
与租赁等"在内的多种经营项目。

2014 年 12 月 18 日出台的《河南省通用航空业发展规划》（2014—
2020）明确河南省发展通用航空产业的空间布局，即"一个中心，两个
基地，多点支撑"，按照政府引导、市场运作、集约发展的思路，积极支
持有条件的市县发展通用航空。其中，"一个中心"即在郑州新郑国际机
场建设公务机运营服务中心，引进公务机公司和主要从事公（商）务飞

行的通航公司设立总部或运营基地。"两个基地"即发挥郑州上街和安阳两地已有的通航设施、产业和空域资源优势，逐步形成相对完整的通航产业链。"多点支撑"指结合河南省支线机场规划布局，规划建设登封市、云台山、兰考县、三门峡等通用机场，选择有市场基础和比较优势的通航业务板块，错位经营，推动整个河南省通航产业发展。

（二）航空设备专业园区的发展概况

据国家民航局数据显示，截至 2014 年 9 月，中国通用航空企业总数 226 家，筹建单位 201 家。郑州航空港区也正在积极推进与中航工业、巴西航空工业等国内外航空工业龙头企业的战略合作。而郑州通航试验区利用资源与区位优势，已经成为航空港区的专业园区。

2014 年 8 月，《郑州通用航空试验区总体规划》正式获批。

2014 年 9 月 12—14 日，2014 郑州航空嘉年华在上街机场精彩上演。据统计，航展期间通航试验区共迎来近 30 万名观展的航空爱好者，展示各类飞行器 103 架，飞行表演 52 架（次），同时签订项目 32 个，签约金额达 251 亿元，协议购机 106 架。

2014 年 10 月 15 日，河南赛罗通航维修技术服务有限公司获得 CCAR－145 部独立维修单位"维修许可证"，成为郑州通航试验区第一家具有中国民航局此项授权的通航飞机维修企业，同时也标志着郑州通航试验区真正形成了"生产—运营—维修"完整通航产业链。

2014 年 11 月 13 日下午，郑州市政府副秘书长李庆忠率郑州通用航空试验区管理委员会一行人在民航湖南监管局适航维修处处长何湘晖的陪同下到长沙航院调研。双方就通航领域合作、航空人才培养等方面作了深入交流。

2014 年 12 月 29 日，河南啸鹰航空产业美国穆尼飞机"郑州 1 号"下线首发仪式在郑州通航试验区"郑州啸鹰航空产业园区"内举行。该飞机型号是穆尼 M20TN，最高航速 448 千米/小时，是世界上最快的单发活塞飞机。"郑州 1 号"翼展长度 11 米，高度 2.59 米，机身长度 8.13 米。机舱能够乘坐包括驾驶员在内的四人。首发仪式上，河南啸鹰航空与来自国内的四家企业和一位个人共签订了 17 架飞机购买订单，加上此次意向订购，在美国和中国的订单数量已经超过了 100 架。因为看到了"河南即将成为国内开放低空领域的试点区域"这一有利条件，北京奥伦达部落通用航空有限公司一次性购买 10 架穆尼 M20TN 飞机，主要用于与河南啸鹰航空共同合作运营即将开通的河南上街至北京八达岭的通航航线。

2013 年 10 月 2 日，河南美景集团收购美国穆尼，正式获得美国"外国在美投资审查委员会"批准。这也是河南民营企业首次收购美国知名飞机制造企业。

2013 年 10 月 22 日，穆尼 M20 "欢呼"号、"喝彩"号首次跨越太平洋，相继飞抵郑州航空港区。

2013 年 10 月 28 日，郑州啸鹰航空产业园区奠基仪式在上街举行，厂区随之开建。

2014 年 5 月 21 日，美国穆尼恢复生产后第一架穆尼飞机下线并首飞成功。

2014 年 11 月 11 日，"河南啸鹰"携穆尼飞机 M20 经典系列与 M10 新机型系列亮相第十届中国航博会，这也是我省首家飞机制造企业亮相珠海航展。

2014 年 12 月 29 日，河南啸鹰航空产业美国穆尼飞机"郑州 1 号"下线首发。

目前，上街通航试验区有 46 个项目正在洽谈，涵盖飞机制造、通航运营、飞机维修、航材供应等通用航空产业链的相关领域。已有 26 家通用航空企业落地发展；华彬集团、天津天宇航空租赁公司等已与试验区签订合作协议。另有总投资 10 亿元的应急救援和航空旅游项目，总投资 6 亿元的阿波罗轻型飞机组装项目，总投资 3 亿元的旋翼机生产项目，总投资 10 亿元的中部区域人工影响天气能力建设项目等一批重大项目进入实质性洽谈。

（三）航空设备产业相关园区的发展概况

高端制造业是郑州航空港的三大主导产业之一，其相关行业的集聚势必促进高端制造业的快速发展。2014 年 10 月 18 日，台湾友嘉实业集团在河南省郑州航空港实验区举行精密机械产业园开工仪式。这是继 2010 年富士康进驻郑州航空港区之后，在该区开建的第二大精密机械制造业项目。友嘉实业集团是全球五大数控机床企业之一，全球的生产基地达到 72 个，国际上企业使用的数控机床产品，37% 来自友嘉，涵盖精密机械装备、电子产品、节能照明、金属加工等多个领域，目前已成为全球数控机床产品线最完整的制造集团，其在郑州航空港投资的"友嘉国际精密机械装备园区"占地约 3000 亩，总投资 10 亿美元。规划建设全球加工中心及数控机床、镁合金锻造、立体停车设备生产基地及配套产业园，同时引进一批来自全球的高水平配套工厂，未来投产后将实现年产值 100 亿元。友嘉国际精密机械装备园区建成后，不仅从技术上填补了中国高端数控机床领域的空白，更为郑州航空港聚集高端制造业奠定了基础。随着友嘉精密机械产业园项目的落户，郑州航空港电子信息、精密机械、生物医药、飞机制造、航空物流、商贸会展、文化医疗、总部金融等现代产业已初显雏形。友嘉一期项目主要建设八轴加工中心、总部港、海外事业部片区，计划投资约 5 亿美元，总建筑面积 46.7 万平方米，预计建设总工期 18 个月，计划于 2016 年 3 月竣工。

二　国内外知名航空工业园区发展概况及经验总结

（一）国内十大航空工业园区发展概况及经验总结

目前，国内主要有十家航空工业园区，西安阎良国家航空高技术产业基地是亚洲地区最大的集飞机研究设计、生产制造、强度检测、试飞鉴定、航空教学五位一体的"航空城"。拥有 4 平方公里的亚洲一流机场，全国唯一的航空科技专业孵化器，以及西飞公司国家级技术中心等全国最先进的飞机试验、实验中心。阎良搭建"一基地四园区"的发展格局。一基地指国家航空产业基地。四个园区分别是：阎良航空核心制造园，规划 40 平方公里，重点发展整机制造、大部件制造和零部件加工；蒲城通用航空产业园，依托蒲城通用机场和低空空域资源，规划 20 平方公里，重点发展通用飞机的整机制造、零部件加工、飞行员培训、航空俱乐部等通用航空产业项目；咸阳空港产业园，依托西安咸阳国际机场，规划 12 平方公里，重点发展民用飞机维修、定检、大修、客改货、公务机托管、零部件支援、航空物流等项目；宝鸡凤翔飞行培训园，主要从事飞行员训练及与航空相关的业务培训活动。珠海航空产业园项目总投资 3100 亿元。北京航空产业园（顺义）销售收入 180 亿元（一期）。长春航空产业园该项目预计投资 100 亿元，2020 年实现总产值 1000 亿元。南昌航空工业城，世界三大航空研发基地，是媲美美国西雅图、法国图卢兹的中国重要航空科研基地，总投资 300 亿元人民币，包含中航工业洪都、洪都商用飞机、南昌通用飞机、航空科技开发及其他相关产业，至 2018 年将可实现总收入 1000 亿元。天津滨海航空城拥有航空制造业区，空客 A320 总装线项目的建成，使天津成为继美国西雅图、法国图卢兹、德国汉堡之后的第四个拥有大飞机组装线的城市。成飞航空高科技产业园于 2008 年 10 月开建，位于青羊区黄田坝，占地面积约 283 亩，概算投资 3.84 亿元。园区共分研发中心 AB 区、磁悬浮、大雁公司、电子公司厂房等 5 个子项。目前入园的 5 户企业去年销售收入达到 10 亿元，预计到"十二五"末期销售收入将达到近 30 亿元即 2015 年销售收入将达 30 亿元。沈阳航空产业园 2012 年规模以上工业总产值 200 亿元，2020 年将达 500 亿元。宝鸡航空装备产业园项目规划占地 1000 亩，位于宝鸡高新区科技新城（高新三期）。规划一期用地 500 亩，用于核心龙头企业建设，主要发展飞行环境监测系统、组合导航系统和先进惯性传感器等；预留发展用地 500 亩，用于对外招商，发展气象雷达、多普勒雷达、无线电导航设备、通信电台、航空电子测试设备、导光板、光纤等航空电子相关产品和空管地面设备、客舱娱乐设备等产品。宝鸡航空装备产业园项目建设期为 5 年，总投资为 25 亿元。正式投产后，前 5 年估计市场占有率为 25%，5 年后市场占有率大于 50%，预计年销售收入可达 100 亿元。株洲航空城 2030 年年销售收入 1000 亿元。

综合各个航空工业园区的发展可以发现其共同点及成功经验：一是坚持"依托空港、服务空港、利用空港、以港兴区"的战略指导思想；二是区域经济与机场建设同步规划、共同发展；三是地方与机场在基础设施等资源上实现共享；四是地方全力为机场服务，支持机场发展；五是借助空港大力招商引资；六是以开发区（园区）为主要载体推动空港经济发展。这些经验和做法，是郑州航空港实验区发展不可多得的鲜活营养和有益借鉴。

（二）国外知名航空城发展概况及经验总结

1. 蒙特利尔航空城

航空航天业是蒙特利尔的第一支柱工业。在蒙特利尔，有 130 余家航空航天公司和机构、39800 名航空航天从业人员，生产电子组件、引擎等几乎所有的飞机部件，同时能够组装整机。由此，蒙特利尔成为全球为数不多的、在 30 公里半径内就可以找到供一架飞机所用的几乎所有必要

表1　　　　　　　　　　中国十大航空工业园企业入驻情况统计

名称	入驻企业	备注
西安阎良国家航空高技术产业基地	第一飞机设计研究院、西安飞机工业（集团）有限公司、中国飞行试验研究院、陕西飞机工业（集团）有限公司、陕西燎原航空机械制造公司、千山电子仪器厂、中飞航空俱乐部有限公司、西安中飞航空俱乐部有限公司、西安飞行自动控制研究所、中国飞机强度研究所、红原航空锻铸工业公司、陕西华兴航空机轮刹车系统有限公司、陕西宝成航空电子公司等	民营航空资本高地
珠海航空产业园	中航工业通用飞机有限责任公司、吉林大学珠海学院、珠海雁洲轻型飞机制造有限公司、中国民航飞行校验中心南方基地、北京航空航天大学微小发动机产学研孵化基地、美国西锐通用航空公司、珠港机场管理有限公司等	国际一流航空制造产业基地
北京航空产业园（顺义）	中航发动机公司总部、航空发动机研究院、航空发动机核心零部件优异制造中心	飞行器"心脏"研制基地
长春航空产业园	中航工业	与汽车工业结合最紧密的航空产业园
南昌航空工业城	江西洪都航空工业股份有限公司等	离国产商用大飞机最近的航空业基地
天津滨海航空城	中航工业直升机制造有限责任公司、中国航天科技（行情股吧买卖点）集团、空中客车公司、美国霍尼韦尔、古德里奇PPG航空涂料、赛峰、法国泰雷兹和加拿大 EBS 公司等	中国直升机的摇篮
成飞航空高科技产业园	中航工业成都飞机工业（集团）有限责任公司	航空配套产品集散地
沈阳航空产业园	中航沈飞民机公司、中国南方航空集团公司等	东北老工业基地航空产业园
宝鸡航空装备产业园	宝成航空仪表、长岭电子科技、凌云电器	航空业信息产品集散地
株洲航空城	中国南方航空机械动力公司（株洲331厂）、中国航空动力机械研究所、中航通用航空发动机公司、山河智能、美国公务机（RJ）有限公司。株洲航空城已有7大产业项目入驻，分别是山河科技整机制造、湖南罗特威直升机总装、中航发动机标准件制造、加拿大普惠发动机修理、法国透博梅卡发动机修理、中航湖南通用发动机制造、中航高精传动产业化	最古老的航空基地来源中国经济和信息化

零部件的地方之一。蒙特利尔的航空航天业主要由三个类型的公司组成，即总承包商和主要的飞机维修中心、设备制造商、子承包商和特种产品、服务提供商。

第一，支线航空制造企业庞巴迪和直升机制造企业德事隆贝尔直升机公司在产业集聚中起到主导作用。蒙特利尔地区总承包商公司有 7 个，这 7 个公司分别为：庞巴迪宇航公司、普惠加拿大公司、加拿大航空电子设备公司、加拿大航空公司技术中心、德事隆贝尔加拿大直升机公司、罗罗加拿大公司和越洋航空公司维修中心。

第二，航空制造企业带动机载设备制造商集聚。蒙特利尔地区的设备制造商公司有 7 个，这 7 个公司分别为：CMC 电子公司、EMS 技术加拿大公司、霍尼韦尔宇航公司、Heroux – Devtek 公司、洛克西德·马丁加拿大公司、Messier – Dowty 公司和 Thales 加拿大公司。

第三，子承包商围绕航空制造企业形成产业集聚。子承包商公司有 107 个，主要从事扣件、切割刀具、舱室、复合材料的生产、金属处理、部件加工、航空电子设备制造等业务，这类公司的从业人数为 5100 人，占蒙特利尔地区航空航天业从业人数的 13%。

2. 法国航空谷

法国航空航天工业布局以图卢兹为中心和南特、波尔多、马赛和比利牛斯山麓地区的波城、巴荣纳等地共同构成法国航空谷。法国航空谷与美国西雅图和加拿大蒙特利尔并称为世界三大航空城。图卢兹在 20 世纪 50 年代生产出神秘的协和飞机以及制造出第一批喷气式飞机，确立了其在规模型航空工业竞争园区中的地位。后来，与科研和高科技为伍的尖端行业的 600 家企业相继落户图卢兹市。图卢兹市云集了航空、航天工业以及机载电子设备系统的最优秀企业、最尖端技术和人才，是一个从教育培训、设计到制造的整体航空航天城，有最著名的航空大学。在法国航空谷的 1200 余家公司和机构、94000 名从业人员中，有超过 1000 家公司、55000 名员工从事全面和专业分包生产。也就是说，有 83% 的公司为子承包商、58.5% 的员工从事分包生产，这些公司拥有各项技能和创新工艺，如工具制作、维护、精密机械加工、航空电子、合成材料、塑料加工、铸造、航空金属板材、快速样机制作、表面处理、机载电子设备、布线、螺丝类、空气和冷却系统、内部布置、工程学、设计和施工、制造粘合等。它们的集聚使法国航空谷形成了以航空制造业寡头为龙头带动的完善的产业链，最大限度地提高了生产效率，降低了成本，为航空制造寡头企业实现价格优先战略提供了保障。2006 年，法国航空谷创造了 100 亿欧元的销售收入，形成了航空产业的高度集聚。

3. 西雅图飞机城

西雅图位于华盛顿州普吉特海湾和华盛顿湖之间的 7 座山丘之间，周围是原始森林，距美加边境 174 公里。人口 57.4 万，居民的受教育水平高于全美的平均水平，36% 的人有硕士学位或以上学位，93% 的人口高校毕业。西雅图是美国西北部商业、高科技中心及贸易港口城市。西雅图有飞机城之称，是世界航空业巨头波音的商用客机生产中心和波音 737、波音 757、波音 747、波音 767、波音 777 和波音 787 客机的生产线所在地，波音公司拥有全球 60% 的客机市场份额。第二次世界大战后，西雅图的经济受益于商业航空工业波音的发展所带来的兴旺。西雅图是波音公司的重要基地，目前，波音公司有 7 个业务部门，其中 5 个业务部门位于西雅图地区，涵盖了波音公司的重要生产部门——波音商用飞机部；提供售后服务和安全、训练服务的波音公共服务集团；为空中旅行者、航空公司、飞机操作人员开发高速、宽频数据通信技术的波音联通公司；开发安全、全球通用的空中交通管制系统的波音空中交通管制部；为客户提供全面的融资支持的波音资产公司。波音商用飞机部在西雅图地区的两个总装厂分别位于 Renton 和 Everett，前者依托 Renton Airport，负责波音 737、波音 757、波音公务机这类单通道飞机的最后装配线；后者依托 Boeing Field，负责波音 747、波音 767、波音 777、波音 787 这类双通道飞机的最后装配。由于波音的总装和生产基地在西雅图，波音全球 5200 多个配套商，有 1000 多家坐落在西雅图，形成了以波音飞机的制造装配基地为龙头的研发、制造集聚，初步构建了完整的航空制造产业链。

发达国家在空港城的发展过程中不断探索，积累了不少的经验，例如依托传统产业、发展特色产业，或者通过建立科技园区等优化产业结构，或者强化研发能力、搭建空港经济发展智力平台等。

第一，发展当地传统产业。分析国外空港经济区域内的产业可知，发展空港经济，不可能离开当地原有传统产业和特色产业的支撑。这些产业可能本身就和航空关系密切，能够通过自身的发展带动空港城内相关产业的发展，或吸引一些优秀企业进驻空港城；或者尽管本身的临空指向性弱，但会随着产业向高度化发展而加大对航空运输的需求。它们经济实力方面和高度化方面，都具有较强的优势，是空港城发展中的重要力量。

第二，吸引聚集临空产业。在空港城的辐射范围内，临空指向性强的产业逐渐崛起，集中在飞机后勤服务业（如飞机的修理与维护、航空食品加工）、服务业（如物流业、会展业，为旅客提供的住宿、餐饮、银行等）、制造业（如电子产品、航空设备）等。这些临空指向性强的产业入驻空港城是为了利用机场便利的交通运输条件为自身的发展而创造条件，同时它们的发展也可以为空港城的经济、生活提供最基本的保障。因此，在空港城的发展中，需要对这些产业采取进一步开发的措施，使它们最大限度地发挥作用。

第三，发展总部经济。总部经济是一条产业链上、不同产业部门间的聚集，是价值链高端环节聚集的经济。其聚集的结果是总部，一个大企业、大集团内部的融资中心、结算中心、研发中心、营运中心、公关中心等。企业的生产环节、物流环节可以与上述诸环节实现地域上的分离，使企业的各环节的空间布局相对合理化，而机场这一优势资源，就成了企业总部或者部门中心入驻空港城的极佳理由。

第四，科技园区高新产业选址空港城，要推动高新产业的发展最重要的就是要将科技运用其中，在空港城范围内，大力发展科技园区、高等教育机构等研发机构才能推动空港城的产业大发展。企业通过与科研机构、高等院校的合作，可以优先地使用科研成果，并将它们转换为生产力，带动企业的发展，进而推动空港城的发展。

第五，促进产业结构升级。空港城的形成过程就是空港产业不断优化的过程，在发展初期，靠近空港发展的还是那些和空港联系不甚紧密的地方传统产业，但随着基础设施的完善，经济政策的推进，更多临空指向性强的产业入驻空港城，并逐渐将不适合在空港城的产业淘汰出去，带动空港经济区产业结构的进化。可以说空港城的发展是一个渐进的结果，而产业结构的优化在这一过程中起着十分显著的作用。

第六，出台优惠政策。空港产业的发展离不开当地经济政策的支持，空港和其所在地的政府可以通过出台土地、税收、融资以及就业等方面的优惠政策来吸引外来的优秀企业进驻。同时，这对于带动当地经济的发展，解决机场周边大规模的农村剩余劳动力也有着极大的积极作用。

三 郑州航空港实验区航空设备制造业 发展存在的问题和面临的形势

（一）存在的问题

虽然郑州航空港具有许多发展航空产业的有利条件，也取得了一些令人瞩目的成绩，但同时也面临着许多问题，主要包括以下几个方面：

第一，进入新世纪以来，我国航空产业发展突飞猛进，全国各地不断有新的航空产业园区相继建立，目前全国已有西安、沈阳、成都等20多个城市设立了航空产业园区，同业竞争激烈。和那些发展了几十年的国内老牌航空工业基地相比，郑州航空产业园属于航空工业的新兴力量，面临着底子薄、基础差、投入少等诸多难题，与此同时，还要同其他航空产业园区展开激烈的竞争，这是未来郑州航空港所必须加以解决的问题之一。

第二，长期以来，囿于轻工业城市的发展定位，郑州工业基础较为薄弱，尤其是装备制造业等重工业发展欠佳，这对航空产业形成了一个强有力的制约：一方面郑州缺乏先进的工业生产基础，在研发人才、产业工人的储备方面还存在很多不足；另一方面航空产业属于技术密集型产业，对于工业基础、人才的需求较为旺盛，这种矛盾在很大程度上延缓了郑州发展航空产业的进度。

第三，由于郑州航空产业发展刚刚起步，尚未形成规模效应与品牌效应，企业单位数量不多，产业规模不大，尚未产生明显的产业集聚效应，所以在夯实基础、招商引资、产业集群化发展等方面还有很多工作要做。

（二）面临的形势

对于郑州航空港航空设备制造业的发展形势，以 SWOT 分析形式进行说明：

1. 航空设备制造业的发展优势

郑州要发展通用航空产业，打造国际化航空大都市，天时、地利、人和缺一不可。郑州有五大得天独厚的优势，完全能够满足发展通用航空产业的需要。

（1）区位优势。郑州地处中原，交通便利，1.5 小时航程可覆盖国内2/3 主要城市和大部分通航先行地区，对于构建全国通用航空网络、应急救援体系，支点作用明显。

（2）基础设施优势。通航试验区上街机场是全国 70 个民用航空机场之一，拥有中南地区管理局颁发的 2B 机场使用许可证，有一条长 2000 米、宽 45 米的跑道。机场半径 10 公里内地势平坦，净空条件良好，可一站到达本省周边 14 个军、民用机场，是难得的发展通用航空平台。

（3）通航业务优势。郑州拥有省内首家通航公司——河南蓝翔通用航空公司。公司成立于 1997 年，具有开展多种通航业务的丰富经验。另有河南航模队、河南跳伞队，其在国内外重大比赛中先后有 60 多人获得世界冠军，在国际上享有盛誉。

（4）产业联动优势。2013 年 3 月，《郑州航空港经济综合实验区发展规划》获得批准，成为我国首个航空港经济发展先行区，运输航空的发展将带动通用航空发展，二者协调发展才能更好地建设航空大枢纽、航空大都市。

（5）人力和技术优势。郑州拥有郑州航空工业管理学院、郑州飞机集团和中电科集团公司等一批航空科研单位和院校，在培养和输送大量航空人才的同时，也为当地航空制造业的发展奠定了基础。

2. 发展航空设备制造业的劣势和不足

郑州航空港截至目前仍处于建设过程中，发展航空产业的经验相对不足，面临着本地区航空产业底子薄、资源少等劣势。

（1）经过几年的建设和发展，郑州虽然具备了一定的航空产业基础，但是相比之下，大部分园区入驻企业均是航空产业的低层次配套企业，缺乏主机集成层面的航空器制造企业，与之配套的高水平航空产业人才也显得不足。目前，国内的航空产业主机集成场所主要集中在上海、沈阳、成都、西安等地，同这些传统的航空产业基地相比，郑州在航空产业方面的基础仍显薄弱。事实上，建设自己的航空产业主机集成场所是郑州未来发展的目标，也是郑州航空产业所必须面对的长期挑战。

（2）航空产业是高技术密集型产业，人力资源是制约航空产业发展的主要"瓶颈"。虽然郑州经过多年努力，兴办各类科研院所和高技术产业园区，吸引了大量的高科技人才，但这还不足以满足航空产业的发展要求。由于航空产业对技术方面的特殊要求，使郑州在人才队伍建设方面仍然任重道远。相比较而言，上海、沈阳、西安、成都等地，均能借助当地实力雄厚的科研院所开展工业研发与设计，具有一定的人力资源优势。因此，航空工业基础较为薄弱的郑州航空产业园区，发展航空产业面临一定的人才短缺。

3. 发展航空设备制造业所面临的机遇

改革开放以来，我国航空产业一直都在进行结构优化和区域调整，目前这一工作正处于关键时期，这种行业整合的大背景有利于郑州航空产业的启动和发展。诸多航空项目相继落户，使郑州具有了发展航空产业比较有利的外部机遇，这主要体现在以下两个方面。

（1）我国航空产业的区域调整，有利于郑州率先启动航空产业园区建设。新中国成立以后，由于国防的需要，当时我国的航空产业主要集中在沈阳、西安、成都、贵阳、哈尔滨、上海等城市，特点是区域分工、各自为政，各个地区均建设自己的主机总装工厂，并在此基础上形成区域配套体系，其产品生产主要满足中国军方的需要，民用项目相对较少。1999年，国家进行航空产业重组，将航空企业整合为 AVIC1 和 AVIC2 两大集团。2008 年，国家又将两大集团合并为中国航空工业集团公司。中航集团现有员工约 50 万人，拥有由中国航空研究院和 33 个科研院所组成的庞大科研体系。总体而言，我国的航空业经过多年发展，取得了一系列成绩，但也存在重复建设、战线过长、投资主体单一等方面的问题，为解决这些问题，国家正在推动航空产业军转民用、体制创新和区域调整，这正是郑州航空产业发展的大好时机。

（2）国内第十一家航空产业国家高技术产业基地项目启动建设。2013 年，郑州航空港的发展上升为国家战略。目前，郑州已具备发展航空产业的多项有利条件，郑州的航空产业在航空维修、飞行培训和航空航天博览展销等方面已取得一定成果，并显示出巨大的潜力和良好的发展前景。另外，许多其他航空项目落户郑州，在国际上也产生了示范效应，许多国际知名的航空企业也纷至沓来，寻找投资机会，使郑州的招商引资规模逐年上升。

4. 航空设备制造业的外部竞争威胁

郑州航空制造业所面临的外部威胁主要是来自国内大型航空企业的同业竞争。很早以前，中航集团就已经把西飞国际打造成自身民机产业的整合平台，预计将来会把沈飞公司和成飞公司的民用项目剥离，将其资产与业务注入西飞国际。这样，西飞国际就将成为国内数一数二的民用飞机制造企业。2008 年，由国资委主导，中航集团、宝钢集团等企业共同出资，在上海设立了中国商用飞机有限公司，主要负责国内重大航空项目 Arj21 和 C919 的设计、研发与生产，目前上海已成为中国大型民用客机的首选制造基地。随着中国航空产业的发展，西安和上海逐步成为国内重要的航空产业基地，这将加剧郑州航空制造业未来所面临的市场竞争。

四 郑州航空港实验区航空设备制造业发展趋势及思路

（一）发展趋势

郑州地处中原，交通便利，1.5 小时航程可覆盖国内 2/3 主要城市和大部分通航先行地区，对于构建全国通用航空网络、应急救援体系，支点作用明显（见图 1）。按照通航机场与商用运输机场相分离的国际通行做法，在郑州机场打造国际货运枢纽和国内大型客运枢纽的同时，积极打造上街机场通航交通门户，实现两者在定位和功能上的错位互补，将形成通用航空与运输航空错位发展、相互支撑的良性联动格局。目前，郑州航空

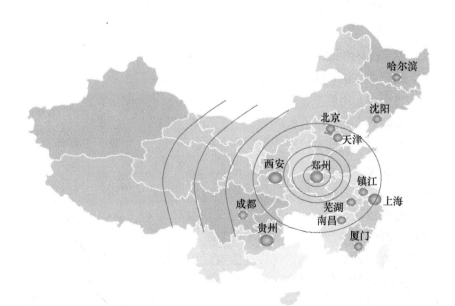

图 1 我国航空工业主要分布城市

港区正积极推进与中航工业、巴西航空工业、加拿大庞巴迪宇航公司等的战略合作。未来，河南通航飞机将在航空港区研发、生产零部件，通过"专用通道"到上街通航试验区组装、试飞（见图2）；今后，河南省包括警用直升机在内的部分通用航空飞机不用再长途跋涉去外省维修了。

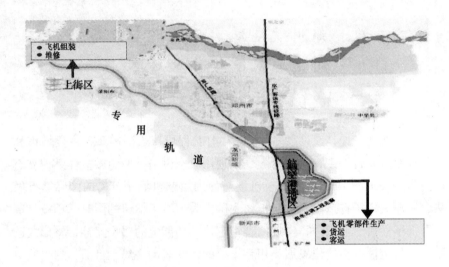

图2　航空制造业的分布与功能互补

在航空港区和通航试验区布局通航零部件生产和总装基地，丰富了航空港区的产业内涵，使其成为一个真正兼顾航空生产、服务、运营，兼顾航空客货运和通用航空，兼顾远程航空和中短距离通航，兼顾空中运输和农业、救险等多功能综合性服务的全链条航空港区。这样做的好处是，航空港区和通航试验区可以形成航空产业的虹吸效应，集聚一批通航品牌制造业、通航专业服务业、零配件加工业，以及相关配套产业，增强其区域产业竞争力，创造更多创业机会和就业岗位，彰显和体现河南发展航空产业的后发优势。通航产业园区正在赶工建设总装中心、飞机维修维护区、试飞区、教学区等功能区，规划年产260架穆尼系列飞机。

郑州啸鹰航空产业园区将以美国穆尼品牌系列通用飞机的总装中心为带动，借助试验区的通用机场及资源优势，发展与低空飞行紧密相关的产业功能，设置包括通用航空总装基地、通用航空试飞基地、通航飞行服务基地、航空紧急救援基地、通用航空训练基地、通用航空货运基地、空中的士运营基地、公共事务服务基地、通航飞行娱乐基地、通航旅游集散基地、通用航空运动基地、通用航空节庆基地在内的 12 个与大众化行业服务相关的基地项目，推动通航服务中枢建设，打造全国重要的通航飞机总装基地。

（二）发展思路

1. 指导思想

紧紧围绕国际航空物流中心、以航空经济为引领的现代产业基地、内陆地区对外开放重要门户、现代航空都市、中原经济区核心增长极的战略定位，进一步解放思想、抢抓机遇，大胆探索、先行先试，着力推进高端制造业和现代服务业集聚，以发展航空设备制造业和拓展高端制造产业链为重点，稳步推进郑州航空港实验区的航空设备制造产业持续快速健康发展。

2. 发展目标

以航空设备制造产业招商和飞机制造维修园区建设为重点，优化营商环境，吸引世界 500 强企业、国内行业龙头企业、央企等重点企业在实验区建立总部基地、营运中心、生产基地，促进产业链式发展，促进航空设备制造方面的顶级科研院所入驻航空港，推进河南省各高校航空设备制造与维修方向的学科建设，为实验区建设成为全球重要的航空设备制造与维修中心提供支撑。具体来说，一是做好穆尼飞机零部件制造一期建设项目；二是跟踪洽谈苏霍伊 SSJ - 100 型飞机项目、中法通用飞机制造等项目，争取尽早签约落地。

3. 重点任务

第一，低空开放政策环境下，强力吸引直升机制造商入驻郑州航空港。民航局在吉林、广东、黑龙江三省低空开放试点的基础上，进一步在湖南、湖北、广西与内蒙古东部扩大试点范围，2015 年将实现全国低空空域的全面开放。

据统计，美国在 GDP 达到 1 万亿美元时，共拥有民用直升机 8000 多架，2000 年，当我国的 GDP 超过 1 万亿美元时，民用直升机的数量却只有美国当年的 1% 左右。若按日本每 12.1 万人拥有 1 架民用直升机的比例计算，我国应该拥有 107400 架民用直升机。据对中国民用直升机市场需求的调查，我国 2010 年民用直升机市场的需求量达到 2000 架，到 2020 年将达到 1 万架左右。中国航空工业发展研究中心的一项研究表明，到 2015 年，中国人口将达到 14 亿，人均 GDP 为 1.5 万元人民币，折合 1850 美元。在低空空域开放的前提下，中国将需要各类民用直升机 1867

架，价值 50 亿美元，平均每百万人 1.3 架。按全球平均水平来计算，我国民用直升机拥有量应达到 6348 架。这充分说明，我国民用直升机市场潜力非常巨大。

此外，当前民用直升机应用领域有了进一步的拓展，主要体现在：应用领域不断拓展、形成网络化服务格局、无人直升机成为新宠。世界民用直升机技术具有以下主要技术特征：采用新型旋翼系统、采用较为先进的第二代涡轴发动机、机身以合金/复合材料为主提高了有效载荷、采用半综合航空电子系统。民用直升机除了传统的应用领域将得到进一步拓展外，随着世界经济特别是一些发展中国家经济的强劲增长，必将形成新的高消费阶层，这将导致私人与公务直升机的需求不断增长；在许多社会公益事业领域，如城市环境监测/保护、自然灾害预报/预防等方面，民用直升机将获得更为广泛的应用。

因此，通过直升机招商博览会或者郑州航空港招商服务团吸引直升机制造商入驻航空港是 2015 年的首要目标。

第二，发展大飞机，吸引大飞机供应商入驻郑州航空港。大飞机一般是指起飞总重超过 100 吨的运输类飞机，包括军用、民用大型运输机，也包括 150 座以上的干线客机。目前世界上只有美国、欧洲四国和俄罗斯有制造大飞机的能力，而占领国际市场的只有美国的波音和欧洲的空客。大飞机项目列入中长期发展规划 16 个重大专项。2006 年 2 月，国务院发布《国家中长期科学和技术发展规划纲要（2006—2020 年）》，大型飞机与新一代宽带无线移动通信、载人航天与探月工程等并列 16 个重大专项。而且大飞机项目是 16 个重大专项中最早获国务院原则性通过的项目。

大飞机的价值量分解如图 3 所示。根据表 3 中的企业名录，郑州航空港和河南省政府未来需持续寻求与这些公司的合作，力争为中国大飞机制造战略的顺利推进贡献力量。

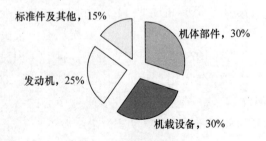

图 3　大飞机价值量分解

表2   世界级飞机供应商核心名单

项目	主要厂商
机体制造	西安飞机国际航空制造股份有限公司/哈飞航空工业股份有限公司
航电系统	中航工业航电系统公司/中航航空电子有限公司
机电系统	中航工业机电系统股份有限公司/湖北中航精机科技股份有限公司
刹车系统	湖南博云新材料股份有限公司
航空发动机部件制造	吉林省吉发农业开发集团股份有限公司
航空发动机控制系统	南方宇航科技股份有限公司
航空发动机部件	四川成发航空科技股份有限公司
铸锻件	中航重机股份有限公司
钛合金	宝鸡钛业股份有限公司
铝合金	中国铝业股份有限公司
高强度钢	宝山钢铁股份有限公司
标准件	贵州贵航汽车零部件股份有限公司
复合材料	哈飞航空工业股份有限公司
高温合金材料	北京钢研高纳科技股份有限公司

第三，发展航空设备维修行业，吸引飞机维修商入驻航空港。目前，国内航空维修企业主要有深圳汉莎技术有限公司、北京安达维尔机械维修技术有限公司、北京凯兰航空技术有限公司航空维修服务中心、陕西捷莱尔航空设备有限公司、上海航新航宇机械技术有限责任公司、西安超码科技有限公司、无锡翼龙航空设备有限公司、兰州飞行控制有限责任公司航空仪表修理厂、中航飞机起落架有限责任公司、北京飞机维修工程有限公司、广州飞机维修工程有限公司、厦门太古飞机工程有限公司、山东太古飞机工程有限公司、上海科技宇航有限公司、国航工程技术分公司、国航股份工程技术分公司成都维修基地、中国东方航空有限公司工程技术公司、南方航空股份公司、南方航空股份公司机务工程部沈阳飞机维修基地、海南航空股份有限公司、上海航空股份有限公司、深圳航空有限责任公司、山东航空股份有限公司、四川航空股份有限公司、厦门航空有限公司、中国联合航空有限公司、新疆通用航空有限责任公司、凌云科技集团有限责任公司、成都华太航空科技有限公司、四川新力航空技术有限公司、北京丰荣航空科技有限公司、上海沪特航空技术有限公司、北京欧拓

技术有限公司、中航天水飞机工业有限责任公司、锦州鑫鼎航空维修工程有限公司、武汉航达航空科技发展有限公司、四川海特高新技术股份有限公司、四川奥特附件维修有限责任公司、北京华瑞飞机部件维修服务有限公司、捷荣航材（广州）有限公司、北京科荣达新技术有限公司、山东翔宇航空技术服务有限责任公司等。

从航空设备维修公司属于地或者母公司可以看出，多数航空公司都有工程技术公司或者维修基地，郑州航空港要发展维修，实现"生产—经营—维修"全链条，除了在本土开设航空设备维修公司，还可吸引大型航空公司在郑州航空港设立维修分公司或者工程技术公司。根据咨询公司的推算：100架飞机以上的飞机规模才可自己修理。50—100架飞机规模的公司可能外包比较划算。所以维修转包和重组应该是中国民航的选择。在市场经济条件下要做好盈亏分析。而目前中国民航致命的问题就在于没有精确的盈亏分析，航空公司多，各个附属有小而能力不强的维修机构。最后部件要送到国外修。造成了中国民航为外国人打义务工甚至亏本的买卖。郑州承载着"物流大都市"的发展使命，在未来是全国乃至全球的货运和客运中心，航空设备维修是必需的配套服务，有着广阔的市场空间，是促进郑州航空港实验区和河南省经济增长的动力源泉。

第四，注重人才引进及培养，实现产学研的深度结合。郑州发展航空制造业应注重产业结构的调整，从"重生产、轻科研"的体制努力转到加强技术创新上来，多研少产。对军品的调整，应重视核心技术和通用技术的攻关。对民用航空产品的调整，要坚持走国际合作的道路，开拓国际市场。对非航空产品的调整，应以市场为导向，重点发展符合市场规律的产品。除此之外，应充分发挥航空科研院所的作用。据科技部提供的资料，全国目前每年的科研成果能够转化并批量生产的仅20%左右，能形成产业规模的只有5%。因此，招商引资的后续工作之一是建立一种长效的促进产学研合作机制，促进航空科研院所科研成果的转换，这对于提高航空制造企业的技术创新能力有较大作用。

2011年7月21日，《国家自然科学基金—河南省人才培养联合基金协议》在郑州签署；2013年11月28日，双方又签署了补充协议。资助经费从2012年和2013年的3000万元/年，增加到2014年和2015年的5000万元/年。根据2014年12月30日国家自然基金委召开的"联合基金管理机制研讨会"，联合基金资助额度将在2015年大幅增加，这为河南省联合基金第二期的顺利实施提供了利好消息，倘若资助的学科领域能在航空设备制造与维修方面倾斜，这对突破先进生产技术势必起到催化作用。再若河南联合基金能够仿效广东联合基金，"立足河南，面向全国"，同时在航空制造业方面有所倾斜，必将吸引全国相关科研院所力量，共同参与解决郑州航空工业发展过程中的难题和重点问题。同时，在河南省各高校的学科建设上，对与航空工业相关的机械制造、材料、化学、物理、环境工程等专业，应该给予更大程度的重视，早日培养出能为航空工业发展服务的高精尖人才，为产学研的深度结合贡献力量。

第五，航空经济发展需与宜居环境要求相协调，低空飞行噪声控制技术是未来发展趋势。低空领域的开放，使得直升机成为商务人士往返各大城市洽谈工作的新式交通工具。在"打飞的"、"飞入寻常百姓家"、"空中120"、"空中119"这样的梦想驱使下，不得不思考：低空飞行是否会妨碍我们的正常生活？比如，沈阳市下辖新民市大民屯镇的养鸡专业户张某饲养的7500只肉食鸡在农用飞机超低空前后飞行三次后因强烈噪声陆续死亡1021只，未死亡的鸡生长缓慢，张某因此经济损失9万多元。当空中的直升机像暴雨前的蜻蜓一样成群结队时，噪声会影响工作和生活的担忧是正常的，如何像蜻蜓一样成群结队却又寂静无声才是速度与质量的完美结合。

4. 保障措施

第一，扩大航空设备制造产业规模，实现集群效应。根据产业经济的发展规律，集群化发展是降低成本、实现规模经济的重要手段，这对于郑州航空设备制造业的发展同样具有指导意义。目前，郑州航空设备制造业已经形成了一定的规模，并在此基础上细化了企业间的分工与合作，但总体来看，其产业发展仍处于集群化的初级阶段，未来还需进一步推动产业规模的壮大。在具体实施过程中，应坚持以通用飞机研发与生产为主线，带动零部件配套、发动机维修、航空材料的开发与应用以及飞行培训等领域的发展。同时，还应结合郑州本地优势，将郑州航展做大做强，大力发展航空表演、会展旅游等航空服务业，实现产业结构的优化，促进郑州经济有序发展。在集群化发展方面，一方面应通过实现信息、公共资源与基础设施的共享来规避企业风险，降低企业成本，实现规模经济。另一方面还应利用航空设备制造业园区内现有的各类要素和优势资源，如项目、人才、服务等，使其产生聚集效应，吸引更多的国内外航空企业进驻，进一步推动配套产业规模的扩大，实现产业集群的良性循环。

第二，培育龙头企业，完善配套中小企业。对于郑州航空设备制造业而言，当前主要有两个方面的工作，一是大力培育业内有影响力的龙头企业，实现零的突破，进而发挥品牌效应，以点带面，全面推进航空设备制造业发展；二是在培育大型龙头企业的同时，还要有针对性地扶持配套中小企业的发展。只有这样，才能将产业内各个环节有机结合起来，实现产业协调发展。在此过程中，政府要充分发挥自身指导协调作用，做好服务工作。

第三，加强基础设施建设，优化产业发展环境。要实现郑州航空设备制造业的集群化发展，仅仅依靠企业的力量是不够的，还必须依靠政府建立相应的法律法规机制和服务保障机制，为航空设备制造业园区提供软、硬两个方面的外部环境。

一是促进航空设备制造业的集群化发展，必须加强基础设施建设，在硬环境上下功夫。一方面，要完善各类交通运输、水电能源、信息通信等方面的基础设施，实现园区的现代化与信息化；扩大投资，建立完善的教育、医疗、文化、社会保障等方面的社会服务体系，为企业生产、员工生活创造良好的物质条件。另一方面，可以尝试建立以航空设备制造业集群为导向的自由贸易区和供应商园区，引导国内外相关产品和服务供应商进驻航空设备制造业园区，进一步提高航空设备制造业集聚水平。

二是除了保障航空设备制造业园区物质条件以外，还应重视园区软环境的建设。如信息服务、知识产权保护等方面。为进一步挖掘产业集群的发展潜力，应考虑建设信息共享系统和科技中介服务体系，为产业集群内企业间的交流与合作构建纽带与桥梁，在技术咨询与转让、成果推广、产权交易等方面提供优质服务，增强企业间优势互补、配套协调的能力，实现产业集群的良性循环。

三是在航空设备制造业发展的过程中，无论是基础设施的建设，还是软环境的优化，都离不开政府的指导、协调与支持，因此，加强政府的服务职能是保证航空设备制造业园区高效运行的重要保障。在此方面，政府应主导建立专门的协调小组，简化办事流程，及时处理航空设备制造业园区内出现的各种问题。一方面应统筹规划园区内科技、财政、金融、税收等各方面的工作，既要保障企业自身权利，又要监督企业履行义务，充分发挥政府的组织管理作用；另一方面，还要加强法律法规建设，做到有法可依、依法办事，致力于维护市场配置资源的主体地位，保护知识产权，构建公平竞争、规范交易的经营环境，切实保障航空设备制造业园区的可持续发展。

郑州航空港实验区现代农业发展现状与展望

沈 琼

一 郑州航空港实验区现代农业发展现状

(一) 郑州航空港实验区发展现代农业的必要性

1. 城镇化与农业现代化的融合发展是经济新常态下的必然选择

现代城市的发展证明,农业是科学合理的城镇化发展中极其重要且不可或缺的一部分。农业对城镇的贡献体现为生活、生态、生产三大功能。农业具有产品供给功能,包括食品供给和原料供给两大基本功能。民以食为天,2013 年,郑州航空港实验区规模以上工业期末从业人员数 27.67 万人,占河南省产业聚集区首位,按照总体规划,到 2020 年,郑州航空港区人口规模将达到 90 万人,2030 年达到 190 万人,2040 年达到 260 万人。虽然航空港区耕地不多,基本农产品生产不可能做到全部自给,但食品保障作用也不可忽视,特别是鲜活农产品生产,对区域居民日常生活的正常进行有着举足轻重的作用。同时,由于产业间广泛存在的前向和后向联系,保持农产品原料的供给能力是支撑相关产业发展的必要条件,也是国民经济发展对现代农业的基本要求。此外,现代农业还有一个十分重要的作用,那就是对航空港区提供良好生态环境的维护,目前,郑州航空港区已经启动了都市生态农业发展规划,农业已经成为城市生态系统的重要组成部分。

2. 郑州航空港实验区已经具备发展现代农业的区位优势

郑州航空港地处内陆腹地,空域条件较好,一个半小时航程内覆盖中国 2/3 的主要城市和 3/5 的人口,郑州机场规划建设 4 条以上跑道,货邮吞吐量增速长期居中国大陆大型机场首位,每周全货机航班居中西部主要机场第2位。全省铁路营业里程4822公里,以郑州为中心"米"字形布局的高铁网正在加快建设,高速公路通车里程5830公里,所有县城均可20分钟内上高速公路,陆空对接、多式联运、内捷外畅的现代综合交通体系日趋完善,货物集疏的物流成本和时效成本优势明显。便捷的交通优势为农产品的内外贸易提供了强大的支撑。河南省是传统的农业大省和人口大省,农业总产值和增速在全国均居前列,为航空港经济区现代农业的发展提供了强大的腹地支持,也为经济区发展航空货运提供了农业货源,庞大人口为现代农业提供了需求市场。

随着工业化、城镇化的大力推进,航空港区的经济实力日益强大,为工业"反哺"农业、城市支持农村准备了充裕的物质条件。工业"反哺"农业在不同国家、不同地域和不同阶段实施的途径、举措各有不同,但其最根本的"反哺"支持形式,仍然是以产业发展为支撑,以财政转移为重点,以工业化和城市化为基本路径。考虑到航空港区土地资源的稀缺性,发展现代农业,必须坚持拓展对外辐射空间,提升"两头在内、中间在外"即产前(研发、种子、标准)、产后(农产品深加工)在内,产业发展链(生产基地)在外的经营能级,使之成为服务全球的一个窗口和平台。结合航空港区经济发展和产业布局实际,航空港区应该坚持以科技农业、设施农业和服务农业为重点,大力发展现代农业。

3. 现代农业是发挥航空港区引领、示范、带动作用的重要载体

郑州航空港实验区发展的主思路是"货运为主,以货带客"。航空港区的规划面积达到415平方公里,其中机场核心区面积大约有40平方公里,近期规划在2025年实现货邮量300万吨。远期规划在2040年,设计客运能力7000万人次,货邮量500万吨,航空港区有领先的科技优势,有丰富的人才资源,有厚实的产业底蕴,有便捷的航空物流,有集聚的生产要素,有完善的市场体系。因此,相对河南省而言,航空港区的现代农业就必须站在更高的起点上,瞄准世界先进农业水平,以发展现代化都市型农业为总目标,站在城市发展角度,推进航空港现代农业发展。

作为城市发展不可或缺的重要产业,现代农业在航空港区产业布局和改革发展中肩负重要使命,即先行先试、率先垂范,为全国农业现代化建设提供经验。航空港区要在农业发展,特别是探索符合航空大都市发展要求的新型服务农业发展模式方面,积极发挥引领、示范和带动作用。随着

都市生活节奏加快，亚健康状态增多，城市居民更加需要休闲放松，节假日的增多给城市居民提供了休闲时间，现代都市型农业的存在为居民提供了休闲空间，让人们可以亲近自然，放松身心，欣赏自然景色和田园风光，离开尘嚣，恢复调整身心疲劳，同时还可以接触民俗民情和农耕文化，增添知识和无穷的乐趣。市民通过参与农耕作业，亲自采摘，体验收获的喜悦，达到休闲的目的。同时，现代农业还可以通过教育农园等形式，向城市青少年传播农业科技文化知识及操作技能，培养辛勤劳动、吃苦耐劳的意志品质等，发挥教育功能。

（二）郑州航空港实验区现代农业的发展情况

1. 郑州航空港实验区是传统的农业大区

郑州是全国人口大省、农业大省——河南省的省会，属大城市郊区多功能农业区。全市辖 6 区 5 市 1 县及郑东新区、郑州高新区、郑州经开区、郑州航空港区和郑州出口加工区，总面积 7446 平方公里，人口914.9 万人，其中乡村人口 410.3 万人，农业从业人员 98 万人。2013 年，全市地区生产总值完成 6202 亿元，其中农林牧渔业增加值 147 亿元；农民人均纯收入达到 14009 元。

郑州航空港实验区规划用地规模为 415 平方公里，其中城市建设用地为 291 平方公里。东邻新郑国际机场，北距郑州市区 20 公里。航空港区东面以万三公路为限，西面以京广铁路为界，南临炎黄大道，北邻谢庄镇，面积包括新郑市和中牟县的部分地区。郑州航空港区地处华北平原，属北温带大陆性气候，年平均气温 14.3 摄氏度，平均降水量 640.9 毫米。四季分明并各具特色，夏季炎热多雨，冬季寒冷干燥，雨水稀少，春秋凉爽晴朗。一年中 7 月最热，平均气温 27.3 摄氏度，1 月最冷，平均气温0.2 摄氏度。土壤是十分适合多种农作物生产的褐土与潮土，是我国重要的农产品生产基地。主要的粮食作物有谷物、小麦、玉米、芝麻等，此外，还盛产苹果、西瓜等林果产品以及肉类、奶类和鱼类等多种农副产品。中牟、新郑是郑州的粮食生产大县，同时也是我国重要的粮食基地县。

2. 郑州航空港实验区农业产业比重较低

郑州航空港实验区，是全国首个也是目前全国唯一以航空经济为引领的国家级新区。2013 年 3 月 7 日，国务院正式批复了《郑州航空港实验区发展规划》，规划中提出将郑州航空港建设成为全国航空港经济发展先行区，为中原经济区乃至中西部地区开放发展提供强有力支撑。按照规划目标，到 2025 年，郑州航空港实验区将成为"大枢纽"——航空货邮吞吐量达到 300 万吨左右，跻身全国前列，国际航空货运集散中心地位显著提升；拥有"大产业"——形成创新驱动、高端引领、国际合作的产业发展格局，与航空关联的高端制造业主营业务收入超过 1 万亿元；建成"大都市"——营商环境与国际全面接轨，建成进出口额达到 2000 亿美元的现代化航空都市，成为引领中原经济区发展、服务全国、连通世界的开放高地。

郑州航空港实验区经济发展十分迅速，2013 年，全区完成生产总值333.82 亿元，比上年增长 27.4%；固定资产投资 200 亿元，增长 73%；进出口总额 348.75 亿美元，占河南全省的 62.1%，增长 15.2%；财政总收入 35.2 亿元，增长 116%。各项指标增幅都在全国、河南省增幅的 2倍以上。但是，从整个区域经济发展和产业布局来看，现代农业地位尚未得到足够的重视，农业产值低，增长速度缓慢。2013 年，农业生产总值为 16.02 亿元，比上年增长 0.4%，农业占整个产业结构中的比重仅为4.8%（见表 1），现代农业并未规划进入郑州航空港实验区的主导产业，与农业相关的产业园和科技园尚未出现。

表 1 　　　　　　　　　2013 年郑州航空港实验区经济结构　　　　单位：亿元、%

名称	绝对值	增长速度
生产总值	333.82	27.4
第一产业	16.02	0.4
第二产业	277.47	32.8
第三产业	40.33	8.7

资料来源：《河南统计年鉴》（2014）。

现代农业已经成为打造城市综合体、城乡一体化、建设美丽乡村的重要组成部分，郑州航空港区提出要建设航空大都市，不仅要大力发展先进制造业、现代服务业和高新技术产业，还应注重发展现代农业及相关产业。未来的郑州航空港区，不仅是河南省第二、第三产业高度发达的地区，更应成为现代农业的示范区和先导区。值得借鉴的是，北京顺义在航空经济区建设过程中，把现代农业当成重要的产业之一着力推动，已取得预期效果。顺义区的做法是围绕"国家现代农业科技城"建设，推进农业产业结构优化升级；在农产品精深加工、农产品物流及绿色农产品产业发展方面，打造"从田间到餐桌"的农业全产业链；发挥现代都市型农业优势，推进农业与文化、旅游、商贸的融合，挖掘农业资源的旅游功能；推进以研发设计为主的创意农业项目建设和创意农产品的开发，发展创意农业。

3. 农产品流通与航空运输结合不紧密

现代农业具有航空关联产业特征，发达国家高附加值、鲜活的园艺、畜牧产品多选择航空运输方式。河南省农副产品产量丰富，国内国际贸易量较大，主要依靠道路运输，鲜活农产品通过空中航线运行数量非常少，这与鲜活农产品生产需求、市场需求非常不相称。2014年，郑州机场出港货物中活体占5%，生鲜占20%，虽然占据了机场运输的25%，但是，相对于河南省农副产品生产大省而言，农副产品航空运输仅1.6万吨，占河南省农产品总运输量的2%。随着经济发展、社会进步，对高端鲜活农产品的需求量也逐渐增长，空中运输鲜活农产品较陆路、海路运输具有快捷、保鲜等优势，发展航空物流，有利于建立公路、航空、铁路多种运输方式构成的鲜活农产品运输体系，促进河南省高效农业发展。郑州航班货位资源丰富，航班货物运载率较低，具有很大的货运潜力和市场空间。另外，郑州航空港实验区发展的主思路是"货运为主，以货带客"。近期规划在2025年实现货邮量300万吨。远期规划在2040年，设计客运能力7000万人次，货邮量500万吨（见图1和图2），如此庞大的货邮运载量也需要区域主导产业的支持，鲜活农产品运输将为郑州航空运输发展提供坚实的货源。发展农产品空中运输的制约因素是成本较高，需要政企共同努力降低物流成本，政府适当给予政策扶持，企业适当降低空运成本，机场给予"三优先"服务，建立从摘菜、包装、道路运输、储藏到航空货运、接卸等门到门运输的物流供应链，这样可有效地减少中间环节，降低物流成本。

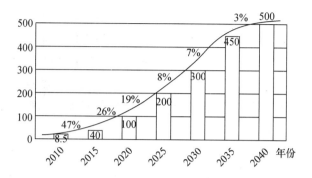

图1 郑州航空港实验区货邮量发展预测（万吨）

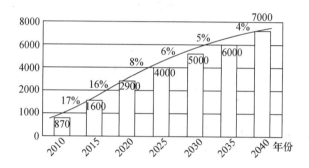

图2 郑州航空港实验区客运发展预测（万人次）

二 郑州航空港实验区现代农业发展存在的问题及面临的形势

郑州航空港实验区发展现代农业虽然具备了优质的资源禀赋、便捷的交通物流和庞大的腹地支持，周边区域生态农业和都市农业已现雏形，但是对比国内国际航空港经济区现代农业发展，还存在较大的差距，其发展过程存在诸多"瓶颈"问题。

（一）郑州航空港实验区现代农业发展存在的问题

1. 对航空港区发展现代农业定位不够精准

由于河南省是传统的农业大省，郑州市是传统的农业大市，与沿海发达地区和城市相比，经济实力总体不强，政府普遍依靠大力发展工业来增加区域经济实力。这些都制约着政府各级相关决策部门、职能部门对现代农业的概念、特征和功能的认识（见表2），导致其理解不到位，加之现代农业的发展起步较晚，公众普遍认为现代农业仅仅是为城市提供新鲜农产品的农业，因此对现代农业的目标定位极不清晰，对其的发展方向和功能作用所知甚少，对航空港区需要大力发展现代农业的意识极为淡薄。显然，思想认识的水平制约现代农业发展、影响提升现代农业发展水平。

表2   **传统农业与现代农业的区别**

	传统农业	现代农业
生产方式	初级农产品生产，科研、生产、贸易脱节	资金密集，技术密集，精准农业，种养加、产供销、贸工农一体化，农工商结合紧密
资源分配	远离城市、城乡界限明显	城乡一体、优势互相，要素合理流动
管理模式	部门管理职责不明确，服务不到位	管理体制顺畅，服务体系高效，权责一致
贸易方式	封闭低效，小农经济，自给半自给，辐射范围小	区域化布局，专业化生产，农产品国际流通
主要功能	单一生产功能，以提供农产品为主	生产功能＋生活功能＋生态功能＋生物技术

2. 整体长效的现代农业发展规划仍未制定

发展规划对于任何事物的发展都起到决定性的作用，同样，缺乏长效规划和宏观管理的农业发展必然是无序发展，容易出现功能雷同，重复建设的弊端。不管是国外的英国伦敦、美国纽约还是国内的北京、上海，都拥有自己独具特色的现代农业发展规划，郑州航空港实验区目前尚未出台具有提纲挈领的农业产业长远规划，政府在农业园区的布局上也仅仅停留在设想阶段。郑州航空港实验区的农业产业布局仍以传统的粮食种植为主，果蔬、花卉、畜牧产业仍处于种养阶段，产业规模扩张缓慢，与周边区域尚未形成差异化竞争或者是联动发展，缺乏产业重点。因此，因地制宜制定出台现代农业长期发展规划是当前航空港经济区面临的首要问题。

3. 缺乏科技和资金支持

科技化、信息化、市场化是现代农业最基本的要求。但从目前整个郑州市农业的科技水平来看，科技尚没有对其形成一种核心竞争力，高科技技术对其农业贡献率仅在30%左右，基础设备、科学技术还不够完善，新品种的普及率较低，且高标准智能大棚、生物组培技术应用率较低，规模程度不高。目前，农业生产还是传统的分散经营模式，农业产业化程度较低，这种落后的经营方式还没有得到改变，成为制约现代农业发展的一大"瓶颈"。现代农业，需要的资金投入巨大，且对基础设施的要求较高。但是它却有着经营过程长，资金的回收期限长，资金周转速度慢等特点。这些特点决定了现代农业的发展需要足够的资金支持，如果资金链断裂，就难以形成良性循环。

4. 周边区域的农业园区尚未形成竞争优势

航空港周边的郑州市其他区域已有的农业园区在学习其他成功农业园区发展模式中只注重学习模仿，而没有形成属于自己的核心竞争力。没有创造出属于自己的特色，造成别的企业有的，自己也有，没有做到"人无我有，人有我优"，竞争力显然不足。大部分园区企业，对高新技术利用和转化的能力不够，生产不了特色产品，造成市场上产品结构雷同，价格竞争严重，市场竞争力低下。部分园区娱乐设施服务添设上没有根据市民生活需要，缺乏特色，吸引力不够，而且在市场推广上面没有做充分调研，营销乏力，宣传力度不够，导致知名度低，对周围的城市居民影响力不大。从而造成有投资，无回报，有宣传，无营销，经济效益不明显。

5. 缺乏现代农业引领人才

郑州市农业的创新程度较低，劳动力素质偏低，与发达农业区的发展相去甚远，还远远没有达到现代农业发展的要求。统计显示，郑州市农业劳动力的平均受教育程度仅为8年，小学文化程度的占36.5%，初中文化水平所占比例最高，为48.4%，中专文化水平的占10.6%，而大专及以上文化的仅为1.25%，绝大多数涉农从业人员从未接受过专业技能的相关培训。随着经济的发展，农村的劳动力逐渐减少，并逐渐向城市转移，导致农村从事农业的青年渐渐下降，而留在农村的多为妇女、老年人。由于她们掌握的文化知识不多，水平有限，能力也远不及青年男子，这些因素导致了农业水平每况愈下，从而影响现代农业的发展。

（二）郑州航空港实验区现代农业发展面临的形势

郑州航空港实验区现代农业发展尚处于谋划阶段，但放眼国内外市场，现代农业竞争激烈，形势不容乐观，本书总结了世界花卉王国——荷兰和国内国家级农业示范园区——西安杨凌农业高新技术示范区的现代农业发展形势，结合港区农业特征，归纳出郑州航空港实验区现代农业发展需要面临的形势。

荷兰是世界上规模最大的花卉出口国之一。2013 年，荷兰花卉生产量占全球花卉生产总量的 52%，其中球根花卉占全球总生产量的 80%，花卉出口的年贸易额达到 35.6 亿欧元，荷兰生产的花卉有 90% 以上用于出口，荷兰也是世界上花卉贸易的枢纽中心，其花卉出口总量的 30% 是原产自其他国家，由荷兰进行中转加工再运输到欧洲其他消费地区。荷兰花卉产业的成功得益于完善的农业产业链、发达的物流体系、广阔的国际化市场。

西安杨凌农业高新技术产业示范区是国家级的农业高新技术产业示范区，规划面积 22.12 平方公里。示范区享受国家级高新技术产业开发区的各项优惠政策、国家对农业的倾斜扶持政策及西部大开发各项优惠政策。西安杨凌农业高新技术示范区良好的政策支持为郑州航空港区发展现代农业提供了模板。

1. 现代农业面临着以供应链为纽带的农业产业链的经营和多元化的产业组织变革

荷兰模式经验在于政府的大力支持、发达的农产品物流服务、先进的供应链管理体制以及遍及生产环节各个领域的农业合作社。在航空港区建立这样的高效供应链具有可行性，也很有必要性。首先，郑州航空港实验区在这些方面拥有先天优势，完全有可能建设适合本地实际情况的农业产业链体系。其次，郑州市甚至河南省现在农产品供应链普遍存在着过短的问题，供应链过短就存在资源浪费，使农产品在整个产、供、销的过程中不能达到整个供应链系统的最优。所以，在建设农产品的供应链上应该充分借鉴荷兰模式的成功经验。

2. 现代农业的竞争优势需要发达的物流体系来实现

荷兰模式的成功很大程度上得益于其高度发达的物流、技术、信息等服务产业。荷兰的花卉销售体系由 7 家大型拍卖市场和数以千计的批发或出口企业和上万家零售商组成。良好的市场机制和销售体系奠定了荷兰作为世界园艺交易、中转枢纽的地位，并使荷兰花卉业在国际花卉市场起着举足轻重的作用。拍卖市场以高效著称，每个电子拍卖钟每小时可以完成 1000 笔交易。除了传统的拍卖市场，荷兰的远程拍卖借助网络打开新市场，且中间贸易商对大宗购买的订单都会直接与生产商联系，十分便捷。

荷兰花卉储运十分方便，占据欧洲门户的有利位置，拥有高度发达的海、陆、空的运输网络以及分拨能力和通信系统。凡进入市场的花卉都要登记并按国际标准进行质量检测，随即被送到库房或冷库储存以待拍卖。拍卖成交的产品按照客户要求进行包装，然后送发货中心。发货中心设有植物检疫和海关，集装箱货车等在海关出口，待海关发行后立即发送到附近的斯西波尔机场，这一连串运作都是分秒必争，从而保证了出口花卉新鲜。而根据郑州航空港区确定的新的产业定位和发展战略：未来将聚焦资本密集、技术密集、知识密集和人才密集的高端产业，打造先进制造业、现代服务业高地，因此，航空港区具有得天独厚的科技、人才、资金、信息和交通条件。

3. 现代农业需要国际大市场的支撑

荷兰拥有国际性的农产品市场，市场是农产品产业链施展魔力、获取高额利润和形成有效竞争能力的舞台，世界农业发达的国家都拥有发达的国际性农产品市场。航空港区可以依托郑州市现有的农产品交易市场，建设一个国际性（或区域国际性）农产品交易市场和立足全国面向国际的B2B、B2C 农产品交易平台。中部地区农业国际化主要的不在于农产品出口，而在于集聚各类国际农业经济要素，包括集聚各类国际农业高科技、要素市场、会务经济和各类国际农业总部经济等。

4. 现代农业需要大量的政策扶持

杨凌示范区的政策支持主要体现在六个方面：一是土地使用，杨凌区对投资者给予土地使用权批租的政策，并给予地价补贴；二是财税优惠，在国家规定的税收优惠政策之外，杨凌区还给予进区企业地方性的财政补贴；三是海关关税，杨凌区与海关总署建立密切关系，支持出口农业的通关便利和保税措施，海关总署专门下发《海关对杨凌农业高新技术产业示范区进出口货物监管和征税办法》；四是外汇支持，外汇管理部门支持杨凌农业园区进区企业的外汇自由汇出，免征汇出额所得税；五是人才政策，杨凌区对进区投资企业聘用的中级以上管理技术人员，解决其户口指标和子女入学，并可通过管委会办理因公出国手续；六是政策落实服务，所有进区企业的政策享受皆由杨凌区管委会一口受理，高效落实。

三 郑州航空港实验区现代农业发展趋势及思路

（一）郑州航空港实验区现代农业发展定位

郑州市常住人口达到千万，跻身于特大人口城市，河南省人口超过1亿。居民对农产品消费需求巨大，随着经济社会的加速发展和居民收入水平的提高，人们对食品消费的要求也发生了新的变化，不仅要求食品要卫生、安全，而且也要求食品要有利于健康、营养。作为安全优质农产品示范基地，"三品一标"（指无公害农产品、绿色食品、有机食品和农产品地理标识）农产品越来越受到消费者的青睐。这些变化，都给郑州航空港区现代农业的发展指明了方向，今后大力发展现代都市农业，依据航空物流节点，找出目标市场中消费者群体特征，在高端、高质、特色、特效上多下功夫，不断提升农产品的科技含量和品质内涵。消费者对农产品安全要求越来越高，消费者对农业的个性化需求越来越突出。作为航空大都市，聚集了来自国内外的各领域、各行业的高端人才，他们对高品质的农产品、多样化的农业功能以及融合性的业态，有着相对旺盛的消费需求，而且这些需求个性化特征明显，需求的变化也非常快。郑州市航空港区现代农业发展的定位不仅仅是提升区域农业经营水平，不能是为了农业发展农业，而是从航空大都市全局出发，结合河南省资源禀赋特征，大力促进传统农业向现代农业发展方式转变，不断提高航空港现代都市农业的质量和效应。

航空港区现代农业发展定位为"两高一低"农业（高附加值、高航空偏好、低土地依赖型农业）。以工业的、景观的、生态的发展理念为指导，以加快构建航空都市型现代农业产业体系为重点，围绕郑州航空港区空间布局和功能定位，在农业产业相对集中的区域，按照项目集中布局、产业集群发展、资源集约利用、功能集合构建的要求，集中力量规划建设1—2个经济效益高和示范带动效应明显的农业产业园区，使之成为郑州市乃至河南省农业主导产业集聚的功能区、先进科技转化的核心区、生态景观农业的样板区、农业功能拓展的先导区、体制机制创新的试验区，引领带动河南省现代农业跨越式发展。

坚持城乡统筹的发展方向，着力在提升农业基础性、融合性、创意性和示范性上下功夫，继续坚持以市场为导向，在进行市场需求细分的基础上，把着力点逐步转移到面向中高端市场，不断扩展农业产业链条，整合交通节点上的农业资源，不断提升农产品品质，形成特色产品，力求在全国知名品牌上取得新的突破，通过增加农产品的附加值来帮助农民持续增加收入，进而不断提升航空都市农业的影响力。

（二）郑州航空港实验区现代农业的发展目标

利用五年的时间，郑州航空港实验区要建设成为业态丰富、功能多样、环境友好、特色鲜明的现代都市农业产业体系。要努力建设成为国内领先，中部一流的现代都市农业示范区、高端农产品流通区、农业科技成果的展示区、产业功能不断拓展的先行区。

要充分利用区位优势、科技优势、人才优势和市场优势，在现代农业发展上起到高附加值农业核心功能区的示范带动辐射效应，重点建设"三个中心"。

1. 现代农业的国际化研发创新中心

利用郑州航空大都市优势，创建国际化研发研讨交流机制与服务平台，积极主办或承办重要的国内和国际学术会议，邀请国内外专家来航空港区进行科技成果产业化的合作研究，并举办国际化的现代农业产业化专题讲座、创业论坛和精英人才培训等；吸引一批国际国内农业研发中心在航空港区聚集，重点包括生物技术、创意农业、设施农业、特色农业、种子种苗等研发创新中心。

2. 现代农业的管控和营运中心

鼓励总部在郑州的现代农业企业做大做强，把生产基地建到全国，把产品销往国内外，同时引进一批符合产业导向的现代农业企业总部，鼓励其把管理中心、订单中心、营销中心、物流中心、财务中心和营运中心放在航空港区。

3. 现代农业的市场化服务中心

要加强现代农业的人才培训服务。要加强知识产权保护和应用。航空港区现代农业要成为出人才、出成果、出标准、出品牌的现代农业创新高地。借鉴国际先进经验，引进建立国际性的农产品流通市场和服务体系，依托空港优势和辐射中部地区的陆空物流优势，争取与先进地区合作，建立国际性的农产品拍卖市场，并为出口农业提供报关、报检、报验、仓储、运输的服务链。通过拍卖市场和电子商务，以订单和交易服务联结农产品的初始生产者和终端消费者，实现生产者与购买者的直接见面，有效解决设施农业农产品销售问题，带动花木、新鲜蔬菜、水果等保鲜周期很短的农产品的市场销售，并形成市场化的定价机制。

（三）郑州航空港实验区现代农业发展方向

郑州航空港实验区要立足于产业的融合，产业重点拟为"三个领域"：一是发展引领第一产业的现代都市型农业，以高产、优质、高效、生态、安全为特征，特别是在种子育苗、无土栽培、有机农产品等方面起到示范效应。二是发展与第二产业结合的高科技工厂化农业，与温室技术、生物技术、信息技术等高科技应用和成果转化相结合，特别是在温室装备、功能性食品、智能化种植技术等方面起到带动效应。三是发展和第三产业相结合的高科技农业服务业，特别是在研发创新、孵化创业、电子商务、技术服务、人才培训等方面起到辐射效应。坚持高起点发展，高科技特色，高效益扩张，集中力量做大做强工厂农业、培育农业、生物农业、服务农业四个主导产业。

1. 工厂农业

重点发展智能型温室。智能型温室设施农业是现代农业发展的主要方向，通过引进、吸收和再开发智能温室，加强对荷兰、以色列等农业跨国公司的招商引资，产前、产中和产后三方面构筑工厂农业的产业链。产前要重点做大温室制造装备产业、设施专用种子种苗产业、无土栽培技术、专用营养液和化肥等源头产品开发生产；产中要加强信息化管理软件、专家系统、微气候控制技术、病虫害防治技术的研发创新和产业化；产后要加强产品包装、冷链技术、营销手段、品牌打造等技术和经营环节。要聚焦食用菌产业，食用菌产业是农业种植业中最能够实现工厂化生产的产业，是种植业的工业化，可通过机械化人工模拟环境和循环农业技术，实现高技术、高投入、高附加值的发展。

2. 培育农业

重点发展蔬菜、花卉的育苗，与智能型温室配套的品质优良的种子种苗，是现代农业发展的源头，是科技含量高、市场潜力大、带动能力强的现代农业产品。"小种子、大产业，小种子、大市场"，已被国内外种业发展的实践所证明。谁能引领种子种苗产业的发展方向，谁就能把握现代农业发展的契机，就能成为产业化发展的制高点。河南省在种子种苗技术研发方面的优势，主要在种植业方面，特别是与智能温室技术相结合的花卉、蔬果、树苗等。要充分利用现有的工厂化育苗基地和水产育苗基地，发挥蔬菜、花卉和树种育苗上的技术优势，进一步面向全国，提供自控温室农产品的种子种苗。面向国际，生产树苗出口。要进一步完善产业政策环境，加大对现有骨干企业的支持力度，进一步引进和集聚国际国内的种子种苗研发中心和龙头企业，形成种子种苗的产业化。

3. 生物农业

重点发展功能性食品产业集群，生物技术与现代农业密不可分，特别是依托于以植物为原料的生物技术提取和组织培养，更将带动现代农业的高新化。生物技术的产业化有三种途径：一是制成新药，投入大，周期长，成功率低；二是制成药用或化妆品用的中间体，出口境外，见效快，市场稳定，但附加值的大部分被拥有品牌的境外最终销售企业所得；三是生物技术与现代农业相结合，制成具有自主知识产权的大众化最终产品，即利用生物技术从动植物中提取精华，用于生产功能性食品，服务于生活质量和生命的提升。

4. 服务农业

重点发展面向全国的高科技农业服务业，发展总部经济、商贸物流、技术服务、市场服务、人才培训服务等。着力强化以下四个方面的功能：

一是强化现代农业技术服务功能。加强种子种苗、智能型温室、生物技术等方面的研发创新成果的"走出去"，构筑技术服务、产品营销、品牌经营、资本运作、服务外包、人才培训等高科技服务农业的产业链，增强辐射力度，形成"中部在航空港区，基地在全国各地"的发展格局。

二是强化安全食品电子商务供应配送服务功能。面对广大市民对食品质量、食品安全和食品保健功能的上升需求，做安全食品最终消费的目标市场，借鉴国际经验，争取政府支持和风险资本相结合，利用社会投资，支持自主经营的专业团队，搭建市场化运作的安全农产品销售的电子商务平台，以会员制网上订购和统一配送等形式，在农户和市民之间建立蔬果门到门服务的"绿色通道"，让市民跳过中间商的防腐处理和流通成本，直接食用新鲜、安全、优质和性价比高的蔬果。

三是强化农产品进出口服务功能。立足郑州农产品生产基地、依托中原经济区生产腹地、背靠全国区域化的专业产地，实施大流通战略，成为全国的农产品进出口集散中心，使航空港区成为接轨世界农业市场的

"桥头堡"。在产品定位上，以花木、蔬果和功能性食品等品种为重点，带动其他农产品贸易物流。集聚一批企业总部和跨国营运中心，发展订单农业、口岸农业和服务农业。

四是强化高科技农业的科普观光展示功能。结合青少年科普教育，融合文化、创意元素，以智能型温室内的种子种苗、奇花异果和食用菌种植为景点，吸引国内外品牌旅游活动在航空港区举办，重点展示高科技农业、都市农业、服务农业的产业链，带动食、住、行、游、娱、购于一体的旅游消费。

（四）郑州航空港实验区现代农业发展的重点举措

1. 以建设国际航空花卉物流港为契机，主办2017年世界园艺博览会

花木等园艺产品具有高附加值、高科技含量、易腐等特征，成为航空运输偏好类产品，发达的航空运输是荷兰花卉产业成功的必要条件之一。云南斗南花卉市场也是借助航空、铁路、公路等交通方式每天运输280余吨鲜切花到全国60多个大中城市，部分出口日本、韩国及东南亚等周边国家或地区。花卉拍卖交易已成为世界花卉产品流通的主要方式。荷兰、比利时、日本、韩国、印度及我国台湾地区先后建立起专业的花卉拍卖市场。2002年云南建成了占地174亩的鲜切花拍卖中心。郑州市已经成为全国南花北移的重要过渡区和全国花卉交易的主要集散地。花木产业与航空运输的融合发展已经在郑州航空港初现雏形，从鄢陵生产的鲜花，半个小时就可以送达郑州机场，即时发送到世界各地。

2013年，河南省花卉种植面积11.80万公顷，仅次于浙江、江苏，位居全国第三。花卉企业达2390多家，从业人员40万余人，产品远销德国、日本等国家。鄢陵花卉种植面积60万亩，已拥有绿化苗木、盆景盆花、鲜花切花和草皮草毯四大系列产品，成为全国最大的花木生产销售集散地。郑州陈砦花卉交易市场年交易额达10亿元，交易品种万余，是全国最大的花卉综合交易市场。近年来，河南省将花卉列为特色高效农业重点支持项目，全省花卉种植面积和销售额每年递增19%和13%。河南省已基本形成郑州和南阳的月季、洛阳牡丹、开封菊花、濮阳鲜切花、安阳桂花和盆景、鄢陵和潢川的观赏苗木六大特色花卉生产聚集区。河南省花木产业虽然规模效益明显，但是主要仍以花卉苗木种植为主，产业延伸不足，缺乏专门的营销网络，没有形成完整的产业链，尤其是高端研发、航空配送等链条不足，制约了其花木产业的国际竞争力，因此，河南省六大

特色花木生产聚集区应与郑州航空港区实现区域融合对接，发挥航空港区资金、人才、科技优势，建立花卉物流港，组建花卉拍卖市场，谋划两个花卉产业园，加大对花卉龙头企业的招商力度，延伸河南省花木产业链，提升其国际竞争力。

2. 促进现代农产品物流与电子商务平台融合发展

欧美发达国家和国内发展较快地区的实践证明，高效的物流能够优化农业生产及农业流通的成本，提高农产品竞争力，增加农民收入。郑州市已经建成了基本覆盖的农业物流体系，在农副产品批发、水果蔬菜批发、农副产品配送等方面占主要优势。郑州粮食批发市场是中国第一家规范化、全国性的粮食粮油批发市场，立足河南，辐射范围包括东北、西北各省市，粮食物流基本流向是贯通东北走廊、京津走廊、长江走廊、西南走廊四条通道至主销区。郑州是食品、新鲜水果、蔬菜、肉类和花卉生产大市，大量农产品销往省内外，甚至出口，上述产品大多是生鲜产品，需要进行冷链流通。据有关资料，近年来，我国果蔬、肉类、水产品冷链流通率分别只有5％、15％、23％，大部分生鲜农产品仍在常温下流通，而欧美发达国家的肉禽冷链流通率已经达到100％，蔬菜、水果的冷链流通率也在95％以上。由于冷链物流的不完善，造成农产品流通损耗率高达25％—30％，郑州大量农产品流通过程中，包装简陋甚至无包装，导致损耗高、性价比低。要改变这一被动局面，必须引入冷链物流技术，从供应链管理的思维出发，优化农产品物流路径和节点设计，并对农产品供应链中的加工、包装、库存、配送等环节统一制定实施符合现代物流技术的标准，有效提高物流的效率，降低农产品电商的物流成本。使郑州的优势果蔬产品经过保鲜和深加工，用高效率、低成本、低消耗的现代物流方式进入国内外市场，以质量、价格优势塑造国际化品牌，把果蔬生产优势化。

当前我国的农产品电子商务已进入加速发展期，据统计全国共有农产品电商平台3000家以上，2013年的交易额突破了500亿元。农产品电商被认为是电子商务的最后一块沃土，除了阿里巴巴、京东等平台电商外，包括中粮集团等食品企业、顺丰速运等快递企业也纷纷进入农产品电商领域。但总体上看，目前农产品类电子商务的渗透率还不到1％，大大滞后于服装、电子类产品。这主要是因为农产品电商的发展仍面临不少技术性障碍，除了产品标准化、交易双方信任问题外，物流也是制约农产品电商发展的一大"瓶颈"。鼓励市场继续探索创新农产品电商物流新模式。当前，不少企业对农产品电商开展了积极的探索，例如顺丰优选借助顺丰速递在快递行业的经验和网络优势，推出了生鲜电商业务，郑州航空港实验区引入的菜鸟物流，则通过整合冷链公路货运、冷链中转中心、落地配公司等多种物流资源，形成新型"二段式配送"物流模式，有效地控制了成本。这些企业的自发探索是农产品电商得以发展的原动力，政府应对其进行积极鼓励，出台税收、金融方面的专门扶持政策。同时，农产品电商这一新生事物的发展还离不开消费者的积极支持。

（五）郑州航空港实验区现代农业发展的保障

1. 以机西高速公路建设为枢纽，组建航空港花卉产业的"点—轴"布局

从鄢陵出产的鲜花，半个小时即可送达郑州机场，即时发送到世界各地。作为"中国花木之乡"，鄢陵花木早已闻名天下，种植面积60多万亩，被称为中国最大的种植销售集散地，鄢陵花木在全国市场的占有率为15%，在"三北"地区的占有率为45%，河南绿化市场的占有率为85%。以航空港花卉物流港为点，以鄢陵花木生产基地为轴，通过高速运输形成航空港区花木产业的"点—轴"布局。郑州国际机场至周口西华高速公路（简称机西高速公路），是河南省高速公路重点建设项目。机西高速公路建设共分两期完成，其中一期工程将于2015年9月建成通车，二期工程预计2016年年底通车。机西高速将与郑民高速、商登高速、京港澳高速呈"井"字形交叉，将航空港区围绕在内。一期工程途经三市四县，起点位于开封市尉氏县大营，北接拟建的商丘至登封高速公路，路线向南经许昌市鄢陵县、周口市扶沟县和西华县，终点与商周高速相接。全长106公里，投资估算75亿元。按双向四车道高速公路建设标准，路基宽28米，设计时速120公里/小时。机西高速在西华境内全长29.6公里。设置下路口3个，服务区1个，互通区1个。红线内占地总面积3069亩。沿线涉及5个乡镇、3个农场。

2. 打造河南省农产品航空运输物联网

开辟农产品空中"绿色通道"，郑州航空港实验区可以采取以下措施：一是制定优惠政策，扶持空中绿色通道发展。由政府制定支持空中绿色通道发展的政策，机场企业也相应制定鲜活农产品优先办理货运、验货、配载的便利措施。二是加快推进航空物流园的建设。积极引导航空物流企业进驻，促进航空高端物流的发展。同时，充分考虑农产品物流仓储、配送、冷藏的需要，形成中部地区航空物流枢纽。三是按照国际航协

提出的"简化商务、便捷旅行"的战略要求，建设统一的鲜活农产品航空运输信息共享平台，建设融货源信息、货舱预订、运费支付、运费结算、货物跟踪等功能为一体的交易系统，实现航空货物运输全程无纸化数据流转，打造河南省航空运输物联网，为河南省农产品运输信息共享创造条件；四是加强航运物流培训，培养适应航运物流枢纽发展需要的高端人才。

3. 创新农业的功能与业态

现代农业是第一、第二、第三产业相互融合，体现人文、绿色、科技特征的低碳产业，农业的功能将在传统的第一产业基础上大大拓展。航空港区要在进一步拓展生产、生活、生态、示范功能的基础上，继续深入挖掘航空都市型农业的应急保障、生态服务、科技示范等多种功能，最大限度地开发农业的经济、社会、生态效益，促进农民更快地增收致富。一方面，要拓展农业的物质产品功能，挖掘航空港区限度农业的生产功能、医疗功能、能源功能、养生功能、美容保健功能等；另一方面，发挥农业的生态环境保护功能、生物多样性保存功能、小区域气候作用功能、自然资源的循环利用功能、科学教育的示范功能、观光休闲旅游功能、美化装修功能、民俗文化功能。随着第一、第二、第三产业的深度融合，郑州航空港实验区现代农业可以借鉴第二、第三产业的多种业态模式发展农业，探索发展农业总部经济、农业大都会、农产品4S店、农产品博览会、农业博物馆、农业创业基金、农产品模特大赛、农业嘉年华等多种新型农业业态，不断提升郑州航空港实验区现代农业发展的深度和广度。

4. 着力培育新型经营主体

郑州航空港实验区城镇化率已经达到80%，郑州市城镇化率达到68.7%。城镇化与农业现代化的互助发展中，新型职业农民的培育尤其重要，农民合作社和农业产业化龙头企业是航空港经济区现代农业建设的主体。政府需要加大招商引资力度，广泛吸纳工商资本、金融资本和社会资本，形成农业产业领域多元化投融资机制；积极推进生产要素向农业龙头企业和农民专业合作社集中，着力培育一批规模化、集约化经营的新型农业生产主体；构建政府引导、企业主体、市场化运作的特色农业产业园区，促进土地向规模经营主体规范有序流转。

5. 加强生态长廊和环境保护

挖掘生态农业理念，落实郑州航空港实验区的概念性规划（见图3），实现以生态走廊为核心的生态网络模式。建设南水北调干渠和新 107 国道沿线生态廊道景观带，加快绿道建设，优化绿地布局，构建区域绿网系统。实施区内河道治理，合理规划城市水系景观，形成生态水系环境。加强南水北调干渠、森林公园、苑陵古城等生态敏感地带保护，严格控制开发边界，严格保护生态走廊，严禁开展不符合功能定位的开发活动。实行最严格的水资源管理制度，合理利用地表水和地下水，积极利用区外水源，实现多水源的合理配置和高效利用。

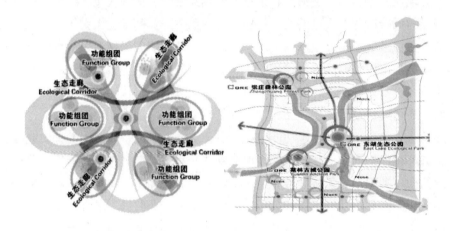

图 3　航空港区规划的生态网络模式

郑州航空港实验区会展业发展现状与展望

刘素霞

一　引　言

2013年3月7日，国务院正式批复了《郑州航空港经济综合实验区发展规划（2013—2025年）》，郑州定位于以航空经济为核心的国际化大都市，大力发展国际化、专业化会展是郑州会展业的必然发展趋势。郑州地处中原，区位优势独特，会展业具有悠久的历史。早在1995年，郑州就举办了以综合日用消费品为主要展品的郑交会，当时在全国都具有相当大的影响力。然而，20世纪90年代后期开始，由于郑州城市建设发展缓慢，展览设施落后，郑州会展业发展逐渐落后于东部沿海城市。2005年，郑东新区以国际标准打造了国际会展中心，给郑州会展业注入新的发展动力。在此之后，郑州会展产业形成以郑州国际会展中心和中原国际博览中心为主要展馆的会展格局，承办全国农业机械展览会、中部投资贸易博览会、郑州农业博览会、全国汽车配件交易会、中国国际奶业展览会等众多国内影响力大、知名度高的展览会。总体看来，目前郑州会展产业正处在新一轮的快速发展阶段。

但是，同会展经济发达地区比较，郑州会展产业在很大程度上还属于传统会展，与现代会展产业存在显著差距——国际化、专业化和品牌化不足。一方面，从国内外会展经济发达地区的经验看，会展产业是一个开放型产业，其经济功能是促进商品流、人流和信息流跨地区流动甚至跨国界流动，开放型和国际化是会展产业先天具有的属性；另一方面，现代经济分工越来越精细，区域竞争不断升级，品牌化、专业化成为反映区域会展产业竞争力的重要指标。从表1所列举郑州2002—2014年期间举办的部分重大展览会发现，郑州会展的举办主要定位于国内传统行业、产业会议，新兴产业领域的专业展会较少，会展的国际化程度比较低，参会对象也主要是省内、国内企业，具有国际影响力的跨国公司凤毛麟角。

表1 郑州承办的部分展览会（2002—2014）

时间	展览名称	时间	展览名称
2002年3月13日	第五届中原医疗器械展览会	2012年9月25日	中国郑州建筑节能及新型墙材展览会
2004年2月22日	第四届郑州国际医疗工业及保健产业博览会	2013年4月26日	第十一届中国郑州糖酒食品交易会
2007年11月2日	第十三届郑州全国商品交易会暨日用消费品博览会	2014年6月26—30日	中国（郑州）国际汽车后市场博览会
2011年11月11日	中国郑州国际磨料磨具磨削展览会	2014年8月6—8日	第十四届中国（郑州）国际糖酒食品交易会

资料来源：河南会展网及郑州国际会展中心网。

二 郑州航空港实验区发展会展业的优势

根据《郑州航空港经济综合实验区发展规划（2013—2025年）》，会展业是郑州航空港经济综合实验区现代服务产业的重要组成部分。郑州航空港实验区将依托临空经济优势大力发展专业化、品牌化、国际化的会展产业，优化郑州会展经济结构，提升郑州会展经济的全球知名度。目前，郑州航空港实验区在发展会展产业方面具备区位优势、政策支持优势和临空产业优势。

（一）区位优势显著

会展的经济功能是聚集物流、人流和信息流，因此良好的区位优势是发展会展业的前提条件。影响会展经济发展的区位因素包括经济区位和交通区位。

首先，郑州航空港实验区具有发展会展产业的良好经济区位优势。国内外会展经济发达的地区往往都是商品、资金、信息的集聚中心，或者是区域性的金融、贸易中心，能够在特定的地域范围形成连接不同区域的经济节点。比如，上海、北京、广州分别是长三角、环渤海和珠三角经济圈中心和枢纽城市，中国香港、新加坡是全球贸易的中转站。良好的经济区位优势对这些城市会展经济的发展发挥了非常大的作用。郑州航空港实验区地处中原经济区的核心，能够借助航空经济辐射整个中部经济圈，带动中部地区商品、人和信息的流动，为会展产业的发展奠定了必要的条件。

其次，郑州航空港实验区具有发展会展产业的优越的交通区位优势。绝大多数会展经济发达的城市都处于交通枢纽的中心地位，有能力以较低的成本集聚和疏散强大的人流和物流。郑州航空港实验区地处中原，具有良好的空域条件，是重要的航空、铁路、公路交通枢纽。在航空运输领域，新郑国际机场综合实力强，在全国排名第八位，2014年郑州机场旅客吞吐量完成1500万人次，货邮吞吐量突破35万吨，通航航线覆盖国内大中城市和欧美亚地区；在高速公路方面，连霍高速、京港澳高速、107国道和310国道均在郑州航空港实验区交会；在铁路覆盖方面，郑州地处高铁网络交会处，而且郑州航空港实验区也将建设郑州高铁南站，实现飞机、高铁、地铁、公交等多种交通工具"零换乘"。因此，郑州航空港实验区得天独厚的交通区位优势条件，有利于发展现代会展产业。

（二）政策支持优势

政府的政策支持是会展经济发展的可靠保障，特别是在会展产业的发展初期，政府在资金、行业规范化管理等方面的支持对于会展业的发展具有举足轻重的作用。目前，郑州航空港实验区正处于会展产业发展的起步阶段，但已经多方面获得政府部门强有力的政策扶持。

首先，政府部门进一步完善会展产业的管理制度，规范了会展业发展的行业环境。河南省商务厅于2014年10月出台《河南省促进会展业发展暂行办法》，强调实施会展信息登记制、设立会展现场须设投诉处理点、编制会展业发展指导目录、搭建会展业公共服务平台和建立会展业信用档案和黑名单，进一步规范会展市场的有序竞争，保障会展业健康发展。

其次，政府部门多途径招商引资，完善会展展馆基础设施。为促进郑州航空港实验区会展产业的发展，郑州市创新招商引资方式，促成绿地集团在郑州航空港实验区投资270亿元建设绿城会展城，为郑州航空港实验区会展业的发展奠定了坚实的设施基础。规划中的绿城会展城功能上包括会议、展览及综合服务配套三大部分，占地面积约 3600 亩，总建筑面积约 385 万平方米，是郑州国际会展中心的约 17 倍，将会极大提升郑州航空港实验区会展业的竞争力。①

最后，郑州海关监管部门积极创新，设置保税展示区，利用保税区优惠政策，发展商品展示。保税区一般具有进出口加工、国际贸易、保税仓储、商品展示等功能，享有"免证、免税、保税"政策。通过设置保税展示区，大力发展加工产业类型的展会，可以利用保税区内的产品无须支付增值税和消费税的优点，大幅度降低厂商商品展示成本，为郑州航空港实验区会展产业提供了更广阔的发展空间。

（三）临空产业优势显著

会展业属于现代服务产业，与区域产业优势、特色有密切联系。一般而言，产业优势越明显，特色差异化越大，会展品牌效应也就越强，更能够吸引参展企业和客户。郑州航空港实验区规划了机场核心区、城市综合服务区、商贸会展区和高端制造业集聚区，大力发展临空经济产业。机场核心区主要包括机场及其周边核心区域，通过设置综合保税区、航空物流区、陆空联运集疏中心、空港服务区等设施，重点发展航空物流、航空航材制造维修、展示交易、保税加工等产业；城市综合服务区打造科技研发区、高端商务商贸区、高端居住功能区，重点布局电子商务、航空金融、服务外包、文化创意等产业；商贸会展区以绿地会展城项目建设为龙头，重点抓好中国（郑州）国际商品交易中心、中法进出口商品交易中心等项目规划建设，尽快形成几个品牌展会与产品交易展览中心；高端制造业集聚区以建设航空偏好型产业发展区为依托，重点发展通用航空设备制造、新材料、精密机械、生物医药等产业。② 2014 年，郑州航空港实验区生产总值 412.9 亿元，规模以上工业增加值完成 342.8 亿元，固定资产投资预计完成 400.9 亿元。③ 因此，强大的临空产业实力将支撑郑州航空港实验区会展业的快速发展。

---

① 赵檬：《绿地会展城落地航空港建筑面积顶上 17 个会展中心》，大河网，2014 年 4 月 1 日。

② 郑州航空港经济实验区网站。

③ 《航空港区：内陆开放高地羽翼渐丰》，《郑州日报》2015 年 1 月 9 日第 1 版。

三　郑州航空港实验区会展业取得的主要成绩

（一）郑州航空港实验区绿地会展城开工奠基

2014 年 12 月 30 日，郑州航空港实验区绿地会展城开工奠基暨郑州国际陆港产业配套绿地项目签约仪式举行。会展城项目作为绿地集团投资郑州航空港实验区的首个项目，被列为河南省 A 类重点项目。该项目位于郑州航空港实验区东部，总占地面积约 3600 亩，分为会展中心及配套服务两部分，总投资额约 270 亿元。目标建设成为以会展中心为城市引擎，依托航空、铁路枢纽，集商务办公、会议酒店、休闲商业、绿色宜居等功能为一体的、辐射中原地区乃至全国的新国际智慧型会展城。①

（二）中国（郑州）国际商品交易中心开工

2014 年 12 月 31 日，中国（郑州）国际商品交易中心开工仪式在郑州航空港实验区举行，该项目占地 102 亩，建筑面积约 11 万平方米，主要建设进口酒类、食品、建材、奢侈品、医药等商品展示区，配套综合服务区、鉴定及专业展览会场等。建成后，将成为集销售、物流、仓储、网络等功能为一体的国际商品交易公共服务平台。②

（三）中法葡萄酒文化节亮相郑州航空港实验区

2014 年 3 月 5 日，首届中法葡萄酒文化节上，来自法国的百余家酒庄在新郑综保区进行产品展示交易。滴金、白马、龙船三大世界级名庄首次亮相郑州，此次会展展览规模 1.5 万平方米，参展企业由 100 多家法国酒庄组成。本届食品文化节以"国际、高端、专业"为主题，深度融合，广泛传播葡萄酒酒庄文化，依托中原独特区位优势和产业优势，努力打造新型的、独具影响力的贸易文化平台。随着中原地区开放的平台不断扩大，未来将有更多世界名品选择亮相郑州航空港。③

如今中国已经成为全球葡萄酒最大的消费国之一，因此吸引了包括法国在内众多葡萄酒产地的高度关注。本次活动以打造"百家酒庄走进中国，世界名庄牵手中原"为主线，采取将国际品牌企业向郑州航空港实

---

① 经济网：《绿地加码中原地区郑州新增逾 300 亿产业地产投资》，2014 年 12 月 30 日。
② 《郑州港区 6 大项目组团开工香奈儿新品郑州购》，《大河报》2014 年 12 月 31 日。
③ 《郑州航空港区这一年》，《河南日报》2014 年 3 月 5 日。

验区项目引进的运作新模式，产生了极具影响力的效果。以吸纳国际项目为宗旨，以建设全球最具影响力的食品贸易集散地、交易所、电子商务、线上线下结合、保税仓储物流中心一体化的权威项目，促进郑州航空港经济综合区国际商品交易中心集散新平台建设。

（四）"欧洲制造之窗"首届展销会永久入驻郑州航空港实验区

2014 年 10 月 22 日，郑州"欧洲制造之窗"首届展销会开幕式暨河南省进口商品展销中心揭牌仪式在航空港区举行。该展销会将会是一个永久性展会，以欧洲工业品博览交易为主体，未来将会成为一个欧洲工业品展示、采购、物流、销售与咨询服务的综合性供应链服务平台。本次展会参展企业 70 余家，全部来自欧洲。众多国内采购商、OEM 供应商也安排企业代表前来洽谈，预计可成交 500 万美元。郑州欧洲制造之窗实业有限公司位于郑州航空港实验区，项目总投资 21.52 亿元，总建筑面积约 40 万平方米。承接郑州航空港实验区优势，作为永久设展的展销平台。该项目成立之初就对欧洲各大品牌厂商形成巨大的吸引力，目前，已有来自欧洲的 76 家约 100 种高端工业品进驻展销中心。[①]

四 郑州航空港实验区会展业发展中存在的问题

目前，郑州航空港实验区正处在跨越式发展的关键时刻，会展业也处于较迅猛的发展阶段，对带动郑州航空港实验区服务产业发展和提高经济社会效益有着深远影响。据估算，国际上会展产业带动系数大约为 1:9，即会展业增加 1 元产值，能带动旅游、交通等相关服务业 9 元产值。会展产业化已经成为会展发展的重要趋势，并且成为区域经济增长的新引擎。然而，由于郑州航空港实验区的会展业发展起步较晚，发展过程中还面临诸多现实性问题。

（一）会展产业配套不完善

郑州航空港实验区会展业发展处于起步阶段，尽管在展馆设计、投资建设等方面都能够按照规划顺利完成，但是发展会展产业所必需的服务配

---

① 中国行业会展网：《郑州"欧洲制造之窗"首届展销会航空港区举行》，2014 年 10 月 22 日。

套并不完善，不利于形成会展产业化。在会展经济发达的城市，会展业产业链长、产业关联度大，不是简单的"商品运输、人员流动和展馆展示"，而与交通、餐饮、住宿、物流、旅游、商业购物等其他服务行业紧密衔接，需要完善的商务、金融及旅游配套服务，满足参展商和参会者的多样化需求。目前，郑州航空港实验区在建展馆周边缺乏餐饮、购物、娱乐、金融等服务业，不利于会展与相关服务产业的融合，也在很大程度上制约会展产业的长远发展。

（二）会展数量少，品牌知名度不足

郑州航空港实验区会展产业发展时间较短，市场影响力有限，没有形成品牌效应。会展产业的品牌化是指会展成为行业发展的指示器，反映了行业内的发展动态、发展趋势，并且能对该行业的发展有指导意义。品牌化成为区域间会展产业竞争的重要途径。发达城市会展经济的发展经验显示，只有打造特色化的品牌，才能形成会展产业核心竞争力。根据《郑州航空港经济综合实验区发展规划（2013—2025 年)》，郑州航空港实验区会展中心将积极筹办全球性的航材设备、机场装备、航空技术、通用航空等航空展会暨论坛，积极承办国际知名的电子信息、精密机械、高档服装等品牌产品发布会、博览会和展销会，打造具有国际影响力的高端航空及关联产业展会品牌。目前，郑州航空港实验区已经承办了中法葡萄酒文化节和"欧洲制造之窗"首届展销会，会展数量仍然偏少，品牌知名度有待进一步提高。

（三）城区经济社会发展程度不高

会展经济的发展不仅依赖经济要素集聚整合，还与会展业所在区域的第三产业的发达程度水平、经济开放程度、社会文化环境有密切联系。目前，郑州航空港实验区会展业的发展现状与航空大都市的定位极不相称。

第一，郑州航空港实验区第三产业不发达将制约会展产业发展。会展产业属于服务经济范畴，并且与其他服务产业相互渗透，因此区域第三产业的发达程度直接影响会展业的发展。按照国际展览联盟（UFI）的标准，区域服务业在 GDP 中的比重超过制造业且过半，才能够为该地区会展业发展提供强劲支撑。例如，上海、北京、广州第三产业比重基本接近发达国家水平，使得这些地区成为我国会展业起步最早、发展最快的城市。目前，郑州市第三产业占 GDP 比重不足 50%，郑州航空港实验区由于相关服务配套设施不完善，服务业比重更低。郑州航空港实验区的主导产业表现在手机加工制造、电子产业和物流产业，商贸金融消费服务产业发展严重滞后。因此，第三产业欠发达将在一定时期内制约郑州航空港实验区会展经济发展。

第二，会展产业是一个开放型产业，区域经济开放程度能够影响会展业的发展。区域经济开放程度越高，市场化程度越高，越有利于低成本集聚于疏散资源，有利于会展产业的发展。国际上会展业发达的城市，一般都是经济开放程度较高的国际化大都市。国际经验显示，区域外贸份额占GDP 的比重接近或超过 10%，则有利于会展业在区域内强势增长。目前，郑州航空港实验区进出口贸易发展迅猛，支撑河南省外贸半壁江山，但是市场的国际化程度不高、企业国际经营能力较弱、城区品牌全球知名度较低，经济开放程度整体仍然处于较低水平，不足以支撑会展产业做大做强。

第三，从全球国际性会展城市的经验看，会展产业不仅仅促进经济要素的流动，而且也会促进参展商与承办地区居民之间的文化交流与沟通。因此，会展经济还受到承办地区社会文化的影响，特别是优良的城市环境和高素质市民对会展经济发展起到不可忽视的支撑作用。国际性重要的、规模大的会展一般都会首先选择城市环境优美、独具特色的地区，也会考虑当地居民文化素质和国际语言的交流沟通。郑州航空港实验区会展业建设虽然是省会重点建设项目，但是郑州城市的"大环境"仍然存在明显的短板，不利于会展经济发展。比如，郑州市空气污染较严重，在环境卫生及配套旅游设施方面与经济发达地区还存在一定差距，普通市民国际语言沟通交流能力也较低。

（四）会展产业高素质人才匮乏

人才是现代服务业竞争的核心要素。会展业是涵盖展览、大型会议、节庆活动、大型活动、企业形象展示的现代服务产业。因此，会展专业人才是推动现代会展产业发展的重要因素之一。国内外会展经济的发展实践显示，会展产业对人才的要求普遍较高，不仅需要囊括现代商务策划与运营管理的基本素质，还要求展位设计、搭建、展品运输等技能知识，以及拥有良好的语言翻译、沟通技能和法律知识背景。[①] 当前郑州航空港实验区会展业正处于初始快跑阶段，对高素质会展人才需求与日俱增，但是郑

---

① 庾为：《北京会展业竞争力分析与发展战略研究》，首都经济贸易大学出版社 2014 年版，第 13 页。

州航空港实验区会展专业人才的供给远不能满足会展业发展的需求，会展人才匮乏是阻碍郑州航空港实验区会展业发展的"瓶颈"。

第一，从人才培养角度看，河南省开展相关专业的学校有9所，其中本科院校两所（河南财经政法大学和信阳师范学院），但多是高职高专，且办学起步晚招生人数不多，在课程设置方面也没有充分考虑以航空经济为背景的会展业发展需求。

第二，从吸引人才角度看，由于河南经济不发达、薪资待遇较低、商业理念不发达，对发达地区熟悉展览业务、了解国际惯例和富有操作经验的会展专业人才没有吸引力。

第三，从现从事会展业人员看，接受过系统会展专业培训的人才较少，从业人员水平参差不齐。会展专业人才供给不足，将对郑州航空港实验区会展业的长远发展产生严重制约。

五　郑州航空港实验区会展业发展面临的挑战

在现代区域竞争中，机场已经不仅仅是一种交通设施，而是表现为经济枢纽，便利要素集聚与疏散。郑州航空港实验区以机场及周边区域为核心，也获得了发展会展产业得天独厚的经济优势。但是，郑州航空港实验区会展产业发展仍然面临三方面的挑战：一是需要不断顺应全球会展产业发展趋势；二是需要不断缩小与全球会展产业发达地区的差距；三是需要积极应对来自国内的严峻竞争。

（一）全球会展产业发展趋势

随着经济全球化、信息经济的发展，全球商务活动创新不断，会展产业已经突破传统的商品展示及销售，而是在内容和形式上都出现一些全新的特点和趋势。

1. 会展科技化

现代经济的一个重要特征是科学技术全面渗透经济系统，从而推动经济部门及产业领域创新发展。在发达国家会展业发展过程中，技术进步对会展产业发展的推动力不容忽视。目前，会展经济发达的国家地区都已经实现展馆设备智能化、会展经营现代化和展示活动网络化，大幅度提高了会展管理和活动组织的效率。

第一，随着全球会展市场竞争激烈，越来越多的国家通过兴建大型智能化展馆提高会展服务质量、增强竞争力，在世界范围内掀起了一轮展馆智能化建设的浪潮。[①]

第二，现代展览经营已经摆脱传统沟通销售模式，不再仅仅关注展览面积、展商数量、现场观众数量，重点转向借助大数据技术手段实现对观众购买潜力高低的分析。[②]

第三，电子商务的发展以及与传统实物展会相结合，使得展示活动网络化被逐步接受认可，虚拟会展作为新生事物迅速成长。

2. 会展专业化

为了适应现代产业分工不断向纵深发展的现状，全球会展业正在朝向分工日益精细化的方向发展，专业化会展正在取代综合性会展，成为会展业的主流模式。2008—2011 年世界商展 100 强中，在 22 个面积增幅超过 1 万平方米的展会中，专业展会占了 12 个，而部分综合类展会面积降幅超过 10 万平方米以上。[③] 当前全球会展专业化主要从两个方面做长做精会展产业链条。一方面是产业链上下游的纵向细分发展，拉长产业链。例如，法国巴黎国际食品展（SIAL PARIS）是全球最大的食品展会，已经不满足于传统的食品制成品展示，而是延伸到食品加工设备、零部件以及生产加工全过程展示，以及行业未来产品创新和理念的展示。[④] 另一方面是产业环节做精做细，把某领域的传统大展览拆分为若干个细分的主题展会。例如，始创于 1947 年的汉诺威工博会已经发展成为世界最大的工业博览会，2015 年中国展区展会主题涉及动力传动及控制技术展、工业零部件与分承包技术展、工业自动化展、数字化工厂展、能源展、风能技术展、空压及真空技术展、表面处理技术展、新能源汽车技术展、研究与技术展十大领域。[⑤]

---

① 王先庆、戴诗华、武亮：《国际会展之都研究》，中国社会科学出版社 2014 年版，第 203 页。

② 刘海莹：《2015 年会展业发展趋势和路径》，《中国贸易报》2015 年 1 月 13 日第 005 版。

③ 冯楠：《关于全球会展业发展趋势及当前中国会展业发展动向的研究》，《2013 中国会展经济研究会学术年会论文集》。

④ 同上。

⑤ 汉诺威工博会网站（http://www.hannovermesse.com.cn/CN/）。

3. 会展国际化

经济全球化带来信息全球范围内的流动，跨国展览公司纷纷拓展海外市场，加剧了会展业的国际竞争。会展产业国际化已经成为跨国展览公司提升竞争力的重要手段。跨国展览公司往往通过国际品牌吸引、跨国并购和跨国战略联盟来实现会展业的国际化。

第一，专业型跨国展览公司利用品牌优势吸引全球会展资源，并把品牌博览会移植到国外。比如，2012年第24届法国巴黎国际食品展展出面积达21.5万平方米，吸引了来自126个国家和地区的5890家展商，汇集了全球整个食品产业链上的代表性企业。[①] 又比如，德国汉诺威展览公司全球开拓会展市场，已经在超过100个国家拥有超过65个销售代表处。[②]

第二，跨国展览公司瞄准发展中国家市场，通过跨国并购快速实现国际化。根据梅菲尔德媒体策划公司（Mayfield Media Strategies）的统计，2014年1—10月，全球共发生56起会展并购案，其中博闻中国（UBM China）与励展展览集团共进行了12起并购。目前，随着中国会展市场的开放，国际会展公司都不断加快在中国市场的并购步伐。例如，英国ITE展览集团在2013年收购了中国涂料展50%股权；英国塔苏斯集团收购深圳国际品牌内衣展览会（SIUF）50%股权；博闻中国（UBM China）收购了上海天盛展览有限公司大部分股权。[③]

第三，跨国展览公司还通过跨国战略联盟强化在东道国市场的竞争力。例如，英国塔苏斯（Tarsus）集团与中国旅游研究院（CTA）关于出境旅游方面签署战略合作协议[④]；德国法兰克福展览公司与广东玩具协会合作举办广州国际玩具及模型展览会和广州童车及婴童用品展览会。[⑤]

（二）会展产业国际比较与借鉴

德国会展业历史悠久，被誉为世界会展业王国。目前，德国是世界上会展规模最大、实力最强的国家，每年举办全球60%以上的最重要的展

---

① 《关于组团参加 SIAL2014 法国国际食品展的通知》（黑商贸促函〔2014〕264号）。

② 汉诺威工博会网站（http://www.hannovermesse.com.cn/CN/）。

③ 程拓、韩金萍：《国际展览巨头借并购提速中国布局》，《北京商报》（高端旅游周刊）2014年10月16日。

④ 杨圣学：《中国旅游研究院与英国塔苏斯集团合作》，《中国产经新闻报》2013年12月9日。

⑤ 程拓、韩金萍：《国际展览巨头借并购提速中国布局》，《北京商报》（高端旅游周刊）2014年10月16日。

览会，世界十大展览公司中德国就占据五个。法兰克福、汉诺威、慕尼黑、科隆等城市都发展成为重要的会展中心城市。[1] 其中法兰克福位于德国中部，有德国最大航空站和铁路枢纽，是欧洲重要的交通枢纽和中转中心，有高效的配送系统，集聚大量人流、物流、资金流、信息流。凭借这些优势，法兰克福成为德国重要的国际展览中心。[2] 郑州航空港实验区正在发展成为中部地区重要的航空、陆运交通枢纽，与法兰克福具有相似的特征，有必要分析郑州与法兰克福在会展产业发展方面的差距，以便更好地发展郑州航空港区会展产业。

郑州航空港会展产业未来将面向国际化、专业化的发展方向，因此选择从展览场馆、展览国际化程度和会展企业三个方面进行比较分析郑州与法兰克福的会展业的差距。[3]

第一，在展览场馆方面郑州现有的展馆面积远远低于法兰克福，距离世界级会展中心城市的水平相差较远。众所周知，展馆是展览最重要的基础设施，也是展览业活动的舞台。展馆面积大小将直接制约会展的规模。郑州的展馆总面积比法兰克福少27%，而且特大型展馆严重缺乏。

第二，同法兰克福比较，郑州会展业的国际化程度明显偏低。展览国际化程度反映了会展经济的发达程度。一般而言，会展经济越发达，展览国际化程度会越高；反之则越低。展览业的国际化水平通常体现在展览会的境外净租用面积比例、境外参展商比例和境外观众比例这三个指标上，指标数值越高，意味着会展业国际化程度就越高。郑州的境外净租用面积比例、境外参展商比例、境外观众比例分别比法兰克福少86%、87%和93%。因此，郑州会展产业国际化程度严重偏低，这也同郑州城市本身的经济开放度不高有关系。

第三，会展企业实力不强、市场竞争力弱。会展企业的专业化程度、数量、规模和从业人员数量是区域会展业发展水平的重要体现。郑州的专业会展公司数量偏少，万人从业人员数量和专业会展公司规模远远低于法

① 乔小燕、胡平：《中德会展中心城市的比较分析——以上海、慕尼黑和法兰克福为例》，《上海经济研究》2010年第10期。

② 谈琰：《国外空港经济发展对郑州航空港经济综合实验区的启示与借鉴》，《黄河科技大学学报》2013年第5期。

③ 乔小燕、胡平：《中德会展中心城市的比较分析——以上海、慕尼黑和法兰克福为例》，《上海经济研究》2010年第10期。

兰克福，还没有具备世界影响力的国际大型会展企业和通过国际展览联盟
（UFI）认证的品牌展览。

表2 郑州、法兰克福会展状况比较

			法兰克福	郑州
展览场馆		主要场馆总面积（万平方米）	41	30
展览国际化程度	展览面积	境外净租用面积比例（%）	51.26	7.4
	参展商数量	境外参展商比例（%）	59.9	8
	观众数量	境外观众比例（%）	35	2.53
会展企业	专业会展公司数量	个数	178	100
	专业会展公司规模	人数	3121	300
	会展从业人员数量	从业人员总数（万人）	2	0.3
	品牌展览会的数量和规模	通过国际展览联盟（UFI）认证的办展数量	15	0

资料来源：乔小燕、胡平：《中德会展中心城市的比较分析——以上海、慕尼黑和法兰克福
为例》，《上海经济研究》2010年第10期；郑州数据根据相关网站资料整理所得。

综上所述，无论是展览场馆面积、会展国际化程度，或是专业性会展
公司竞争能力，郑州与国际会展中心城市之间还存在显著的差距。郑州航
空港实验区会展产业的发展应该立足弥补郑州会展国际化、专业化、品牌
化的短板，提升郑州会展产业的整体竞争力水平。

（三）面临国内会展产业竞争压力

我国会展产业是伴随着20世纪80年代改革开放而逐渐发展起来的。
2013年，我国会展经济直接产值达3870亿元人民币，室内展览面积达
484.5万平方米，展馆规模仅次于美国，居世界第2位，占亚洲展馆总规
模的比例高达70%。[①] 但是，从全国范围来看，会展产业发展迅猛，区域
竞争显著。以北京、上海、广州三大会展中心城市为核心，分别形成京
津、长江三角洲、珠江三角洲三大会展经济产业带，在全国会展产业中占
据重要地位。从下表就可以发现郑州与北上广的差距，以及郑州在中部地
区会展竞争的不足。一方面，郑州城市展览业发展指数虽然领先于中部地

---

① 吴宇：《我国会展产业快速发展催生全球最大专业人才培养规模》，新华网，2014年11
月16日。

区省会城市，但与北京、上海、广州相差甚远；另一方面，尽管郑州会展业在中部省会城市展会数量方面具有较强优势，但是大型展会的数量却明显低于武汉。这主要是因为郑州国际会展中心的占地面积和室内展馆面积分别为 68.57 万平方米和 7.4 万平方米，而武汉国际博览中心分别为416.86 万平方米和 15 万平方米。因此，郑州会展产业仍然面临来自一线城市的巨大压力和中部省会城市的挑战。

表3　　　　　　　　　部分城市会展业比较（2013 年）

城市	展览数量	展览面积	专业展馆数量	专业展馆室内面积	展览管理机构	UFI 会员单位	UFI 认证项目	TOP100展览项目数量	TOP3 展览项目数量	城市展览业发展指数
上海	798	1200.8	13	44.4	3	22	20	24	74	276.64
广州	480	831	6	53.48	2	9	8	25	66	184.38
北京	418	552.1	9	44.79	1	26	17	6	43	156.15
郑州	192	191.4	3	24.7	0	2	0	0	1	43.41
武汉	117	195.85	2	7.5	2	0	0	0	11	34.64
南昌	33	50.98	2	6.33	1	0	0	1	2	10.5
太原	64	57.949	3	8.7	3	0	0	0	4	14.26

資料来源：2013 年中国会展行业发展报告，百度文库（http://wenku.baidu.com/link? url = KIfvI1_ 0sKAnFU0yXBKosngye41H5iN8x0QVHwmTPCRe7TLsqAgN3FSYfzFsJcEU6EW7 – PciL – Pal Bnci RJ5d6XJeuxEtQTpzIL7klYC18q）。

六　郑州航空港实验区会展业的发展思路

结合上述分析，郑州航空港经济综合实验区应该从会展产业环境、发展模式、特色定位和大会展理念四个角度创新会展产业，实现会展业跨越式发展。

（一）优化会展发展环境

完善会展业的软硬件发展环境是影响会展业发展的重要因素。

第一，郑州航空港实验区应积极完善展馆及周边城市基础配套设施，特别是加大现代化智能展馆及周边高档宾馆、公寓式酒店和便捷交通的建设投入，构建有利于会展产业发展的硬件环境。

第二，郑州航空港实验区要进一步增加国际航线，加快拓展"铁公机海"多式联运网络。会展业的发展一直受到参展商地域分散、展品价值大、科技含量高、运输数量小、时间要求强等诸多因素的限制。发达的航线网络给会展业的发展带来了契机。例如，法兰克福机场发达的航线网络便于国际参展物品的运输；同时法兰克福机场区便捷的地面交通连接和运输途径，可以保证展品及参展人员更安全、更准时、更可靠地到达。航空运输惠及法兰克福地区的会展业，使得该地区成为欧洲名列前茅的会展业大都会。截至 2014 年年底，郑州机场累计开通航线 185 条，货运航线 32 条。虽然航线网络取得了较快的发展，但是，与国内外主要的机场航线相比还存在较大的差距，未形成完善的航线网络。因此需要进一步增加航线，吸引国际货运航空公司入驻。郑州航空港经济综合区虽然陆路交通网络发达，但尚未与航空网络形成有效对接，因此应注重不同运输方式之间的无缝对接，加快形成"铁公机海"多式联运网络。

第三，郑州航空港实验区应积极提升郑州航空港实验区现代金融、商务信息的集聚能力，大力发展专业翻译、商务策划、法律咨询、文化创意等服务经济，打造有利于会展产业发展的现代服务经济环境。

第四，郑州航空港实验区应加强与郑州大学、河南大学、郑州航空工业管理学院等高校在会展经济人才培养方面的合作，开展从业人员的专业技能和职业素养的培训，着重引进一批具有先进的管理理念和市场经验的高端会展人才，构建有利于会展产业发展的人才环境。

（二）构建政府引导与市场运作相结合的会展产业发展模式

发展会展产业的国际经验显示，会展产业的健康发展既需要政府宏观调控、政策支持、产业导向，也需要市场微观主体与环境。郑州航空港实验区要努力构建政府引导与市场运作相结合的会展产业发展模式。

第一，发挥政府对会展产业的规划引领作用。郑州航空港实验区应直面会展产业处于起步阶段、实力弱、影响小的现实，结合郑州航空港实验区区位枢纽的优势特点，加强区政府对会展产业的引导作用，制定科学的、长远的发展规划，明确会展产业的发展定位。结合前文分析，郑州航空港实验区会展业的定位应该倾向于：遵循"立足华中、面向全球、服务全国"的宗旨，按照"专业化、品牌化、国际化、市场化"的方针，打造一批特色鲜明、国内一流、世界知名的高端会展品牌。

第二，发挥政府对会展产业的宏观管理功能与市场监管作用。良好的、具有竞争性的市场环境是推动会展产业发展的有力保障。郑州航空港实验区应制订并完善会展法规和制度，高标准制定办展组织资质，实行动态跟踪管理，建立公平、公正、公开的竞争秩序，营造规范有序的会展业发展环境。

第三，积极引入和培育会展市场主体，实现展会市场化运作。会展企业是会展经济的微观主体，也是会展产业竞争力的根本来源。郑州航空港实验区应积极吸引德国汉诺威、法兰克福、意大利米兰、英国励展等全球会展业巨头在郑州航空港实验区设立分支机构，培育一批集展览、策划、咨询、旅游于一体的会展龙头企业，孵化一批中小型特色会展公司，鼓励企业以招标、合作等方式经营郑州航空港实验区政府部门主导的会展活动，通过市场资源优化配置打造郑州航空港实验区在中部地区会展产业的优势地位。

（三）打造特色的品牌会展

每个城市的会展业都必须结合城市的特点，才能发展具有特色的会展产业。缺乏特色的会展产业不可能具有强大的生命力和吸引力。会展产业的发展也将有利于凸显区域竞争优势，提升区域整体竞争力。郑州航空港实验区应以航空经济优势、区位优势及中原文化优势为依托，按照"错位发展，特色发展"的理念，培育具有国际影响力的专业化会展项目。

第一，郑州航空港实验区以航空产业为支柱，会展产业要突出航空偏好的特色，重点筹办全球性的航材设备、机场装备、航空技术、通用航空等航空展会，形成以航空产业链为核心的航空专业会展。

第二，郑州航空港实验区入驻了大量高科技企业，并已形成完善的手机产业链条，可以积极筹划全球信息产业制造与研发论坛。

第三，郑州航空港实验区发展物流产业具有得天独厚的区位优势，物流产业也是郑州航空港实验区现在的重要支撑产业之一。郑州航空港实验区应利用物流产业的优势和区域影响力，发展仓储物流技术展览会，使得物流产业和会展产业互动发展。

第四，河南是中华文明和中华民族最重要的发源地，具有丰富的历史文化资源。郑州航空港实验区应在国家大力支持发展文化产业的背景下，以中原文化为依托，积极面向海内外发展与中原文化有关的特色博览会。

（四）塑造大会展格局

大会展是现代会展发展的重要趋势。大会展具有三方面的含义：一是会展的产业关联性强，能够影响、带动物流、餐饮、旅游、广告、保险、通信等行业的发展，实现深层产业融合和经济效益显著提高；二是指会展产业链条的延伸和产业环节的放大，实现会展产业做大做精；三是指会展的国际影响力强，能够吸引大量国外参展商和观众消费者。郑州航空港实验区应充分发挥会展经济的产业带动效应，实现会展业做大做精和国际化。

第一，郑州航空港实验区要鼓励会展业与展会相关服务产业建立合作联盟，聚集经济要素，实现产业深层次融合，形成互补、共赢的发展格局。比如，加强会展业与创意文化、体育演艺、娱乐休闲、旅游、餐饮住宿等行业的融合，促进多种现代服务产业的协同发展。

第二，郑州航空港实验区应积极支持制造加工类大型专业展会发挥自身优势，拓展上下游产业链条，不断创新链条经济，形成全产业链型会展经济。比如，围绕航空会展创新，可以打造航空原料加工的上游展会，也可以培育航空体验休闲的下游展会；鼓励综合展会顺应市场需求，不断细分市场，衍生出更多、更具特色、更专业的展会。

第三，郑州航空港经济综合实验区应积极提供完善的国际会展服务与优越的会展环境，引入国际会展理念、管理经验与方法，吸引更多国际参展商来郑州航空港经济综合实验区参展；加强与联合国教科文组织（UNESCO）、世界贸易组织（WTO）、全球展览业协会（UFI）等国际组织的合作，承办更多全球性的重要展会，提升郑州航空港经济综合实验区会展国际知名度。

参考文献

［1］ 庾为：《北京会展业竞争力分析与发展战略研究》，首都经济贸易大学出版社 2014 年版。

［2］ 王先庆、戴诗华、武亮：《国际会展之都研究》，中国社会科学出版社 2014 年版。

［3］ 乔小燕、胡平：《中德会展中心城市的比较分析——以上海、慕尼黑和法兰克福为例》，《上海经济研究》2010 年第 10 期。

［4］ 谈琰：《国外空港经济发展对郑州航空港经济综合实验区的启示与借

鉴》，《黄河科技大学学报》2013 年第 5 期。

［5］赵檬：《绿地会展城落地航空港建筑面积顶上 17 个会展中心》，大河
网，2014 年 4 月 1 日。

［6］刘海莹：《2015 年会展业发展趋势和路径》，《中国贸易报》2015 年
1 月 13 日。

［7］吴宇：《我国会展产业快速发展催生全球最大专业人才培养规模》，
新华网，2014 年 11 月 16 日。

郑州航空港实验区跨境贸易
电子商务发展现状与展望

刘玉敏　王　宁

一　我国跨境贸易电子商务的发展及意义

（一）我国跨境贸易电子商务发展背景

跨境贸易电子商务，是指分属不同关境的交易主体，通过电子商务平台达成交易，进行支付结算，并通过跨境物流送达商品，完成交易的一种国际商业贸易活动，跨境电子商务具有全球性、即时性和便捷性的特点。近年来，受全球化经济和网络信息技术快速发展的影响，电子商务在全球贸易中的地位和作用日益显著，跨境贸易电子商务作为一种具有前瞻性的新型跨境贸易模式，引领了电子商务的发展潮流，已经成为中国对外贸易的发展趋势。

跨境贸易电子商务在我国发展势头极为迅猛，2010—2013 年，中国的海外购物交易额从 100 多亿元增长到超过 800 亿元。2013 年，中国内地的"海淘族"已达 1800 万人，预计到 2018 年将增至 3560 万人，年消费额达到 1 万亿元人民币。前瞻产业研究院发布的《2015—2020 年中国电子商务行业市场前瞻与投资战略规划分析报告》数据显示，2011 年跨境电子商务交易额达到 1.6 万亿元，同比增长 33%；2012 年跨境交易额达 2.1 万亿元，同比增长为 33.1%，增速远高于同期外贸增速；2013 年中国跨境电商进出口交易额达到 3.1 万亿元，同比增长 31.3%；预计 2016 年中国跨境电商进出口额将增长至 6.5 万亿元，年增速超 30%。据商务部统计，2013 年我国跨境电商平台企业超过 5000 家，境内通过各类平台开展跨境电子商务的企业已超过 20 万家。据中国电子商务研究中心监测数据，2014 年上半年我国跨境电子商务交易总额在 3 万亿元左右，其中跨境零售约 3000 亿元。我国跨境电子商务平台已经超过 5000 家，企业超过 20 万家。我国成为仅次于美国的跨境电子商务大国。

国务院于 2013 年出台《关于实施支持跨境电子商务零售出口有关政策意见》，开始从国家战略层面支持倡导跨境电子商务的发展。同年，批准上海、重庆、郑州、杭州、宁波五个城市作为跨境电子商务试点城市，之后又相继批准了广州、深圳、青岛等十余个试点城市。郑州作为首批获准跨境电子商务的试点城市，应充分利用先发优势，抓住外贸变革机遇，积极融入世界经济，成为区域经济引擎动力。

（二）主要试点城市跨境贸易电子商务发展情况介绍

上海、重庆、杭州、宁波、郑州和广州六个城市作为首批开展跨境电子商务服务试点城市，不断寻求跨境电子商务通关、结汇等方面的政策突破的改革之路。近年来，各试点城市分别利用地区资源，辅以相关政策支持，大力开展跨境贸易电子商务示范城市和示范基地的建设工作，通过两年的建设和实践，已初步取得了一定的成果。现从上海、宁波、杭州、重庆和广州五个试点城市来梳理一下我国跨境贸易电子商务的发展，并为郑州航空港实验区跨境贸易电子商务的发展提供思路与启示。

1. 上海

上海由专业的第三方支付平台（东方支付）建立信息平台，对接电商、物流、海关、外管等系统。由电子商务企业通过信息化平台将产品在海关预先备案。待买卖双方在网上达成交易后，信息化平台将交易记录上传至海关内部的管理系统，海关按照行邮税率预扣税款并回传二维码防伪标识。进口企业将该标识在启运地打印并贴在包裹上，在该包裹进入中国境内时，可通过走绿色通道，快速清关。清关后，信息化管理平台通过与外汇管理局对接，完成外汇结算。

上海跨境电子商务贸易试点模式为网上直购进口模式、网购保税进口模式、一般出口模式。目前，上海跨境贸易电子商务平台（简称"跨境通"）自 2013 年 12 月 28 日上线，逐步完善跨境服务三大模式，"跨境通"销售的产品类别主要是母婴、保健食品、箱包、服装服饰、化妆品五大类产品，集中在快消品领域，商品价格与实体店相比，可优惠 30% 左右。

截至 2014 年 12 月，上海海关直购进口模式成交约 2.4 万单，网购保税进口模式成交约 3.2 万单，合计货值逾 1700 万元。同时，上海海关已为 55 家电商企业、12 家物流仓储企业完成跨境电商备案工作，业务地区涵盖美国、韩国、澳大利亚、新西兰等多个跨境网购热点国家，跨境电商品牌集聚规模效应初步显现。目前，上海在自贸区外，松江区、嘉定区和普陀区均成为开展跨境电商区域。至 2014 年前三季度，上海市电子商务实现交易额达 9066 亿元，同比增长 28.1%。

2. 重庆

重庆的跨境电子商务试点特色在于其是全国唯一具有跨境电商服务四种模式全业务的试点城市，即包括一般进口、保税进口、一般出口和保税出口。

2014 年 6 月，重庆西永综合保税区重庆跨境贸易电子商务公共服务平台上线，跨境电商成为重庆西永永微电子产业园发展现代服务业的重点方向。至 2014 年 6 月，跨境贸易电子商务公共服务平台数据显示，半年时间平台累计验放清单 15.8 万单，成交金额达 4456.62 万元，共备案企业达 36 家，日用消费品成为重庆人使用跨境电子商务方式最爱采购的品种。预计重庆的跨境电商规模在 2014 年将达到 10 亿元销售额，预计 2015 年达 30 亿元销售额，2016 年达 50 亿元销售额。

3. 杭州

杭州建立了全国首个跨境电子商务产业园，由政府主导构建了与海关、国检、国税、外管、电商企业之间联网的信息化管理平台。出口企业可以通过电子商务信息化平台将产品向海关预先备案。出口时，企业将众多商品按照同类项归并（按海关六位编码进行归并）后以一般贸易方式向海关进行申报。海关审批、放行后，出口企业凭报关单进行结汇，并申请退税。在这一过程中，电商出口的商品可以先按清单申报，分批核放出境，再汇总成报关单报海关审核。

杭州跨境电商产业园为目前浙江省唯一集"保税进口"与"直购进口"模式于一体的全业务跨境贸易电子商务产业园，并设有跨境一步达（www.kjeport.com）。至 2014 年 11 月，已有 124 家商家入园开展业务，还有一批垂直电商平台和商家正在接洽之中。

双"十一"期间，共验放近 38 万单货物、价值 7157 万元人民币。目前，杭州经济技术开发区保税进口业务累计交易订单突破近 76 万单，位居全国 7 个试点城市前列。未来，杭州将在原有试点成果基础上，向国家申报中国（杭州）网上自由贸易试验区。

4. 宁波

宁波保税区主要从事跨境进口电商贸易，其依托保税区的优势，开展"保税备货模式"，即跨境企业在国外批量采购商品，通过海运备货到保税区制定的跨境仓内，消费者通过网络下订单，电商企业办理海关通关手续，商品以个人物品形式申报出区，并缴纳行邮税，海关审核通过后，商品包裹通过快递公司派送到消费者手中。

截至 2014 年 11 月 27 日，保税区已累计引进电子商务企业 230 家，其中获批跨境进口电商试点企业 117 家，上线 71 家，商品备案 7238 条，物流企业 4 家（EMS、顺丰、中通、中国邮政），仓储企业 2 家（富立、中海贸）。至 2014 年 12 月 26 日，已有 69 家电商企业申请能力认定考核，其中通过高风险能力认定 21 家，通过基本能力认定 45 家，未通过基本能力认定 1 家，审批和整改 2 家。同时，"跨境购"平台上线。

至 2013 年 12 月 7 日，宁波海关累计审批通过跨境贸易电子商务进口申报单 120.8 万票，货值 3.01 亿元人民币，共有来自全国各地 71.6 万名消费者通过跨境平台消费。宁波保税区跨境进口电商于 2014 年年底实现 3 亿元销量。2014 年 12 月 16 日，宁波保税区政企通服务平台完成验收，正式上线运行。

5. 广州

广州成为首批跨境电商试点城市之一，广东作为第一外贸大省，广东跨境电子商务交易额占全国交易总额的七成。广州跨境电商主要为 B2B、B2C 两种渠道，货品来自欧美和日韩，主要品类涉及母婴、轻奢、化妆品和鞋服等，跨境电商试点业务模式主要是一般出口（邮件/快递）、B2B、B2C 保税出口和 B2B 一般出口三类。

2014 年前三季度，广州市通过跨境电子商务合计进出口商品 7845 万美元，其中第三季度进出口 7488 万美元，进出口量约相当于上半年 357 万美元的 20 倍。广州海关网购保税进口业务量在全国 6 个进口试点城市中排名第二，零售出口业务量排名第一。2014 年 1—10 月，广州跨境电子商务零售（B2C）出口 4.8 亿元人民币，网购保税（B2B/B2C）进口货值 1.8 亿元，规模居全国第一。

2014 年 11 月 27 日，广州正式开通"21 世纪海上丝绸之路"跨境电商平台，并与中国东盟商务理事会签署了"21 世纪海上丝绸之路产业合作行动计划书"，以此支持广州跨境电商的发展。另外，随着广州自贸区获批在望，跨境电商在广州白云机场综合保税区的布局激战已经打响。

总体来看，各大试点城市正在逐步推出相应的跨境电商业务，或以进口保税为主，或以直购为主，或以出口为主等，五个城市的试点各具特色，取得了一定的进展，为探索建立跨境电子商务的管理制度和业务流程提供了一些宝贵的经验。但是目前试点刚刚起步，信息平台建设水平不高，试点用户规模发展缓慢，试点中暴露出来的问题为郑州航空港实验区未来跨境电商的发展提供了宝贵的经验和借鉴。

（三）郑州航空港经济实验区发展跨境贸易电子商务的意义

随着全球一体化的加深，电子商务经济正在重构世界经济格局。郑州作为全国首批"国家电子商务示范城市"和"跨境电子商务试点城市"，在发展跨境贸易电子商务方面具备多重优势，有着巨大的成长空间。

1. 战略意义

郑州是全国重要的交通枢纽城市，新亚欧大陆桥上的重要经济中心，未来还将成为全国普通铁路和高速铁路网中唯一的"双十字"中心。自郑州航空港实验区获得国家批准，成为全国首个上升为国家战略的航空港经济发展先行区，郑州航空港实验区积极打造内陆地区对外开放重要门户，占领河南发展"摩天岭"，为郑州"一带一路"构建丝绸之路经济带的枢纽做出突出贡献。随着陆港功能日益完善，跨境贸易电子商务取得试点，郑州的区位优势更加明显，郑州航空港实验区将成为内陆对外开放的新平台。

2. 经济意义

2012 年 12 月 19 日，海关总署在郑州召开了跨境贸易电子商务服务试点工作启动部署会，河南省省会郑州成为首批国家电子商务示范城市，且是首批跨境贸易电子商务服务试点城市。在快速发展的跨境贸易电子商务引领下，2013 年河南省电子商务交易额达到 4200 亿元，增长 30%；网络零售额达到 580 亿元，增长 50%。与此同时，河南与菜鸟科技签订了战略合作框架协议，与中国智能骨干网达成投资合作协议，与京东商城、苏宁控股的合作进一步深化，跨境贸易电子商务的试点方案入驻企业 100 多家，成功地吸引了美国亚马逊、eBay、德国敦豪等国际知名企业及阿里巴巴、天猫国际、邮政快递、顺丰等国内外知名企业参与，带动培育了一批具有河南本土特色电商企业。

因此，在受金融危机波及而导致传统外贸发展困境重重的形势下，跨境电子商务成为河南外贸发展的新希望，郑州航空港实验区跨境贸易电子商务的发展不仅为外贸企业带来了可观的经济效益，而且为河南外贸及经济发展提供了新的引擎动力。

二　郑州航空港实验区跨境贸易电子商务发展现状

为切实做好郑州航空港实验区跨境贸易电子商务试点工作，探索和规范跨境贸易电子商务管理，促进河南跨境贸易电子商务健康快速发展。郑州航空港实验区根据国家发展改革委办公厅等八部委办公厅联合下发的《关于促进电子商务健康快速发展有关工作的通知》（发改办高技〔2012〕226号）和《国家发展改革委办公厅关于组织开展国家电子商务示范城市电子商务试点专项的通知》（发改办高技〔2012〕1137号）精神，结合郑州航空港实验区实际情况，在河南省委省政府主要领导的统一指导、部署下，依托电子口岸建设机制和平台优势，实现外贸电子商务企业与口岸管理相关部门的业务协同与数据共享，解决制约跨境贸易电子商务发展的"瓶颈"问题，优化通关监管模式，提高通关管理和服务水平，主动探索开展了一系列促进跨境贸易电子商务发展的基础性工作，打造了服务于跨境贸易电子商务的综合服务体系，形成了具有郑州航空港实验区特色的跨境贸易电子商务发展模式。

（一）郑州航空港实验区跨境电子商务发展优势

近年来河南跨境贸易电子商务的发展有两个标志性事件：一是郑州航空港实验区的获批，郑州新郑机场综合保税区设立；另一个是2013年郑州获批成为跨境贸易电子商务服务试点城市。2014年，郑州航空港实验区跨境贸易电子商务发展的条件不断完备，在省委省政府的直接领导下，郑州航空港区电子口岸功能不断完善，在保税进出口的模式基础上拓宽了跨境电商监管模式，同时继续加快新郑综保区的发展，并持续深化机制体制创新，这些都为河南跨境电商的发展提供了更大的空间，郑州航空港实验区发展跨境贸易电子商务的优势越来越明显，未来郑州航空港实验区跨境贸易电子商务的发展将有无限的可能。

1. 推进河南电子口岸建设

电子口岸是经国务院批准、由海关总署牵头，会同国务院有关部门和地方政府共同建设的跨部门综合电子政务工程，以实现报关、报检、外汇核销、出口退税等口岸业务的无纸化办公，分为中央和地方两个层面。

电子口岸建设是开展跨境贸易电子商务的基础性工作，一方面可以为跨境进口电商企业缩短通关时间、降低物流成本、提升利润空间并解决灰色通关问题；另一方面可以为跨境出口电商企业提供通关、物流全程服务，解决收结汇和退税等难题。

河南省委、省政府审时度势，经过深入研究，于2013年正式启动河南电子口岸建设。郑州航空港实验区充分履行职能，不断完善口岸功能，加快建设河南电子口岸平台，并以电子口岸建设为载体加快推进便利通关，实现口岸监管模式创新、功能创新和多元化发展，构建"一站式"大通关信息服务平台，为河南进出口贸易企业融入国际经贸领域，促进和推动河南跨境贸易电子商务活动的发展和繁荣提供良好的通关环境。

（1）河南电子口岸综合服务中心项目。河南电子口岸综合服务中心项目总占地42.5亩，总建筑面积31487平方米，总投资约1.5亿元。2012年12月开工建设，2013年10月封顶，2014年6月正式投入使用。河南电子口岸综合服务中心包括国检办公区域、海关办公区域、河南电子口岸平台的五大中心（数据中心、监控中心、研发中心、呼叫中心和展示中心），同时兼顾联检单位和报关报检代理企业办公使用。

（2）河南电子口岸平台。河南电子口岸平台主要包括基础硬件支撑系统、统一数据交换系统、口岸业务类系统和增值服务系统四大系统。其中，基础硬件支撑系统提供电子口岸各类应用系统及数据资源的物理承载，确保政府与企业的数据应用安全、稳定；数据交换系统围绕"大通关"流程，提供口岸单位系统与电子口岸平台的"一点接入"，实现对各类数据标准的兼容与转换，形成口岸数据的落地与存管。

2014年6月，河南电子口岸平台完成平台建设相关合同的签署工作，8月2日平台投入建设，9月26日河南电子口岸门户平台上线试运行，11月28日河南电子口岸平台（一期）的开发工作顺利完成，2015年2月6日正式上线。河南电子口岸共包含六大类功能应用，涵盖21个应用子系统及269项交换数据内容。平台上线后，基本满足了机场空港、铁路、陆港、跨境贸易电子商务、肉类口岸、粮食口岸等特殊监管场所的系统应用需求。

电子口岸的建设，加快了政府管理部门与贸易经营企业之间信息流的传递，优化了通关作业流程，减少了企业作业成本，满足了河南省外向型经济蓬勃发展对口岸通关业务信息化的需求。以平台包含的关检合作"三个一"系统为例，原先企业报关需要录入73项数据，报检需要录入96项数据，共计录入169项数据，通过登录电子口岸平台，使用关检合作"三个一"系统，通过一个窗口即可实现同时报关报检，且只需录入92项数据，不仅为企业提供了极大的便利，也深化了关检通关合作，符合贸易便利化大趋势。

河南电子口岸平台充分借鉴了上海、浙江等地电子口岸的成功经验，利用了大数据、云计算、移动互联等新兴信息技术，系统开放性好，可以提供全天候、全方位服务，目前在规模、业务、技术等方面均处于全国领先水平。首先，河南电子口岸平台共涉及16个共建单位，其中14个单位已实现联动，是目前全国覆盖单位最多的电子口岸。据了解，上海覆盖的部门是9个、广州覆盖的部门是5个。平台架构既可以支持河南省目前所有口岸和特殊区域开展业务，又可以满足正在建设的肉类口岸、汽车口岸、粮食口岸、药品口岸开展业务的需求。其次，河南电子口岸六大类21个业务系统，是全国功能最全的，比现有最先进的上海电子口岸还多了5个业务系统，涵盖了"通关监管、物流服务、网上交易、电子支付"等通关作业环节，可以为企业提供通关通检、外贸协同、数据交换、结汇退税、防伪溯源等"一站式"综合服务。最后，为支撑跨境贸易电子商务试点，在借鉴杭州、重庆经验的基础上，河南电子口岸确定建设"全模式"的通关管理平台。支持全省特殊监管场所，既开展一般模式进口，又开展一般模式出口；既开展保税模式进口，又开展保税模式出口。还可以开展保税集货模式进口和保税集货模式出口，在目前全国"五加二"的7个试点城市中，是业务模式最全的。

未来，河南电子口岸将继续认真落实国家电子口岸发展"十二五"规划要求，充分发挥郑州航空港物流中心和陆港多式联运中心物流优势，抢抓全球经济一体化和国际国内产业转移的机遇，助力航空港引智试验区的发展，实现中原地区经济模式调整及战略转型。

2. 拓宽跨境电商监管模式

为探索适合跨境贸易电子商务发展的政策和监管措施，海关总署提出了一般进口、特殊区域出口、直购进口和网购保税进口4种新型通关监管模式。

"一般进口"模式是指采用"清单核放,汇总申报"的方式,电商出口商品以邮、快件分批运送,海关凭清单核放出境,定期为电商把已核放清单数据汇总形成出口报关单,电商凭此办理结汇、退税手续,并纳入海关统计;"特殊区域出口"模式是指电商把整批商品按保税货物报关进入海关特殊监管区域或者保税物流中心,企业实现退税:对于已入区退税的商品,境外网购该商品后,海关凭清单核放,由邮、快件企业分送出区离境,海关定期将已放行清单归并形成出口报关单,并纳入海关统计;"直购进口"模式是指境内个人跨境网购后委托代理公司向海关申报,有关企业将电子订单、支付凭证电子运单等实时传输给海关,商品包裹通过海关监管场所入境,海关按照个人邮递物品征税放行,并纳入海关统计;"网购保税进口"模式是指电商将整批商品运入海关特殊监管区域或保税物流中心特设的电子商务专区,按保税货物向海关报关入境,境内个人网购该商品后委托代理公司向海关申报,有关企业将电子订单、支付凭证、电子运单等实时运输给海关,海关按照个人邮递物品征税放行,并纳入海关统计。

郑州市跨境贸易电子商务服务试点启动后,各项工作进展总体顺利,但保税物流中心开发的跨境贸易电子商务(E贸易)信息平台至今仍未最终验收,政务平台未移交至电子口岸平台,试点企业仅局限在保税物流中心,且主要以保税进口模式为主,业务模式较为单一,一定程度上影响了跨境贸易电子商务服务试点工作。鉴于我省全面开展跨境贸易电子商务业务的紧迫性和重要性,郑州航空港实验区积极促进口岸发展,加快建设完成跨境贸易电子政务平台,在郑州新郑综保区拓展跨境贸易电子商务一般进出口、保税进出口业务模式,依托河南电子口岸平台,建立支持四种业务模式(网购保税进口、特殊区域出口、直购进口、一般出口)的跨境贸易电子商务通关服务平台及通关管理平台,扩大河南省跨境贸易电子商务业务开展范围,抢占市场发展先机,这是在第一批试点城市中试点范围最广的。

通关监管模式的多样性有利于充分利用郑州航空港实验区的资源和政策优势,全方面促进河南跨境贸易电子商务的发展,也为未来郑州航空港实验区跨境贸易电子商务的建设发展打下了坚实的基础。依据此目标任务，2014年，郑州航空港实验区已经逐步构建满足四种业务模式的管理、协调运行和服务保障机制，推动综保区、机场等符合条件的试点区域基础配套设施（综保区场站、口岸作业区、保税仓库、X光机分拣线等）建设，并根据试点业务模式，吸引跨境贸易电子商务参与企业（电商、物流商、仓储商、支付商等）入驻综保区。目前，已完成的工作有如下几个方面：

（1）信息系统建设。软件方面。郑州航空港实验区（综保区）管委会完成了满足四种模式的跨境贸易电子商务通关服务平台和通关管理平台等系统平台的设计开发。同时，针对河南保税物流中心前期已建设完成的保税模式电子商务通关服务平台和通关管理平台，完成了同郑州海关、河南出入境检验检疫局等方面的系统对接工作。

硬件方面。完成了跨境贸易电子商务通关服务平台和通关管理平台的网络设备环境搭建工作。

（2）业务监管区域的基础及配套设施建设。根据海关、检验检疫提出的"多点仓储，集中查验"监管要求，研究制定监管区域基础及配套设施（监管库房、围网、监控设备、X光机分拣线，以及海关、检验检疫查验和暂扣用房）。结合综保区实际情况，制定了三种监管区域选择方案：

一是在综保区口岸作业区内选定监管区域库房，并划分操作区块，搭建部署X光机分拣线，建设海关检验检疫查验和暂扣用房，满足四种业务模式需求。

二是在综保区场站内选定监管区域库房，划分操作区块，搭建部署X光机分拣线，建设海关检验检疫查验和暂扣用房，满足四种业务模式需求。

三是分别在综保区场站、口岸作业区搭建部署X光机分拣线及海关检验检疫查验和暂扣用房，以满足在各自区域内开展保税进出口模式业务及一般进出口模式业务的需求。

完善综保区内保税仓库及相关配套设施建设，包括地坪、消防、通风系统的改造，货架摆放，仓库管理系统部署及围网和监控设备建设等。

根据海关、检验检疫监管要求完成综保区口岸作业区的规划变更和外围改造工作，确保口岸作业区内机场货站可以开展一般进出口模式业务。

（3）企业招商。针对跨境贸易电子商务业务模式，制定相关优惠扶持政策，招引电商、物流商、仓储商、支付商等参与企业，并完成前期的注册备案等工作。

（4）正式上线试运行。完成项目验收工作，并持续运营和推广试点成果，进一步完善郑州跨境贸易电子商务综合服务体系，对一般模式业务和保税模式业务实施实单操作。

3. 加快新郑综保区发展

综合保税区是设立在内陆地区的具有保税港区功能的海关特殊监管区域，由海关参照有关规定对综合保税区进行管理，执行保税港区的税收和外汇政策，集保税区、出口加工区、保税物流区、港口的功能于一身，可以发展国际中转、配送、采购、转口贸易和出口加工等业务。

郑州新郑综合保税区，是围绕着郑州新郑国际机场逐渐发展起来的区域，于2010年10月24日经国务院批准设立，是全国第13个、中部六省第一家综合保税区，规划面积5.073平方公里，2011年11月4日正式封关运行。目前已封关面积（一期、二期）2.73平方公里。

2013年，全区累计生产苹果iPhone手机9645万部，实现工业总产值1446.85亿元；全区完成进出口货值357.88亿美元，占全省外贸进出口总额的59.7%；实现工业总产值1446.85亿元，成为河南首个超千亿元产业园区。进出口总额在全国32个综合保税区中排名第二，在113个海关特殊监管区中排名第四，被海关总署誉为"小区推动大省"的典范和内陆地区综保区的标兵。

2014年，在全国外贸进出口和监管区发展形势非常严峻的情况下，综保区继续保持强劲发展势头，全年累计完成进出口总值约388.2亿美元，同比增长8.47%，占全省进出口总额的60%。预计2015年进出口有小幅增长，出口约320亿美元。

河南是内陆省份，不像深圳、上海等有优越的沿边地理优势和一贯传统的优良外贸基础。但是随着新郑综合保税区的出现，局部范围内缩短了东中西部因地缘带来的外向型经济发展的差距，东部产业转移已经使河南在纺织、皮革、家具、小工艺等领域初步形成产业规模化，富士康进入河南又引领了高端IT产业及高端物流服务产业云集河南。目前郑州新郑综保区已封关区域内已入驻富士康、业成科技、天语手机、中国技术进出口公司、中外运、海程邦达、金象物流、上海畅联等20多家电子制造、物流、仓储贸易企业，主要开展保税加工、保税物流、保税维修及口岸作业等保税业务。

郑州新郑综保区于2012年12月获得海关总署批准成为全国"自产内销货物返区维修业务"试点之一，目前业务开展情况良好。在海关总署加贸司（加贸函［2014］4号）文中明确了原进口货物以一般贸易方式入区可享受出口退税的政策利好的推动下，未来综保区的维修业务有望进一步扩大。同时，结合复制推广上海自贸区14项海关监管政策新举措，我们也在积极推动郑州新郑综保区开展商品展示展销等业务，2014年3月，首届中法葡萄酒文化节在郑州航空港实验区隆重举办，本次文化节参展红酒首次借助综保区商品展示功能办理通关手续，共有来自法国十大葡萄酒产区100余家优质葡萄酒庄、3个世界顶级国际名庄及300多个国内外知名专业酒商参展销售。

另外，国家质检总局2013年12月30日批准河南为内地首个进口肉类口岸，进一步拓展了郑州新郑综保区的口岸功能，提升服务区域经济能力，目前项目于2014年12月20日已开工建设，计划工期240天，最快将于2015年8月建成。届时，日查验冷冻肉可达1200吨，将大大降低河南省进口肉类物流成本。

经过三年多的建设发展，综保区已成为航空港实验区经济发展的引擎，中原经济区外向型经济发展的"桥头堡"，对区域经济社会发展的带动作用越发明显。

4. 深化机制体制创新

积极推动实验区机制体制创新可以提高通关效率，降低企业物流成本，吸引更多企业入驻园区。郑州航空港实验区为加快跨境贸易电子商务的发展，结合综保区实际，不断推进贸易便利化，积极学习借鉴先进地区经验，主动推进综保区体制机制创新工作，为申建自贸区积累基础。主要工作情况有：

（1）积极推进河南电子口岸平台建设，加快全省区港一体化大通关体系建设。河南作为国家中部大省，不沿海、不沿边，经济水平与沿海发达地区相比有较大差距，缺乏口岸建设经验，电子口岸建设初期遇到种种困难。为弥补建设"短板"，加快电子口岸建设进度，省、市两级政府领导高度重视，积极组织相关人员赴上海、杭州、宁波、重庆等地学习先进城市的口岸建设经验，并研究确定由省政府口岸办作为召集部门建立联席制度，省领导担任省电子口岸领导小组组长，郑州海关、河南出入境检验检疫局、省边防总队、省商务厅等16家政府部门、企事业单位，联动推进电子口岸建设有关工作。

目前，通过河南电子口岸平台，河南进出口贸易企业可以足不出户，网上一次认证登陆，在线办理业务，享受口岸通关"一站式"的便捷服务。在便利企业的同时，也实现了口岸行政管理部门之间的执法数据联网核查及部门之间数据共享，从根本上解决业务单证弄虚作假问题，严厉打击走私、骗汇、骗税违法犯罪活动，创造公平竞争市场环境，带动河南对外开放工作体制机制创新，服务航空港实验区建设。

（2）扎实做好上海自贸区14项海关监管创新制度的推广复制工作。2014年上半年，上海自贸区新出台了关于自贸区发展的14项海关监管创新制度，各地海关特殊监管区域争相开始了复制推广工作，不断推进贸易便利化，为申建自贸区积累基础。做好上海自贸区政策复制推广工作可扩大内陆开放型经济新体制，加快综保区科学发展，进一步推动实验区体制机制创新，提高通关效率，降低企业物流成本，吸引更多企业入驻园区。

经过各方共同努力，目前郑州航空港实验区复制推广工作进展顺利：9月完成"批次进出集中申报"、"保税展示交易"、"区内自行运输"、"加工贸易工单式核销"和"境内外维修"五项监管创新制度推广复制；10月完成"统一备案清单"、"简化通关随附单证"和"集中汇总纳税"三项监管创新制度推广复制；11月完成"保税物流联网监管制度"推广复制，富士康、天语等入驻企业尽享海关监管制度创新带来的红利。这些监管创新制度进一步简化了企业通关手续，加快通关速度、降低运营成本。11月12日，河南日报以《上海自贸区8项海关监管创新制度落地，郑州航空港"自贸区制度"给企业带来红利》撰文实验区复制推广14项海关监管创新制度进展顺利，且该文经省政府网等重要媒体转载，社会影响巨大，大大提高了郑州海关特殊监管区市场知名度。

2014年以来，到郑州航空港区口岸局进行入区注册的通关贸易类、物流类企业明显增加，郑州航空港实验区通过不断提高企业服务质量，加快三期围网等基础设施建设，努力做好企业的保障工作。

（二）郑州航空港实验区跨境贸易电子商务业务发展情况

1. 加快推进跨境电子商务通关服务平台的建设

为加快推进开展跨境贸易电子商务，郑州航空港实验区前期多次与上海亿通、阳光捷通等跨境电商平台的优秀建设方沟通交流跨境电子商务通关服务平台的建设事宜，并与优传集团、中外运、天猫国际、京东商城等展开前期合作洽谈，为尽快形成较为成熟的跨境贸易电子商务服务商业运营体系打下基础。

2. 加速成为全球重要的智能手机制造基地

截至 2014 年 12 月，郑州航空港实验区在运行手机生产线 106 条，累计生产手机 1.189 亿万台，同比增长 23.28%，具备年产 1.5 亿部智能手机的生产能力，区内企业生产苹果手机占苹果公司全球产量的 70%，已发展成为能够影响世界智能手机市场的制造中心之一。

3. 发力带动全省电子信息产业发展

郑州航空港实验区电子信息产业产值已占全省电子信息产业产值的70%，并带来配套生产厂商 100 多家，实现了郑州产业结构的信息化、轻型化、高新技术化。

4. 全面拉动航空物流业发展

郑州航空港实验区生产的苹果手机 85% 是通过航空配送到世界各地，有了稳定增长的货量，2014 年郑州机场完成货邮吞吐量 37.04 万吨，同比增长 44.86%，货运行业排名由 2013 年的第 12 位跃居第 8 位。在客运方面，旅客吞吐量突破 1580 万人次，同比增长 20%，增速位居全国 20个大型机场首位。

（三）郑州航空港实验区发展跨境贸易电子商务的服务管理创新

1. 郑州航空港实验区发展跨境贸易电子商务的服务创新

郑州航空港实验区跨境贸易电子商务服务创新主要体现在通过构建跨境贸易电子商务服务平台，为跨境贸易电子商务活动提供所需的服务和必要的监管。郑州航空港实验区跨境贸易电子商务服务平台电商及电商平台、物流商、金融服务机构为服务，并制定相关跨境贸易电子商务通关、结汇、退税等方面的管理办法及标准规范，通过建设进口服务、出口服务、用户管理、外部数据接入、安全认证保障、应用支撑、基础支撑等系统构建郑州航空港实验区跨境贸易电子商务服务平台。服务平台降低跨境贸易电子商务企业进出口成本，解决跨境贸易电子商务所有适用问题的方案及海关监管流程，并且探索可以推广的跨境贸易电子商务服务信息平台，使跨境贸易电子商务拥有一条国家法律认可的快速通道。

2. 郑州航空港实验区发展跨境贸易电子商务的物流服务创新

（1）郑州航空港实验区跨境物流服务战略。首先，在政府层面把郑州航空港实验区物流服务战略上升为大交通大物流战略：建设覆盖中西部、辐射全国、连通世界的内陆型现代物流中心，打造产流互动、产城互融、宜业宜居的"智能物流新城"。其次，通过建设国际物流园区与航空物流园区实施引进来的战略。其中，郑州国际物流园区立足"内集外输、外进内疏"的功能定位，通过提供保障用地、税收优惠、奖励补贴实施引进来的战略，使国际、国内领先物流企业和先进物流业实现集聚；航空物流园区则以航空快递和国际中转物流业务为主，通过起飞前的报关、通关和检验检疫等快速地配合，实现航空货运的速度优势，如郑州航空港已获批通往 13 个国际城市的航空快件总包直封权，可实现"当日寄出，次日抵达"。最后，郑州机场实施走出去的战略，对世界全货运航空巨头卢森堡货运航空的收购，并将郑州机场作为其全球第二个枢纽机场，每周有四班货运班机从卢森堡芬德尔国际机场飞往新郑机场，使郑州航空港经济实验区跨境物流向着国际物流战略联盟发展，增强资源整合能力。

（2）郑州航空港实验区跨境物流服务对象。郑州国际物流中心以发展特色行业物流为主，如食品冷链、医药、钢铁、汽车、家电、纺织服装、邮政、粮食、花卉、建材等特色行业物流，根据各个行业特点、产业基础、集聚功能和合理辐射半径等因素，实行一业一策，规划布局物流分拨配送区域、节点城市和配送网络，推动特色行业物流发展，为跨境物流提供专业化和综合性的服务。

（3）郑州航空港区跨境物流服务手段。跨境物流服务手段体现在两个方面：一方面，因地制宜发展多式联运。截至 2014 年年底，郑州机场共开通航线 143 条，全货运航线 33 条，其中国际货运航线 19 条，全货机通航城市 34 个，每周计划全货机航班达 92 班，货邮量在全国机场排名升至第 8 位，今年计划引进春秋、东海等航空公司，计划加密、新增航线 20 条以上，计划引进澳大利亚、阿提哈德、大韩、仁川等货航公司，新开悉尼、迪拜、大阪等全货机航线，确保货邮吞吐量增长 30% 以上，力争达到 35 万吨，基本形成通达全国主要城市和欧美亚的航线网络。除了比较完善的空中货运网络，2013 年郑州机场还开通了北京、上海、重庆等 13 个主要城市的"卡车航班"，提高了航空辐射区域，使郑州航空港实验区跨境物流服务在成本、速度、质量等方面具有明显的竞争优势。另一方面，建立物流生态圈提高物流服务整合能力，通过高效处理库存、仓储、订单处理、物流配送等相关环节，整合最佳资源，为跨境贸易电子商务提供综合性的供应链解决方案。

（4）郑州航空港实验区跨境物流配送形式。第一，发展以海外仓储为核心的跨境贸易电子商务全程物流服务商，通过对不同卖家需求的不同货运方式拼装组合，大大缩短配送时间，提高配送效率；第二，在目的地国家和地区设立配送中心，既降低物流成本又提高了客户售后服务质量；第三，开辟多边战略合作物流专线，实现快速通关，加快配送速度，提升消费者体验。

3. 郑州航空港实验区发展跨境贸易电子商务的社会信用体系建设创新

（1）建立和健全电子商务出口信用体系和信用机制。依托郑州航空港致力于建立和健全电子商务出口信用体系和信用机制，通过建立电子商务认证中心、社会信用评价体系，完善相应的法律、法规构建的社会信用约束体系，严肃查处商业欺诈，打击侵犯知识产权和销售假冒伪劣产品等行为，不断完善电子商务出口信用体系建设；健全跨境电子商务信用机制，建立监管信用管控和消费维权机制，保障跨境电子商务企业及商品在国外市场的良好信誉，维护国外消费者的消费安全。

（2）建立跨国消费维权渠道。郑州航空港实验区通过与跨境贸易电子商务双方政府机构和行业组织合作，共同解决跨境贸易电子商务信用体制问题，共同打击各种跨境电子商务活动中的不法主体和侵权行为，探索建立郑州航空港实验区跨国电子商务消费维权渠道，保护知识产权，加大对郑州航空港实验区跨境电商主体及交易活动的监督力度，建立对其违法行为的跨国追溯机制。

4. 郑州航空港发展跨境贸易电子商务的人才培养方式创新

（1）校企对接培养多层次人才。郑州航空港实验区率先实施校企对接培养阶梯式跨境贸易电子商务人才，港区企业与目标高校沟通其未来人才需求计划，相关高校则根据企业实际需要，调整相关专业设置和教学目标，为企业培养其所需要的科研型、管理型、应用型等不同层次的电子商务人才。

（2）政府主导为人才培养提供服务平台。由郑州航空港实验区与河南省教育厅建立长效合作机制，在人才引进、人才培养、人才激励等方面实现信息资源互动共享，联合建立人才跟踪评价机制，共同建立大学生假期社会实践基地，在人才引进、培养方面突出大中专学校设立人才培养基地、共建人才储备库。为企业、高校、科研机构实现"产学研用"电子商务人才对接培养提供服务平台。

（3）校企合作培养创新人才。充分整合行业资源，将企业引入校园。如郑州师范学院成立的河南省电子商务继续教育基地采用校政企合作的人才培养新模式，在培养功能上分为培训中心、实训中心、孵化中心、科研中心，满足了电子商务人才培训的全部环节，为郑州航空港实验区跨境电子商务发展对人才的需求提供了保障。

三　郑州航空港实验区发展跨境贸易电子商务中存在的问题

（一）外部竞争激烈

近年来，随着全球市场需求结构的变化、人们购物习惯和购物环境的改变，加之我国对跨境电子商务的重视程度不断增加，特别是跨境电子商务试点城市批复以来，多地区均意识到跨境电子商务将成为带动区域经济发展的重要增长点，纷纷对跨境电子商务的发展给了相关的支持，各地跨境电子商务业务正如火如荼地开展。以宁波为例，其虽是继郑州之后批复的跨境电商试点城市，但其积极建设的跨境贸易电子商务产业园已初具规模；其出台跨境电子商务服务方案，进行相关试点改革；并已在跨境进口电子商务方面依托宁波保税区发展进口保税备货模式，推出以"跨境购"为平台的跨境电子商务一站式综合网络服务基地。宁波"跨境购"通过天猫国际合作参与了2014年"双十一"活动，当日成交58.8万单，成交额达1.13亿元，在全国13个跨境电子商务试点城市中居首位。

（二）缺少支撑企业

跨境电子商务发展的关键是具有竞争力强的实体货源和便利发达的物流体系。传统对外贸易主要运输方式为水路运输，因此，我国东部及沿海地区逐步集聚原材料、劳动力、技术等生产要素，成为传统外贸的主要制造地，由此形成一大批具有国内外知名度的生产制造企业及大批外贸企业，其在向跨境电子商务转型发展过程中，具有货源优势和技术优势。借助郑州航空港和保税物流中心，郑州发展跨境电子商务具有航空物流航线多、速度快的物流优势和保税进口的低成本、速度快优势，但缺少具有雄厚资金实力、丰富技术经验的生产制造企业的支撑。

（三）内部协调困难

郑州跨境电子商务试点服务实施以来，省市政府和郑州海关不断优化监管方案，改革跨境电子商务发展过程中存在的结汇、退税、通关等问题。2014 年第一季度，郑州航空港实验区跨境电子商务验放货物 1.8 万票，进出口商品 803.7 万元，备案商品 2.4 万项，取得一定硕果。但由于跨境电子商务涉及环节较多，出现部门间某些问题难以协调、商检政策不连续使电商供应商难以取得相关单证等问题。各部门间缺乏互相配合和共同协作的机制，导致郑州航空港实验区跨境电子商务丧失我国首个跨境电子商务试点城市的先发优势。

（四）专业人才匮乏

跨境电商作为朝阳产业刚刚起步，国内几大电商企业的成功上市更是为跨境电商发展注入动力，但目前专业人才的缺乏是制约跨境电商进一步发展的重要因素。跨境电商需要兼具国际贸易和电子商务知识的复合型人才，目前，企业很难直接招聘到此类人才。招聘网站"前程无忧"分析预测，跨境电商行业未来十年的人才缺口约为 200 万，随着电商业务的发展，缺口将进一步扩大。郑州航空港实验区发展跨境电子商务面临专业人才匮乏的局面。

（五）征税退税困难

目前，跨境电子商务主要以快件的方式，无法提供报关单，因而大部分卖家没有办法缴税，同时也享受不到出口退税的好处。另外，跨境电子商务是通过网络等信息交流平台来进行的，这就使得税务机关难以掌握交易双方的具体交易情况，不仅使得税收的源泉扣缴的管控手段失灵，而且客观上促成了纳税人不遵从税法的可能性，加之税收领域现代化征管技术的严重滞后，都使依法征税变得苍白无力。

（六）交易信用缺失及安全隐患突出

电商是基于互联网上一种虚拟的网络商务模式，交易双方具有显著的信用不确定性。国内电商为交易信用问题头痛，而跨境电商却因国内供应商的假冒伪劣及产品质量问题使前进的脚步受到阻碍，不仅有因侵犯知识产权而被海关扣留的仿冒产品，更是发生国内知名外贸电商网站信用欺诈事件，使得跨境电商的信用及安全问题十分显著。

（七）通关效率低下

跨境电子商务与国内电子商务相比，必然会涉及海关通关监管与征税。一方面，大量的货物通过快件渠道和邮递渠道进境，给海关传统的货物监管与征税带来了挑战。另一方面，企业和社会要求海关要进一步提高通关效率，特别是一些电商企业的跨境贸易出现了难以快速通关、难以规范结汇以及难以出口退税等问题。同时，针对跨境邮递货物、物品的退换货问题，现行的海关监管模式也存在困难。

（八）跨境物流服务的发展滞后

主要表现在：第一，物流体系建设欠合理，基础配套设施建设有待完善。通常来讲，跨境电子商务较国内的电子商务，对于物流的要求更高，比如需要建立一个囊括跨境的仓库、计税和运输等诸多问题，因此需要一套成本低、速度快的高效物流体系。而郑州航空港区的跨境物流已经明显滞后了。第二，物流的信息化程度较低，无法满足爆发式增长的跨境电子商务交易需求。第三，物流人才匮乏。跨境电子商务是一项复杂的系统工程，涉及互联网技术、国际贸易、国际支付、国际物流、进出口报关报检、国际营销、法律、外语等多项技术和知识的融合，对复合型人才的需求十分旺盛。但是，人才相对稀少的问题短期内还不能有效解决。

四 郑州航空港实验区跨境贸易电子商务未来发展方向及对策

（一）加强郑州航空港实验区无纸贸易能力建设

郑州航空港实验区需要实现区域内的跨境信息共享，无论是国内的增值网络服务供应商、公共服务部门，还是国外的相关机构和国际组织，都应加强在无纸贸易能力建设方面的经验交流，如技术、法律、社会和环境等领域。对于无纸贸易来说，无纸贸易的实现依赖于不同部门间的数据交换，如不同商业机构之间、商业和公共服务机构之间以及政府和其他非商业公共服务部门之间等。由于这些机构各自业务文件的保存格式和方法各不相同，因此贸易相关文件的处理往往非常复杂和烦琐，为提高贸易效率，必须整合全球供应链信息。郑州航空港应为无纸贸易的发展指明方向，由政府主推，强调私人和公共服务合作伙伴间的合作，促进单一窗口模式的实现，将单一窗口系统作为实现无纸贸易的目标。

（二）深化郑州航空港实验区航空物流区建设

航空物流的发展得益于高科技产业链的形成，只有航空物流园区实现高效运作，才能够吸引国际知名物流企业和航空物流企业入驻，为航空物流发展创造拉动效应，形成良性循环局面，真正实现临空经济的大发展，从而极大地促进城市经济的高速发展。成功的国内外案例非常多，中国香港机场、新加坡樟宜机场、韩国仁川机场都是先发展航空物流产业园，吸引优秀物流企业入驻，进而吸引大型跨国企业进入，从而形成世界级的航空货物集运中心，这为郑州航空港实验区发展航空物流提供了值得借鉴的经验。

（三）建立区域电子商务协同工程

郑州航空港实验区应建立区域间的电子商务协同工程，形成一个开放、中立、安全、合法的第三方电子贸易服务平台，使其在国际采购及物流和电子金融服务的整个过程中都能实现通信的互联，包括以物流单证为核心的行业协同和以订单为核心的跨区域协同。在实施基础上，应进一步促进贸易单证的标准化，并在标准化基础上进行电子化。在业务保证上，应制定一整套电子贸易规则与流程。在环境打造上，应提供电子贸易的技术、安全、法律保证。

（四）提高政策透明度，保证跨境贸易环境的公平

公平高效的跨境电子商务体系需要以高度透明的政策体系为依托，郑州航空港实验区应建立自己的网站，并通过各种媒体发布有关的法律、法规、政策和重要信息。郑州市政府要精准定位，在制定好"游戏规则"后，做到真正的放权，让市场和企业自身来解决问题。另外注意加强有关政府网站的及时更新，努力将有关政策法规翻译为英文和其他语言，以方便贸易伙伴阅读和理解，同时应进一步提高与跨境电子商务相关的执法或行政处理过程的透明度，以保证跨境贸易环境的公平，在政策制定过程中，各项制度的出台要同国际接轨，在金融、航运、商贸、专业服务等行业政策制定上充分对接 TPP、TTIP 等国际协议，以利于更好地融入国际贸易体系。

（五）促进郑州航空港实验区跨境电子商务贸易信用体系的完善

完善的社会信用体系是跨境电子商务贸易顺利进行的基本要素，因此，一是加强诚信宣传、树立诚信意识和信用消费习惯，培养整个社会的信用风尚；二是加快整个社会信用体制的建立，完善与之相关的各项法律

规章制度；三是建立和完善参与跨境电子商务贸易的企业和消费者的信用评价与监管机制，建立诚信档案，促进和扶持第三方信用评估业发展，对于失信行为进行及时处理，提高失信行为的成本，从根本上加大交易主体的失信风险，使其不敢也不能失信。

（六）强化海关现代化管理理念，提高通关效率

对于航空物流的发展来说，突出快捷的优势、简化通关手续、改善监管方法、提高通关效率是促进郑州航空港实验区航空物流发展的前提和保证。郑州海关要积极学习先进的管理办法，通过理论创新、制度创新和科技创新实现海关管理的现代化。

（七）加强跨境电子商务的人才培养

跨境贸易电子商务需要复合型专业人才，人才是保证郑州航空港跨境贸易电子商务快速发展的根本。因此必须进行现代化人才的培养和供给。

首先，要考虑校园人才的订单培养。河南省各大高校纷纷开设现代物流管理专业，郑州航空港实验区的大中型企业可以主动与学校进行合作，开展订单培养，增强学生在校学习的针对性和专业化。各大高校也要进行恰当的校企合作，改进人才培养方案，提高教师的实践能力，培养出的学生要真正满足市场的需要。

其次，进行在职人员的培训。在现职人员中挑选理论基础、业务水平、敬业精神等综合水平高的员工进行储备干部的培养。

最后，还可以适时聘请国内外专家到企业来进行培训，也可以从国外聘请高层管理人才，补充新鲜血液，形成管理理念的冲击和革新。

总之，培养一个学习型的组织文化，保持人才的持续进步和足够的人才储备是保证郑州航空港实验区跨境贸易电子商务顺利发展的必备条件。

郑州航空港实验区电子
商务发展现状与展望

杨剑锋

电子商务，英文 Electronic Commerce，简称 EC，也称 E - Business。通常是指在全球各地广泛的商业贸易活动中，在互联网开放的网络环境下，基于浏览器/服务器应用方式，买卖双方不谋面地进行各种商贸活动，实现消费者的网上购物、商户之间的网上交易和在线电子支付以及各种商务活动、交易活动、金融活动和相关的综合服务活动的一种新型的商业运营模式。

目前，电子商务作为一个不断创造纪录的新兴产业，在我国保持持续快速增长的势头，尤其在经济发展方式转变、产业升级和流通现代化进程中发挥着重要的作用。电子商务已经成为拉动国家内需，扩大消费，促进就业的重要途径之一。电子商务信息化产业已列为我国《十二五规划》中七大新兴行业之一。

2008 年以来电子商务的新型经济活动，在金融危机中一枝独秀，正以前所未有的速度迅猛发展，越来越凸显在国家发展中的重要地位。电子商务已经成为主要发达国家增强经济竞争实力，赢得全球资源配置优势的有效手段。截至 2013 年年底，中国电子商务市场交易规模达 10.2 万亿元，同比增长 29.9%。其中，B2B 电子商务市场交易额达 8.2 万亿元，同比增长 31.2%。网络零售市场交易规模达 18851 亿元，同比增长 42.8%。

一 郑州航空港实验区电子商务发展现状

2013 年 3 月 7 日，国务院批复《郑州航空港经济综合实验区发展规划 (2013—2025 年)》。作为国家批准的首个以航空经济为主题的实验区，其规划、发展受到国务院、河南省政府、郑州市政府有关部门及相关产业部门的高度重视。现代航空港建设，既要连通世界、辐射全国，也要满足今后商品交换的全球性、即时性需求的发展趋势。因此，电子商务产业的发展对于郑州航空港实验区的发展具有至关重要的作用。

（一）郑州航空港实验区电子商务的发展概述

郑州航空港实验区作为内陆地区对外开放重要门户和中原经济区的核心增长极，就需要在内贸、外贸两方面做文章，在主要的国内城市和国际城市之间建立起密切的沟通机制，让全球化供应链的物流、信息流、资金流通过郑州航空港这个枢纽联系起来，并能够更顺畅地自由流动。

郑州航空港实验区依托郑州大型航空枢纽建设和航空港经济集聚发展，搭建起立足中原、服务中西部、连接世界的对外开放新平台，实现内陆地区与国际市场的直接对接。通过提升航空港开放门户功能，推进综合保税区、保税物流中心发展和陆空口岸建设，完善国际化营商环境，提升参与国际产业分工层次，构建开放型经济体系。

因此，郑州航空港实验区必须以大信息网络来支撑现代智能航空都市的建设，借助航空物流、信息通信、物联网、大数据等技术进行资源的全球配置，大力发展服务外包、离岸制造、电子商务等新型业态。电子商务产业作为郑州航空港实验区的支柱产业，电子商务产业的发展一直备受关注。

按照《郑州航空港经济综合实验区发展规划（2013—2025年）》，郑州航空港实验区已开展跨境贸易电子商务综合改革试点，在进出口通关服务、结售汇等方面先行先试，加强与国内外知名电商的战略合作，搭建安全便捷的商业交易应用服务平台，建设全国重要的电子商务中心，研究探索建设跨境网购物品集散分拨中心。以电子商务推动传统商业模式创新，实现实体购销渠道和网络购销渠道互动发展，推动名牌名店商业街区建设。条件成熟时，在郑州机场扩大出境免税店。

2014年8月，郑州市政府出台了《郑州市电子商务发展规划（2014—2020）》，指出，到2020年电子商务要成为郑州经济和社会发展的主要组成部分之一，国际电子商务港与网上商都成为郑州在电子商务经济时代的城市名片。按照规划，航空港区将主要建设以跨境电子商务、航空物流、仓储服务等为特色的电子商务产业园区。在郑州航空港的战略定位和产业布局中，位于空港北侧的城市综合性服务区将建设高端商务商贸区、科技研发区，重点发展航空金融、服务外包、电子商务、文化创意、健康休闲等产业，建设生态、智慧、宜居新城区。郑州航空港实验区电子商务包括了跨境贸易电子商务、国内贸易电子商务两大部分。

（二）郑州航空港实验区跨境电子商务的发展

继郑州新郑机场综合保税区设立、郑州航空港实验区获批之后，2013年郑州又获批成为跨境贸易电子商务服务试点城市，正式启动河南电子口岸建设。此外，郑州还是全国重要的交通枢纽城市，新亚欧大陆桥上的重要经济中心，未来还将成为全国普通铁路和高速铁路网中唯一的"双十字"中心。因此，郑州航空港实验区发展跨境电商优势明显。与传统外贸相比，跨境电商可以有效地节约资源和降低对外贸易的综合成本。电商平台拥有商品智能检索、商品信息公开、消费者反馈公开、传播速度快、支付便捷等多方面优势，为中小型企业进入国际市场开辟了捷径，也为本土知名品牌提供了提升国际知名度的良机。

2011年河南跨境电子商务交易额约为1.6万亿元，2012年达到2万亿元，增速超过25%，而同期河南对外贸易的增速只有6.2%。2014年11月，河南保税物流中心的业务量呈现出了爆发式增长的态势，一个月突破10万包。12月将实现当月突破20万包的业务量。

郑州航空港实验区正在建立大通关机制，推进电子口岸建设。目前，河南电子口岸平台项目（一期）已开发完毕，数据专线铺设完成，机房硬件设备基本上架安装完毕，正加紧进行设备联调测试和软件部署工作，确保河南电子口岸平台如期上线试运行。同时，根据监管单位需求和企业业务需要，积极推进通关一体化、关检合作"三个一"、跨境贸易电子商务通关服务平台及管理平台的建设工作。尽快完成跨境贸易商业平台二期建设，努力打造河南有影响力的大型跨境电子商务平台。

此外，河南省跨境贸易电子商务商品质量检测中心及网上产品质量监管担保服务中心建设项目正在进行选址，正签订补充协议。这些项目的完成将为促进郑州航空港电子商务产业的发展提供坚实的基础。

随着郑州保税物流中心的"E贸易"开通运营，跨境电子商务平台企业的招商推广力度也在不断加大。为扩大郑州市跨境贸易电子商务试点开展范围，探索在郑州机场口岸、新郑综合保税区、铁路口岸、出口加工区、邮政口岸等多模式、多载体、多元化开展跨境贸易电子商务业务。根据海关总署2014年第56号、57号公告文件精神，按照省委、省政府的相关工作部署，我区在依托河南电子口岸平台的基础上，大力推动满足四种业务模式（直购进口、一般出口、网购保税进口、特殊区域出口）的跨境电子商务通关服务平台与管理平台的建设，加快推进郑州跨境贸易电子商务发展。

为进一步促进跨境电子商务的发展，目前口岸局正在草拟《郑州跨境贸易电子商务多元化试点工作实施方案》，与优传集团、中外运、美国 Foraise Technologies, Inc. 已展开前期合作洽谈，为尽快形成较为成熟的跨境贸易电子商务服务商业运营体系打下基础。

（三）电子商务产业的发展与建设

由于菜鸟、UPS、顺丰等多个电商服务、快递物流等公司已经入驻航空港区，快捷的货物分拨体系（航空货运、"米"字形高铁）、完善的跨境电子商务体系和快速的信息通道等都成为吸引电商企业入驻的关键因素，尽快进保税区、尽量享受政策，已成为各路电商共识。

2014 年电子商务及物流产业的引入取得了较大的进展，完成了唯品会中部地区运营中心项目、顺丰电商产业园、苏宁云商华中区域枢纽、聚多云电子商务产业园项目、宝湾国际物流中心项目等 10 个电商及物流项目的招商工作。新增郑州嘉瑞供应链管理有限公司、郑州中汐物流有限公司等两家规模以上电子商务服务类企业入驻港区。通过越来越多电子商务及物流项目的引入，初步实现了电子商务产业的实心化，逐步形成了产业集群式的发展趋势。

为进一步促进电子商务产业的聚集和战略合作，2014 年 11 月 29 日，中部国际电子商务产业园开园暨签约仪式在郑州航空港实验区举行。省市各级领导出席了开园仪式。中部国际电子商务产业园总投资 25 亿元，总建筑面积为 46 万平方米，分两期实施，一期总建筑面积约 16 万平方米，二期总建筑面积 30 万平方米。其中一期已具备入驻条件，主要划分为"电商产品体验区"、"电商办公区"、"电商孵化区"、"智能仓储区"、"综合服务区"和"生活配套区"六大功能区域。中部国际电子商务产业园区制定了产业扶持政策，对入园电商企业给予发展扶持。目标是打造成为立足郑州航空港实验区、影响中西部地区产业转型、开放发展的电子商务全产业链综合服务园区。

目前，产业园内设置有园区管理服务中心。实验区商务局、口岸局、工商分局等单位已经入驻，同时与税务、海关、国检等部门还建立起业务联系，为入园企业提供"一站式"行政服务。服务中心还设有日常办公、物业、法务等服务窗口为入园企业提供日常服务。

中部国际电子商务产业园的成立，对于电商和快递企业的合作是一个绝佳机会。物流公司和电子商务企业实现了无缝对接和合作，大大提高了集群效应。园区在谈意向企业96家，已经签约入驻企业47家，主要有唯品会、航投臻品、雪阳电商、买果果等。目前，园区入驻企业正在进行装修施工。

菜鸟骨干网项目工商预核名、临时施工道路、围墙修建已完成，一期364.5亩土地已批回，正与项目单位沟通项目设计工作。传化物流、友嘉等项目已完成工商预核名、土地放线清表等工作。TCL集团股份有限公司将投资75亿元建设现代化电商自动分拣配送中心，计划占地300亩，总建筑面积约12万平方米。顺丰电商产业园项目已完成选址、立项、土地放线、控规公示等前期工作，目前已委托设计单位进行施工图设计。

此外，在航空港区经开局的服务和帮助下，郑州市大北农饲料科技有限公司被认定为郑州市电子商务重点示范企业。

（四）电子商务信息设施的建设

现代航空港与信息化的关系，以大信息网络来支撑现代智能航空都市建设。要高起点、高标准、高水平地建设郑州航空港就必须通过信息化促进现代航空港发展。随着信息通信网络和航空运输的快速发展，世界变平了，经济全球化趋势在继续加快。

郑州航空港的高效运转，将为内陆地区真正实现对外开放打开一扇门，让产品、资金和信息在内陆地区与外界充分交换，尤其通过大数据深度加工，物流和资金流更加"有的放矢"，市场各个参与主体能够更充分地了解市场信息，有利于市场在配置资源过程中发挥决定性作用。这些信息通信基础设施，须按国际化的标准进行建设。机场核心区域的智慧物流系统，也需要国际一流信息通信基础设施的支撑。

航空港实验区经济发展局协助河南省工信厅等筹办开展了"第十一届中国信息港论坛'大信息港支撑航空港'"的活动，促进了电子商务产业信息支撑等基础设施的发展。目前相关的信息基础设施还在进一步建设中，相关的信息企业还在引进中。

（五）电子商务物流体系的建设

郑州航空港正在加快推进连通外部的公路、铁路建设，构建以空港为中心的放射状陆路交通网络。现有的交通体系规划已完成，将建成登封至商丘、机场至周口等地方高速公路，与京港澳高速、机场高速和郑（州）民（权）高速共同构成"三纵两横"高速公路网。升级改造 G107 相关路段和 S102、S223、S221 线，形成"五纵六横"干线公路网。建成郑州东站至郑州机场至许昌、郑州机场至登封至洛阳、郑州至焦作、郑州至开封等城际铁路。加快建设以郑州为中心的"米"字形铁路网，更好地服务于航空港发展。

在航空港实验区的发展规划中，将进一步加快陆空联运体系建设，形成航空、公路、铁路高效衔接、互动发展的联运格局。推动建设一批布局合理、功能完备、集疏便捷的综合性场站和设施，提高转运综合服务能力。发展卡车航班，建设区域性卡车转运中心，打造航空货物"门到门"快速运输系统。建设完善高铁货运基础设施，积极发展高铁快递业务。

加强海关特殊监管区域空陆联运设施建设，发挥海关特殊监管区域货物集拼、转运功能。目前正在进行郑州机场和郑州高铁客运枢纽站的建设，从而实现空铁联运，逐步发展成为全国重要的客运中转换乘中心。

二　郑州航空港实验区电子商务发展存在的问题及面临的形势

郑州是国家电子商务示范城市，2014 年年初支付宝曾发布 2013 全民年度对账单，郑州市支付宝用户人均网上购物消费 6025.51 元。不过，河南的电子商务发展，与发达地区仍有差距。2014 年 6 月 4 日，阿里研究院发布《2013 年中国城市电子商务发展指数报告》，在城市电商报告中，河南的电子商务发展指数仅为 7.69，在全国排名第 31 位。网购消费者密度较高的城市中，郑州排第 17 位。郑州航空港实验区作为郑州市一个新兴的经济实验区在电子商务方面还处于起步阶段，面临着许多问题。

（一）郑州航空港实验区在发展电子商务中存在的问题

郑州航空港实验区把发展电子商务作为带动航空港发展的八大产业的重要组成部分，取得了巨大的成绩，但还存在许多问题。

1. 航空港实验区内电子商务意识和普及率不高

航空港实验区在一片平地上建设起来，相对沿海地区较为落后，传统产业对电子商务接受度不高。由于港区人口较少，居民素质有待提高，电子商务意识、观念和知识还较为匮乏。由于生活、交通等基础配套设施的不足，对航空港经济实验区的高端专业人才的引进有较大影响，也导致了电子商务的普及率较低，在与郑州市其他区县的电子商务产业竞争中处于劣势。

2. 跨境贸易电子商务的外部竞争激烈

国内许多地区均意识到跨境电子商务将成为带动区域经济发展的重要增长点，纷纷对跨境电子商务的发展给予了相关的支持。郑州航空港实验区的跨境贸易缺少具有雄厚资金实力的支撑企业。同时，相关的专业人才匮乏，跨境物流服务的发展相对滞后。

由于跨境电子商务涉及环节较多，出现部门间某些问题难以协调、商检政策不连续等问题。各部门间缺乏互相配合和共同协作的机制，需要进一步提高通关效率，郑州航空港区的跨境物流已经明显滞后。

3. 电子商务复合型人才不足

人才供求信息不对称影响企业电子商务发展。电子商务与传统行业复合型人才缺乏，郑州电商人才缺口达3万个。而且，电子商务专业毕业生的实战经验不足。

从传统优势资源对电子商务的需求看，电子商务产业发展都需要大量的复合型人才，这类人才既了解电子商务应用与技术，又精通某一传统行业业务流程和发展规律。拥有人才才能确保企业自身具备通过发展电子商务拉动自身经营的动能。

特别是对于跨境电子商务，更是一项复杂的系统工程，涉及互联网技术、国际贸易、国际支付、国际物流、进出口报关报检、国际营销、法律、外语等多项技术和知识的融合，对复合型人才的需求瓶颈更为突出。

4. 区域承载能力不足

由于实验区内的交通、道路规划建设还处于完善之中，部分地区通达不畅，使得许多规划的区域功能无法发挥，使得电子商务企业经营成本较高。特别是一些涉及电子商务服务支撑的园区规划、企业入驻陷入停顿，也导致了一些电商企业止步不前。

同时，由于实验区内的基础设施建设比较滞后，生活、工作、交通的配套设施不能满足入驻企业的员工生活需求，使企业面临着难以留住专业人才的窘境。

（二）郑州航空港实验区电子商务面临的形势

郑州航空港实验区由于其定位和区位面临着来自各方的竞争压力，同样电子商务作为航空港的重要的支柱产业也面临着严峻的发展形势。

1. 与发达地区电子商务产业发展的对比

目前，我国电子商务产业的发展迅速，各个省市区都在制定自己的电子商务发展规划，引入电子商务企业，推动传统企业开展电子商务。长三角地区也成为中国电子商务发展最迅速、最活跃的地区，也是电子商务产业集群最密集的地区。长三角地区是以上海、南京、苏州、扬州、镇江、泰州、无锡、常州、南通、杭州、宁波、湖州、嘉兴、舟山、绍兴、台州16个城市组成的都市群，构成了中国经济最发达的地区之一。例如杭州下沙电子商务产业园、上海普陀区电子商务产业园、上海虹口区电子商务创业园、南京（建邺）国家电子商务示范基地、常熟中服电子商务产业园、常州西太湖电子商务产业园等。

长三角地区已经形成了门类较为齐全的电子商务服务企业，拥有第三方电子商务交易平台、IT技术服务、物流服务、第三方网络支付服务等各类优势服务型资源。例如电子商务之都杭州，已经形成了以阿里巴巴集团为核心的综合电子商务服务生态圈，这里不仅拥有全国最大的B2B、B2C、C2C等各类第三方电子商务交易平台，而且云集了平台运营、平台服务、软件系统开发、数据分析、渠道推广、广告策划、商品检验、质量认证、仓储配送、视觉设计、商品摄影、人才培训、金融保险、信用评估、风险投资、法律咨询、客服外包等各类电子商务服务商，已成为国内最大的基于生态链的以服务集成为核心的电子商务产业集群区。

目前，郑州航空港实验区电子商务产业的发展与长三角地区的电子商务的发展水平存在巨大的差距。郑州航空港电子商务产业基本上还处于刚刚起步的阶段，特别是在电子商务企业的配套产业和产业集群方面，需要大力培育相关的支撑产业。

2. 国外航空港电子商务发展对比

在孟菲斯、法兰克福和仁川三种航空港发展模式中，在电子商务领域能够对比的主要是法兰克福模式。法兰克福机场在做大航空运输的同时，大力发展国际商务。法兰克福机场规划的物流中心占地1.18平方公里，含13.3万平方米的物流商务办公用房。在占地35公顷的生态绿地中建设办公楼、贸易中心、会展中心，在机场周边形成一块以现代商务为主的黄金地段，1.1 平方公里土地为贸易、办公和物流中心用地。法兰克福机场的电子商务产业是围绕着国际贸易进行的，其优势来自法兰克福是欧洲的金融中心、商业中心和国际贸易中心。通过开展国际商务和航空运输直接促进了电子商务的发展。或者说，电子商务的发展是对法兰克福的国际贸易和航空物流与现代信息技术整合后的产物。它的发展具有先天优势。

3. 国内航空港的电子商务发展对比

西安咸阳国际机场是国内临空经济区中电子商务发展较好的机场。西安咸阳国际机场的电子商务发展从一开始就得到重视，电子商务产业是其空港新城的重点产业之一。目前与郑州航空港实验区一样也处在起步阶段。2014 年 7 月 8 日，空港新城获批"省级电子商务示范园区"。目前，首信西北特产分销及电子商务产业园、申通速递电子商务产业园、新地西咸空港电子商务园等十余个电子商务企业及上下游配套项目已经入区建设。2015 年 1 月 7 日，西咸新区空港新城获省商务厅、财政厅电子商务专项扶持资金 300 万元，用于加快推进空港新城电子商务服务体系建设，改善电子商务企业发展环境。近期，空港新城启动了"国家电子商务示范基地"的争取工作，希望以此带动陕西省乃至丝绸之路经济带的电子商务产业的快速发展。

此外，厦门空港集团作为一个航空机场企业较早地发展了电子商务。2010 年厦门空港集团就推出了"手礼网"电子商务平台，其后又上线了"万翔商城"的 B2C 网站。但是，该集团仅仅是一个航空企业的电子商务，与郑州航空港实验区不具有可比性。

4. 国内航空港的跨境电子商务发展的对比

天津空港经济实验区也刚刚开始跨境电商的启动，2014 年 9 月正式批复的天津空港航空物流园区，明确将跨境电商作为园区重点产业。由于天津航空物流区的地理位置，其在跨境电商领域具有独特的区位优势，计划成为中国北方的跨境电子商务的集散中心。2014 年下半年开始进行了大规模的跨境电子商务产业的招商活动。在空港经济实验区的跨境电子商务方面，郑州航空港实验区的发展领先于天津空港。

5. 郑州市各区电子商务发展的对比

高新区按照郑州市电子商务发展规划主要建设以电子商务服务业为特色的综合性电子商务产业园区。目前，高新区的河南省电子商务产业园一期工程已经完工，百度、友宝、上海锋范软件等行业龙头企业，以及省内一批骨干电商企业已经相继入驻。

郑东新区主要建设以金融服务、贸易为特色的电子商务产业园区。目前，郑东新区已经争取了国家电子商务基地，中华粮网、郑州粮食批发市场、郑州商品交易所、中国农业银行河南分行清算中心、河南省数字证书认证中心、信大捷安、河南万庄电子商务、中华联合财险电销中心等一批知名企业已经入驻，形成了明显的集聚态势。

经开区主要建设以跨境贸易为特色的电子商务产业园区。目前，在经开区的报税区，已入驻了一批从事跨境贸易的电子商务企业，从事海淘代购等跨境贸易。

总的来说，郑州市的电子商务产业也才刚刚起步，与国内发达地区的电子商务产业相比还处于较为初级的阶段。各个区都在大力推广各自的招商政策，引入更多的电子商务企业入驻。各个区在软硬件条件上各有利弊。航空港实验区的主要优势在于政策和交通的区位优势，但是在基础设施方面，特别是配套设施等方面还存在一定的差距。

三 郑州航空港实验区电子商务发展思路

（一）指导思想

以科学发展观为指导，围绕《郑州航空港经济综合实验区发展规划（2013—2025 年）》总体目标，把握"首个以航空经济为主题的实验区"和"跨境贸易电子商务服务试点城市"的历史机遇，以航空物流为核心的高端服务为主线，以创新发展为动力，以拓展电子商务产业链和深化跨境电子商务应用为重点，稳步推进郑州航空港实验区的电子商务产业持续快速健康发展。

（二）指导原则

1. 企业为主，引导发展

切实提高对电子商务重要性的认识，从战略的高度谋划推进。遵循市场经济规律和电子商务产业自身发展要求，注重发挥企业在市场经济中的主体作用，结合产业特色，积极发展符合航空港经济实验区实际的电子商务产业。强化政府在产业规划、政策引导、配套完善、法规建设、市场监管等方面的作用，加快推进实验区的电子商务健康有序发展。

2. 提升品质，创新发展

加速推进电子商务在航空港重点产业和社会各领域的应用，努力扩大电子商务产业规模，做大做强电子商务企业，着力提升航空港实验区电子商务整体发展水平，鼓励和支持新兴信息技术的应用，重点开展移动电子商务、O2O 模式电子商务等各电子商务商业模式创新。

3. 园区带动，集聚发展

充分发挥电子商务产业园区的示范和带动作用，努力推动电子商务在经济实验区重点区域和特色领域的集聚发展，着力打造具有鲜明特点的电子商务产业集群和产业链。

4. 优化服务，保障发展

努力创建具有比较优势的政策环境，加快电子商务配套规章制度的建设，完善电子商务支撑体系建设，着力推动电子商务支撑服务企业进行战略、模式、技术及管理等方面的创新，为实验区电子商务产业的发展提供优质服务保障。

（三）发展目标

基本形成以国际中部电子商务产业园为中心的围绕航空物流以跨境电子商务为主兼具国内电子商务的航空港实验区电子商务产业体系。完成中部国际电子商务产业园区的各项配套基础设施。争取国家级电子商务产业园区的支持，打造全国硬件设施和条件最好的电子商务产业园。

在 2015 年内实现入区电子商务及配套企业达到 200 家以上，实现产值 30 亿—50 亿元人民币，成为发展环境相对完善、企业和人才集聚度较高、竞争力较强、资源配置高效合理的区域性电子商务中心。

（四）电子商务产业发展战略及空间布局

郑州航空港实验区的电子商务产业应发展为"一体、两翼、多点"的电子商务产业布局。

电子商务产业发展的基本思路是：在进一步引进规模以上知名电子商务企业的同时，做强物流、信息等配套服务体系，形成电子商务与物流、快递互联互动、互通互赢的产业业态。在此基础上，结合航空港经济实验区的几大支柱产业，加强电子商务产业与这些产业的对接，实现优势互补、协同发展。

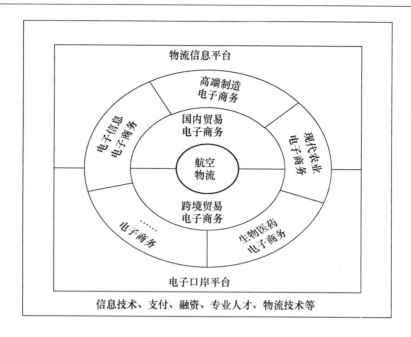

图1 郑州航空港实验区电子商务产业发展布局示意

"一体"是以航空物流为基础发展高端服务的商贸流通电子商务产业链。在电子商务支撑体系中，物流体系建设方面具有先天优势，航空港实验区内的电子商务产业应围绕着以航空物流为核心的立体交通体系发展贸易流通的电子商务产业。通过实现"全球速达"的优势，发展电子商务产业。

"两翼"是跨境贸易和国内贸易两类商品交易的电子商务产业集群。跨境贸易与物流流通是郑州航空港实验区的区位优势和特色品牌。一方面通过跨境贸易电子商务，实现全球送达和全球到达的跨境贸易；另一方面，利用航空港经济实验区的立体交通区位优势实现国内贸易的电子商务高效运营。

"多点"是结合航空港实验区的支柱产业集群，如高端制造、生物医药、航空制造与维修、智能终端等发展专业化的 B2B 电子商务平台。通过与电子商务企业对接形成专业化电子商务平台，进而将这些支柱产业与信息服务、物流企业加以整合，实现优势互补、协同发展的综合运营优势。

电子商务产业应按照"一园、多区"的思路进行空间布局，即以中部国际电子商务产业园为核心，"多区"即利用经济实验区内的多个专业产业园（高端制造、生物医药、现代农业、会展等）发展相配套的专业化电子商务产业或平台，促进这些企业的电子商务业务的发展。

（五）重点任务

按照郑州航空港实验区的电子商务产业发展现状、发展目标和发展战略，在2015年应在整体规划的框架下重点完成以下任务：

1. 大力发展跨境电子商务，提升政府服务功能

开展跨境贸易电子商务综合改革试点，在进出口通关服务、结售汇等方面先行先试，加强与国内外知名电商的战略合作，搭建安全便捷的商业交易应用服务平台，建设全国重要的电子商务中心，研究探索建设跨境网购物品集散分拨中心。完善航空口岸功能，建设内陆地区口岸后续监管场所，加大货站、堆场、仓储、口岸联检等基础设施投入力度，提高口岸信息化、机械化管理和作业水平。完善通关、检疫等一体化电子政务平台的建设。条件成熟时，在郑州机场扩大出境免税店。

2. 加快电子商务产业规划和金融支持

制定出台支持电子商务产业发展相关政策。按照多区域、多园区、多模式，大力推进电子商务示范园区建设工作。以电子商务推动传统商业模式创新，实现实体购销渠道和网络购销渠道互动发展，推动名牌名店商业街区建设。

3. 继续加大招商政策支持，加快产业园配套设施建设

郑州航空港实验区依托新郑国际机场，主要建设以跨境电子商务、航空物流、仓储服务等为特色的电子商务产业园区。根据国际中部电子商务产业园自身的综合优势和独特优势，合理选择和布局园区所要发展的产业，确定主导产业、相关产业和配套产业，形成有效协同的产业链。重点抓好菜鸟智能骨干网、阿里巴巴E贸易商品集散中心、聚多云电子商务产业园项目、顺丰电商产业园等项目建设。

出台各项政策着力吸引境内外知名电子商务企业向园区集聚，形成集聚发展效应。对产业发展创新、创造就业机会成效显著的企业，优先帮助其认定为软件企业和高新技术企业。

加快电子商务产业园的配套设施的建设，特别是生活设施的建设。进一步协调和引导开发商对拟出租部分进行基本装修，与相关网络运营商合作，根据电子商务集聚发展的需要，向企业提供质优价廉的网络接入服

务，加快完善入驻条件。

4. 发展电子物流服务业，加强电子商务物流服务体系建设

发挥交通枢纽优势，进一步推进航空快递物流的发展。推动快递龙头企业建设区域快递物流基地，构建规模化、网络化航空快递服务体系，建设全国重要的航空快递转运中心，实现国际快递72小时和国内快递24小时送达。推动快递与电子商务、供应链管理等新兴业务融合发展，鼓励快递企业进入制造业供应链服务领域。推进新型物流配送中心建设，加快建立物流信息网络，切实降低物流成本，提高现代物流效率和效益。

重点发展电子物流服务业（即第四方物流服务业），推动电子商务物流服务体系建设。全面提升物流业整体水平，重点引进各类物流信息与管理技术服务企业。物流信息与管理技术服务为第三方物流服务商提供货运仓储、配送的系统解决方案。物流体系建设重点在提升物流信息与管理技术服务领域，发展第四方物流。提供对各类物流管理商，仓储服务商，承运商的管理信息系统及其他配套软件建设。通过进一步引入大型网络分销企业和物流运输企业在航空港区内建设运营中心，发挥郑州航空港实验区的区位优势，扩大电子商务的集聚效应。

5. 加强基础设施建设

加快与电子商务产业发展相关的基础设施的建设步伐。支持和引导增值电信企业特别是互联网企业落户航空港区，推动"三网"（电信网、广播电视网、互联网）融合业务在航空港区先行先试，促进信息消费，提升信息化水平。加快构建实验区宽带、融合、泛在、安全的下一代信息基础设施体系，积极开展IPv6（物联网协议6）、TD—LTE（分时长期演进）等第四代移动通信业务运营及商用。

重点加强引进条码、EDI、射频、GPS、销售时点信息系统、电子订货系统、决策系统、跟踪系统、实时管理等服务商与核心技术，加强实验区在信息与管理技术方面的服务能力。

6. 结合相关专业产业区发展特色电子商务模式（平台）

围绕航空港实验区的航空物流、航空制造与维修、精密机械制造、电子信息产业和生物医药等支柱产业园，积极引导和推动这些行业发展特色电子商务。从提供生产性电子商务服务起步，逐渐形成贯通生产领域与商业流通领域的全价值链电子商务模式。

加快发展供应链电子商务。有效整合流通环节的各种资源，支持一批

具有较强流通环节控制力的企业建立连接上游供应商和下游经销商交易业务的电子商务平台，提升河南省流通企业对市场的控制力。

在各个产业园进行规划和招商的同时，应重点进行电子商务的规划和布局，形成覆盖相关产品研发、生产、流通与服务的全产业链电子商务模式或平台，围绕核心产业发展电子商务。推进大型入园企业建设电子商务渠道，积极推进专业化的专业电子商务信息化平台的建设加深行业电子商务应用深度。

7. 加大引入电子商务服务商、发展电子商务的模式创新

加大引入更多电子商务服务商，支持电子商务园区成立产学研电子商务协同创新中心，营造良好的电子商务创新环境。在电子商务聚集区形成创新激励效应、创新溢出效应、创新学习效应、技术积累效应及创新成本和风险降低效应，激发企业创新活力，加强技术应用与商务模式创新的有效结合。

认定扶持一批专业化孵化器，重点培育创新型电子商务企业和跨境电子商务产业链。推进云计算、物联网、移动通信等技术在电子商务中的应用，解决商品交易中的海量数据计算及利用、食品冷链物流、商品精细化管理等问题。

8. 加强引进和培养电子商务人才

尽快实施校企对接培养阶梯式电子商务人才，选定省内有条件的高校作为电子商务专业产业发展人才培养基地，鼓励相关院校结合产业发展需求及时调整课程设置和教学计划，与企业开展订单式培养，大力发展职业教育，为企业培养其所需要的科研型、管理型、应用型等不同层次的电子商务人才。

（六）保障措施

为顺利实施郑州航空港实验区的发展目标和电子商务产业的发展战略和规划，实现 2015 年的工作安排，应做好以下工作。

1. 加强组织领导和统筹协调

由郑州航空港实验区管委会商务局牵头，相关部门按照各自的职责分工，各司其职，协同配合，逐步建立并完善电子商务产业管理体系，形成经常性沟通协调机制。

2. 完善电子商务产业政策

制定电子商务产业发展的规划及相关配套文件。研究制定电子商务产

业发展政策，引导国内外资源向电子商务产业有效汇聚，加速航空港经济实验区电子商务产业的发展。研究制定电子商务产业发展激励政策，加大资金支持力度。加大财政资金投入、鼓励社会投资、促进产业集聚、扶优扶强企业、激励技术创新、加快人才培养和引进及优化市场环境等；通过发展专项资金切块重点支持电子商务发展。实施税收优惠，支持电子商务及相关服务企业参与高新技术企业认定，符合条件并通过认定的，可享受高新技术企业和技术先进型服务企业税收政策。

3. 健全电子商务产业投融资体系

加快相关政策完善步伐，帮助电子商务企业完成融资；电子商务企业比传统企业更依赖于资金的支持，应推动政府资金扶持；构建综合性融资服务平台；完善企业融资担保机制；为企业在国内外资本市场融资创造条件；发展产业投资基金和政府专项资金；大力引进风险投资等互联网投资机构。

4. 加强合作交流，完善电子商务产业技术创新体系

加强国际合作和交流，借鉴国外成功经验和技术，吸引具有高技术含量、环境友好型项目落户郑州航空港实验区；充分发挥电子商务业细分行业协会作用，组织企业加强业务交流和思维碰撞，促进市场发展及业务创新活跃度；建立省市合作机制。

与高校、科研机构合作，以大型电子商务企业为依托，鼓励产学研紧密合作，创新运行、管理和服务机制，建立一批研究开发平台，逐步形成具有核心竞争力的电子商务技术和产品，提升市场竞争力。积极参与省内城市间，开发区间，企业、高校、科研院所与中介机构之间多种层次、多种形式的合作与联合，谋求共同繁荣。

支　撑　篇

郑州航空港实验区营商环境分析与对策

王海杰

一　2014年郑州航空港实验区营商环境建设现状

2014年，郑州航空港经济综合实验区（以下简称"郑州航空港实验区"）紧紧围绕"建设大枢纽、发展大物流、培育大产业、塑造大都市"这一发展主线，全力推进各项工作落实，航空港实验区营商环境建设取得了明显成效。2014年，全区生产总值完成412.9亿元，增长18%；规模以上工业完成增加值342.8亿元，增长21.4%；固定资产投资完成400.9亿元，增长91.8%；外贸进出口完成379.2亿美元，增长8.7%，占全省的58.3%。

（一）大枢纽框架加速构建

以郑州机场二期工程建设为突破口，加速构建多种交通方式无缝衔接的现代综合交通枢纽，打造区域竞争新优势。

一是机场二期主体工程建设完工。截至10月底，机场二期工程累计完成项目概算投资52.17亿元，完成投资计划的100%。11月6日，郑州机场T2航站楼主体工程全面贯通，四个方向指廊全部封顶。热力、燃气、供排水工程有序推进。

二是航线网络快速拓展。截至11月底，在机场运营的客运航空公司达25家，货运航空公司达17家；郑州机场航线数达到183条，其中全货运国际航线29条；通航城市96个，其中全货机通航城市33个，位居我国内陆第一。初步构建了以郑州为亚太物流中心，以卢森堡为欧美物流中心，覆盖全球的航空货运网络。1—10 月，累计完成旅客吞吐 1332.3 万人次，同比增长 21.7%，已超过去年全年客运总量；完成货邮吞吐 30.1万吨，同比增长 74%。

三是多式联运体系不断完善。郑州至万州铁路已于 2014 年 10 月 22日获国家发改委批复。郑州高铁南站建设规模初步确定为六台十四线。机场高速改扩建、商（丘）登（封）高速已全面开工建设。郑州至机场城际铁路年底主体工程将基本完工。地铁二号线延长线各项建设工作稳步推进，预计 2016 年建成投入使用。四港联动大道南延及 S102、炎黄大道（S323）、新港大道升级改造四条进出航空港实验区道路建设方案已完成，计划年内全部开工建设。

（二）大都市建设加速推进

瞄准建设航空大都市的奋斗目标，加快各功能组团和片区建设，完善基础设施，强化承载功能。截至 10 月底，航空港实验区常住人口超过70 万。

一是三大片区建设全面启动。北部科技研发产业区规划编制与城市设计已完成，已建成投用项目 2 个，开工项目 2 个；南部园博会片区已确定入区项目 17 个；东部会展城片区已完成城市设计及会展中心建筑深化方案，高铁南站与绿地会展城一期等项目先期动工建设。

二是基础设施配套逐步完善。截至 2014 年 10 月，已建成道路 18 公里，正在施工道路 137 公里；第一水厂扩建工程进展顺利；南区调水工程、电力排管建设、天然气管道铺设加快推进。年底，基本能够解决南区水电气配套问题。三是合村并城建设步伐加快。1—10 月，航空港实验区累计完成拆迁 1000 万平方米；开工建设的 16 个安置区已有 209 万平方米安置房交付使用。

（三）大平台建设加速实施

一是土地支撑平台建设成效明显。着力探索"四规合一"新机制、土地产出效益与年度计划指标挂钩机制、产业用地弹性年限机制、低效利用土地退出机制、重大项目土地供应专家咨询评估机制、重大土地问题协调机制，实现土地资源、资产、资本"三位一体"综合管理。1—10 月，航空港实验区共上报建设用地 16 个批次，总面积 6634.35 亩；累计批回建设用地 14 个批次（含 2013 年），总面积 7449 亩。

二是资金支撑平台建设先行先试。开展多种形式的金融产品交易，建立离岸金融市场，开展离岸金融业务。做大做强政府投资主体，设立城市发展基金，支持建设公益性设施价格体系，完善投融资服务体系。1—10月，航空港实验区累计获批融资额度273.6亿元，到位资金114.4亿元。正在筹备运作的基金共4只，总规模680亿元。11月28日，郑州航空港实验区智能终端出口退税资金池正式运转，首笔退税资金给付企业，此举为全国首创。

三是口岸平台建设扎实推进。电子口岸门户平台已正式上线试运行，通关一体化系统开发已经启动。进口肉类指定口岸平台以及进口食品、药品、医疗器械指定口岸平台建设稳步推进。四是人才平台建设逐步落实。卡萨达工作室已正式运转，正在筹建郑州航空大都市研究院，中国郑州航空港引智实验区建设获得国家外国专家管理局支持。

（四）各项改革举措稳步推进

一是推动大通关建设。按照"管、减、简、便"原则，全面清理海关的业务审批、审核、备案、核准等业务管理事项，下放了报关单撤销（行政许可）等业务管理事项30项，取消保税货物内销征税审批、电子账册料号归并和延期交单审批3项，对90项业务管理事项根据实际压缩管理层级142级。以集中审单为基础，以区港联动信息化系统为支撑，实现企业在关区内任一监管点申报、任一口岸验放的"全关通"。

二是推动大口岸建设。推动航空口岸开辟新航线、增开新航班，支持外向型临空产业集群建设；出台并落实支持郑欧国际班列扩量增效12项具体措施，推动国际铁路货运班列常态化、多线路运行，支持郑州发挥"新丝绸之路经济带"桥头堡的作用；加强出入境邮寄物检验检疫，有效保障邮政口岸安全。加快郑州市进口肉类、汽车、粮食等指定口岸建设。发展跨境电子商务，支持"虚拟"口岸建设。

三是打造大平台。应对技术性贸易措施，打造公共服务平台，发挥技术资源优势，打造公共检测平台，完善口岸应急机制，打造公共安全平台。强化与上海、江苏、宁波、山东、天津、新疆、内蒙古等河南货物主要进出岸兄弟检验检疫局的协作，积极实施直通放行和绿色通道制度，推动更多河南企业获得口岸直通放行资格。加强政策落实，降低企业成本。落实质检总局法检目录调整、减收或免收检验检疫费政策，使河南出口企业享受进口国约2.7亿美元的关税优惠。

二 郑州航空港实验区与重点招商地区和重点竞争城市营商环境对比存在的问题及不足

在经济步入新常态的新形势下，郑州航空港实验区担负着带动全省产业升级、拉动投资和出口增长的重任。从2014年主要经济指标预计完成情况看，虽然地区生产总值、固定资产投资和进出口总额等指标增速远高于全省平均水平，但与省委、省政府所期盼的目标相比仍有较大差距，航空港实验区营商环境与重点招商地区、重点竞争城市对比还存在许多问题和不足。

（一）产业项目综合成本高

初步测算，郑州航空港实验区征地成本约14.6万元/亩（不含村庄拆迁费用），其中耕地开垦费5.5万元/亩、征地区片价4.1万元/亩、地上附属物补偿3万元/亩、青苗费1300元/亩、新增建设用地土地有偿使用费1.33万元/亩、社会保障费（新郑5940元/亩、中牟5610元/亩）等；土地平整投资约8.7万元/百亩；燃气管道投资约220万元/公里；热力管道投资约500万元/公里；自来水（打井）投资约50万元/眼；临时道路投资约150万元/公里；临时用电（架空双回路投资约60万元/公里、架空单回路投资约45万元/公里、埋地敷设投资20万元/公里）；围墙建设投资40万元/公里。产业项目综合成本偏高。

（二）要素成本相比发达地区不低反高

一是劳动力成本高于深圳。以富士康工人为例，郑州厂区农民工基本资薪为1800元/月，五险一金缴费合计797.4元/月，总计2790.7元/月；深圳厂区非深户农民工基本资薪为1900元/月，五险一金缴费合计409.5元/月，总计2458.0元/月。相比深圳，郑州招工费用不低反高。

二是产业配套不全导致物流成本增加。以手机生产企业为例，由于郑州目前产业配套尚不齐全，生产所需原料从深圳运输至郑州工厂每部手机增加2元左右物流费用。

三是水、电、气等成本优势不突出。对比深圳、武汉、西安、成都等地，郑州自来水成本、电力成本、天然气成本相当，优势不突出。

（三）行政审批效率低、环节多

郑州航空港实验区的行政审批制度一直沿用传统的并联审批，弊端主要体现在以下几个方面：

一是审批事项多、环节多。企业从办理营业执照开始到所有手续完结，一共需要经历 154 项审验、审核等事项，需要几十个环节，整个手续办理需要几个月的时间（工商 3 天、国税 1 天、地税 3 天、经发局立项 2 天、环评 10 天、超 10 万平方米或者投资超 10 亿元的环评需报省级部门审批 70 天、林地及采伐手续需委托林业设计院编制项目使用林地可行性报告再报省林业厅审批 70 天、国土需 2—3 个月、建设用地规划 5 天、文物勘探排队延迟企业进地时间约 1 个月、工程规划 5 天、招投标 30 天、工程质量监督验收 3 天、消防审核 20 天）。

二是审批方式较为滞后。审批事项多为串联审批，前置条件多、办结时间长。温州市实行模拟审批，把项目环境评价等工作提前，企业项目拿到土地后即可进入实质审批，我们仍是按部就班审批，拉长了审批时间。深圳市已经把环评从前置改为后置。厦门等先进地市已经实现了规划全覆盖，只要企业项目符合规划要求，即可马上办理规划证。

（四）基础配套设施建设严重滞后

郑州航空港实验区产业发展在先，城市建设在后，道路、水、电等基础配套设施建设严重滞后，尤其是南部高端制造业片区和东部航空物流业发展片区问题尤为突出。项目前期需临建施工便道、临时用电等方式过渡，增加了项目投资成本。另外，高端社区、高档酒店、餐饮娱乐、学校医院、公园绿地等生活服务设施薄弱，对高层次人才吸引力不强，也动摇了一部分企业将总部、研发基地等放到实验区的决心。

（五）科研创新能力差距大

武汉东湖新技术开发区内高等院校林立，有武汉大学、华中科技大学等 58 所高等院校，100 多万名在校大学生；科研机构众多，有中科院武汉分院、武汉邮电科学研究院等 56 个国家级科研院所，10 个国家重点开放实验室，7 个国家工程研究中心，700 多个技术开发机构，52 名两院院士，25 万多名各类专业技术人员；年获科技成果 1500 余项。航空港实验区在这方面基础薄弱，差距非常大。

（六）货物多次转关体系不畅

河南本地产业与航空货运的关联度低，导致本地航空货源不足。除挖掘本地航空货源外，还应加快发展以跨境电子商务为代表的航空快递物流和国际中转物流，吸引国内外的航空货源在实验区集结，而要发展航空快递物流和国际中转物流就必须解决货物在多地海关之间流转的多次转关问题。目前，通关体制机制在现行政策下难以突破。

三 郑州航空港实验区营商环境的不良影响

郑州航空港实验区营商环境造成的不良影响主要表现为"四难"。

（一）产业配套难

航空经济发展离不开相关产业的支撑，而河南省产业整体实力仍然较弱，特别是作为重化工业大省，煤、电、铝等产业占比较大，适合航空运输的高端制造业占比相对较小。同时，河南远离我国传统国际航空货源的主要生产地和消费市场，现代物流业发展滞后，金融服务体系还不健全等等，这些都影响了航空产业发展。

（二）领航突破难

国家赋予郑州航空港实验区先行先试的发展重任，但是，郑州机场基地航空公司数量少、规模小，运力短缺，航线网络结构不够合理，未形成完善的枢纽轮辐式航线网络；虽然陆路交通网络发达，但尚未与航空网络形成有效对接，发展多式联运体的环境有待进一步改善；高速度的客货运增长与机场容量、保障水平及项目交叉施工不匹配，发展与容量保障压力增大。同时，目前全国航空经济发展态势迅猛，竞争压力巨大。据统计，全国当前共有 27 个省（自治区、直辖市）的 51 个城市，先后提出了 54 个临空经济区的规划与设想。北京、天津、上海、广州等地航空经济进入相对成熟的发展阶段，成都、重庆、杭州、深圳等地进入相对快速发展阶段。比如，北京顺义区以首都机场为核心的航空经济区，已形成独具特色的国际性产业集群，入驻外资企业 660 余家；2014 年 11 月 22 日，国家发改委批复同意建设北京新机场工程，总投资达 799.8 亿元，设计到 2025 年旅客吞吐量达到 7200 万人次、货邮吞吐量 200 万吨、飞机起降量 62 万架次。天津市规划了 11 平方公里的航空经济区，空客总装线落户后，上下游数百家航空制造企业跟进落户。2014 年 1 月，国务院正式批复设立西咸新区，5 月国家民航总局复函支持西安建设航空城实验区。从发展定位和产业规划来看,西安航空城与郑州航空港实验区有诸多相似之处。与此同时,武汉、合肥、长沙、成都、昆明等地也都制定了比较完善的航空经济发展方案。

(三) 人才支撑难

随着航空港实验区规模快速扩张,人才不足的问题更加突出,尤其是熟悉航空经济、产业发展、金融投资的专业团队和人才非常缺乏。与此同时,航空港实验区正处于发展的起步阶段,城市管理和社会治理任务繁重,而管理人员相对较少,存在"小马拉大车"的现象,这在一定程度上制约了航空港实验区的快速发展。

(四) 资金筹措难

航空港实验区建设与财政实力不强之间的矛盾比较突出,虽然2013年该区财政总收入达到35亿元,同比增长116%;公共财政预算收入达到了15亿元,同比增长106%;但与2014年几百亿元的财政投入需求相比,还存在着非常大的缺口。

四　郑州航空港实验区营商环境不良影响的原因分析

(一) 政策支撑不足,导致要素成本增加

以劳动力成本为例,2009年广东省劳动和社会保障厅出台《关于进一步规范全省企业职工基本养老保险单位缴费比例管理的通知》、2009年浙江省人民政府出台《关于印发浙江省企业职工基本养老保险省级统筹实施方案的通知》、2010年、2011年山东省人社厅、财政厅两次出台《关于降低企业职工基本养老保险单位缴费比例的通知》,广东、浙江、山东等地在全省范围一直执行低于20%的养老保险单位缴费比例(郑州养老保险现执行20%的缴费标准);深圳市出台相关政策,非深户农民工社保基金缴费标准按市最低工资缴纳,而目前河南省社保基金按市居民月平均工资缴纳(此项费用增加387.9元/人/月)。航空港实验区作为一个正在建设的新兴城区,与省内其他城市在职工来源、结构、社会保险负担等方面有很大不同,套用统一的社会保险标准不仅不能发挥社会保险的作用,还会阻碍地区发展。

（二）行政审批模式落后，导致政务成本增加

综合珠三角、长三角、环渤海等先进地区的行政审批制度都已进行审批制度改革，其中以深圳改革最为全面。深圳市审批制度已经实现全部无纸化办公，审批模式也从传统串联审批完全过渡到了并联审批。审批事项大部分采用互联网申报方式提交电子申请材料，审批机关实行网上受理，同时审核，颁发电子证照，保存电子档案的全流程电子化审批模式；行政服务大厅全面推行网上预约服务，建立网上办事大厅，实行网上预受理，网上咨询服务，为市民群众提供高效率、全透明、全天候的在线服务平台。比如：环评手续办理，作为商事主体注册的前置，在河南航空港实验区短则需要十几天，最长需要两个月，而深圳市把环评从前置条件放到了后续监管，这就大大缩短了企业项目落地的时间；工商注册手续，深圳推行"四证合一"后仅需两个工作日，而实验区现行办理体制需 12 个工作日。总体来看，实验区现有的审批模式和先进地区相比，不管在流程上还是审批时间上都非常落后。审批模式的落后导致审批机关部门多设、冗员严重，增加了政务成本，审批部门多设也给企业增加了多重门槛，变相增加了企业成本，实验区也就丧失了与先进地区竞争的机会。

（三）建设资金严重缺乏，基础设施配套滞后

虽然 2014 年前 11 个月公共预算财政收入完成 19.6 亿元，增长 59.8%，但与 361 亿元的财政投入相比，还存在着非常大的资金缺口。另外，与省内乃至主要竞争城市国家级开发区相比，航空港实验区开发建设时间短，基础设施、科技研发等方面还没有建设成效。

（四）通关多次转关不畅

目前，在国内货物从 A 地海关转关到 B 地海关主要通过两地建立区域通关协作机制实现"属地申报、口岸验放"，只是解决了货物在两个关区流转的一次转关问题，但货物从 A 地海关转关 B 地海关再从 B 地海关转关到 C 地海关的二次转关乃至多次转关问题尚无法实现。郑州要想打造成为美国的孟菲斯和路易斯维尔，就要解决货物在多地海关之间流转的多次转关问题。

五　2015 年郑州航空港实验区营商
环境建设的目标任务

2015 年是航空港实验区爬坡过坎见成效的关键之年，航空港实验区应坚持"构建大枢纽、带动大物流、形成大产业、塑造大都市"的工作思路，进一步增强机遇意识、危机意识、责任意识和创新意识，务实重干，奋力拼搏，在加快中原崛起河南振兴富民强省进程中挑重担、走前头、做贡献。

（一）2015 年营商环境建设目标任务

以"两个一"即"一个枢纽"（综合交通枢纽）和"一个专案"（富士康系列项目）为核心，以"三大片区"（北部科技研发片区、东部会展城片区和南部园博会片区）为载体，以"四个十"（十个重点产业项目、十个重点招商项目、十个公共服务设施项目和十个平台项目）为重点，以"1＋7"改革方案批准实施为突破口，着力在"见成效、树形象、打基础、当引擎"方面取得重大进展，推动航空港实验区营商环境实现大发展、大跨越。

（二）2015 年营商环境建设重点工作

为确保主要目标任务的实现，2015 年郑州航空港实验区营商环境建设应加快推进以下重点工作。

1. 打造综合交通枢纽

加快推进机场、高铁、城铁、地铁、高速公路建设，尽快构建航空港实验区综合交通体系。加快实施机场二期及配套工程建设，重点抓好振兴路、云港路、航海路改扩建工程和迎宾路高架地面段工程的施工保障，确保 2015 年竣工投用。大力推进"米"字形快速铁路建设，加快郑徐高铁、郑州经周口到合肥铁路建设，积极协调配合高铁南站、郑万高铁建设工作。加快实验区外围路网建设，积极推进京港澳高速至机西高速连接线、G107 东移改建（二期）、G310 中牟境内改建、S102 改建工程，确保明年 10 月 1 日建成通车。

2. 完善城市配套

加快推进"三大片区"建设。争取北部科技研发产业区先导区 2015

年底前呈现主体形象；南部园博会片区、东部会展城片区先导区 2015 年年初开工建设。加快推进市政道路建设，争取通车总里程达 300 公里以上；启动新港大道、河东区域重大产业项目及合村并城安置区周边配套道路建设。加快推进绿化及生态水系建设，完成青年公园郑港四街以东部分建设，启动河东区域水系改造工作，完成梅河生态治理工程量的 40%，道路绿化面积 80 万平方米以上。加快推进水、电、气、暖等配套工程建设。全面启动河西南区及河东区域自来水管网建设，新建管网总里程达50 公里以上，完成第二水厂土建部分；启动 2 座 220 kV 变电站及 4 座110 kV 变电站建设，新建电力排管 50 公里以上；完成燃气门站建设，新铺设燃气管道 50 公里以上；启动河西南区热源厂建设，新建热力管网 10公里以上。

3. 深化体制机制改革

发挥体制机制新优势，争取在关键领域和重点环节先行先试方面取得重大进展。积极探索公共资源交易中心运行模式，加快推进招投标工作体制机制创新。抓好航空港实验区委托执法全面落实，不断优化发展环境。建设临空经济人才管理改革实验区，争取中国郑州航空港引智实验室获批建设，郑州航空大都市研究院完成组建，努力打造人才高地。全力抓好要素平台构建，争取综保区三期 2015 年 6 月通过海关验收，加快推进上海自由贸易区 14 项海关监管创新制度中剩余 6 项的复制推广工作。加快跨境贸易电子商务工作。争取肉类口岸 2015 年 7 月完成国家总局验收，并组建进口肉类口岸运营公司；争取进口食品、药品、医疗器械指定口岸、科技孵化服务平台年内建设完成。充分发挥土地支撑平台作用，建立航空港实验区土地储备库。建立长期稳定有序的融资机制，争取 2015 年融资规模达到 300 亿元，融资成本降低 0.5 个百分点，平均融资时限增加0.5 年。

4. 推进社会事业发展

加快推进教育、医疗、文化、体育、公交等建设，进一步改善民生。加快推进基础教育，重点抓好 2 所幼儿园、8 所中小学的新建工作。加快推进医疗卫生事业设施建设，重点抓好郑州市中医院空港医院、2 个小区卫生服务中心和 3 个小区卫生服务站建设，打造"15 分钟基本医疗服务圈"。加快居民小区内配套养老服务机构的建设工作。抓好工人文化宫（职工之家）、奥体中心等公共文化体育设施的建设工作。统筹规划建设公交综合停车场、长途客运站、出租车综合服务区项目。建成交付209万平方米安置房，及时妥善处理好棚户区改造与回迁高峰期人员安置工作，重点做好失地农民培训、社保体系完善等工作，让失地农民"进城、上楼"后都能安居乐业。加强社会治安综合治理，为航空港实验区建设提供和谐稳定、安全发展的良好环境。

六 2015 年郑州航空港实验区优化营商环境的措施

（一）深化行政管理体制机制改革

1. 完善行政管理体制，优化机构职能配置

在省级权限范围内，赋予实验区全面深化改革试验权。在落实省辖市级经济社会管理权限的基础上，可下放实验区的省级经济社会管理权限一律下放。落实、深化省直部门与实验区直通车制度，扩大直通事项范围，优化直通流程，实行事后备案。完善"两级三层"管理体制，强化省、市实验区建设领导小组及其办公室职能，充分发挥各层级作用。按照精简、高效的原则设置实验区内设机构，支持其根据发展需要优化调整内设机构及职能。创新实验区管委会与所辖办事处的管理体制和工作机制，强化管委会的统筹、组织、协调职能，推进管理重心下移，增强办事处在经济发展、城市管理等方面的作用。参照市县模式理顺公、检、法管理体制。

2. 打破条块管理障碍，推动区域合作共建

按照"空间管理全覆盖"的要求，打破实验区与新郑市、中牟县以及开封尉氏县之间的行政区划障碍，建立满足实验区统一规划、建设、管理需要的体制模式，适时启动行政区划调整。在产业发展、项目布局、口岸建设等方面，强化实验区与郑东新区、郑州高新技术开发区、上街区、郑州经济技术开发区等周边区域的统筹协作，促进联动发展。探索建立有利于促进实验区改革发展的垂直机构管理体制。建立健全实验区与机场公司等驻区单位之间的沟通联络机制。推进与中国民航局共建实验区，完善政策支持体系。

3. 深化行政审批制度改革，提高政务服务水平

加快转变职能，推进行政管理由注重事先审批转为注重事中、事后监管。建立权力清单制度，公开行政审批事项。参照深圳行政审批制度改革，推行并联审批，无纸化办公。进一步简化和规范审批程序，优化流程，提高效率。健全行政审批运行机制，推行一口受理、并联审批、多证联办的"政务超市"审批服务模式。建立全流程公开审批机制，完善电子政务服务平台，逐步推行网上审批。建立健全代理审批制度，同时发挥审批中介机构专业服务作用。建立项目入驻评估决策机制，规范审核程序。推进行政审批监督制约机制建设，加强审批全过程监管。在工商注册方面，参照深圳、沈阳，推行营业执照、组织机构代码、税务登记证和刻章许可证"四证合一"的登记新模式，由原本的商事登记部门、组织机构代码登记部门、税务部门、公安部门分别办理改为由商事登记部门统一受理、审核，从而实现四证齐发、档案共享、一次领取的高效办证目标。简化林地及采伐手续办理，建议由实验区直接报省林业厅审批办理，并定期向市林业厅备案。优化环评制度，实行新的建设项目环评分类管理名录，对环境影响较小的部分基础设施和产业类项目，不再审批环评。加强区域规划环评，对已完成规划环评审批区域的建设项目，简化环评手续，缩短环评公示时间。探讨由前置审批改为后续监管。对文物勘探工作，鉴于上级部门人力不足，建议权力下放实验区组织实施。

4. 创新发展目标考核评价体系

按照科学发展的要求，充分发挥发展指标的导向作用，突出实验区中心工作，合理配置指标权重，差异化制定实验区发展目标考核评价体系。实验区与其他县（市）区、产业集聚区、开发区不作统一考核评价，实行单独考核。创新考核方式，探索建立企业、群众等社会各界广泛参与的考核工作机制，促进考核公开公正。强化考核结果运用，建立目标考核奖惩激励约束机制，充分调动各方积极性和创造性。

（二）创新对外开放体制机制

1. 整合提升海关特殊监管区域功能，打造对外开放新高地

积极争取成为海关特殊监管区域整合优化试点，推动郑州新郑综合保税区、郑州出口加工区等优化升级。完善郑州新郑综合保税区功能，实现口岸作业、保税加工、保税物流和综合服务四大功能全覆盖，拓展高端制造、展示、维修、研发、销售、结算等业务，促进多元化发展。积极争取

对海关特殊监管区域内加工企业实行"选择性征税"政策，对符合条件的企业给予"一般纳税人资格"，推动完善内销产品返区维修制度和保税货物区间流转制度。抓紧研究论证方案，加快申报中国（郑州）自由贸易试验区。

2. 探索与国际接轨的外商投资管理制度，促进投资便利化

扩大金融服务、航空运输、物流快递、电子商务等服务业领域的投资开放，放宽投资资质要求、股比限制、经营范围限制等准入限制措施，营造有利于各类投资者平等准入的市场环境。借鉴国际通行规则，建立负面清单管理模式，对外商投资试行准入前国民待遇。改革工商登记与商事登记制度，优化登记流程，促进投资便利化。

3. 创新口岸建设及监管服务模式，构建大通关体制

创新监管服务模式，实施"一线放开、二线安全高效管住"。拓展口岸服务功能，争取在郑州设立汽车整车等特种商品进口口岸。在机场设立口岸签证机构，开展口岸签证业务。争取在实验区设立外国领事馆。全面建成河南电子口岸平台，推动"单一窗口"试点，推动向智慧口岸升级。健全"大通关"机制，开展"一次申报、一次查验、一次放行"通关试点，推进口岸与海关特殊监管区域（场所）的通关通检一体化联动。强化与沿海、沿边口岸的跨区域口岸直通合作机制。争取尽快享受"安智贸"协定便利通关政策，逐步扩大郑欧国际班列、航运运营规模。建议成立由主管省长任组长，省口岸办、郑州海关、河南出入境检验检疫局等单位负责同志参加的关务工作领导小组，办公室设在省口岸办，主要研究货物通关转关的便利性和效率问题，并向国家海关总署和国家出入境检验检疫局提出解决方案，力争把郑州机场打造成为国内通关转关最便利和效率最高的航空口岸，为建设国际航空物流中心提供有力支撑。

4. 建立跨境金融支撑体系，推进对外贸易转型升级

探索建立与实验区相适应的外汇管理体制，实现投资贸易便利化和跨境融资便利化。推进外汇结算体制改革，开展支付机构跨境电子商务外汇支付业务试点和人民币资本项目可兑换试点，推动国际结算中心建设。支持区内企业争取跨国公司总部外汇资金集中运营管理试点，帮助企业规避外汇金融风险。加速推进人民币跨境使用，积极开展跨境贸易人民币结算业务和跨境电子商务人民币支付业务。开展人民币境外借款业务，支持区内金融机构和企业从境外借用人民币资金。大力开展离岸金融业务，探索

建立离岸金融结算中心和离岸金融业务新模式。创新发展飞机租赁、高端精密仪器、精密设备租赁等特色金融租赁业务。开展以供应链融资为核心的航空物流金融服务和保理业务。探索在实验区内设立大宗商品交易和资源配置平台，大力发展国际贸易，加快培育贸易新型业态和功能，抢占全球贸易价值链高端。推动跨境贸易电子商务服务试点规模化运营，争取纳入国家综合试点，打造有影响力的大型跨境电子商务平台，形成国际网购物品集散分拨中心。

5. 完善货运保障体系，加快国际航空物流中心建设

坚持货运优先、以货带客，培育引进大型货运承运商和物流集成商。改善和优化机场空域结构，增加空域资源。大力拓展航线，争取更多航权开放。对入驻机场的国内外全货运航空公司，争取对其货运航线和航班审批管理采取经营许可证规定范围内的备案制。建立健全新郑国际机场与国内外其他枢纽机场的运行协调联动机制，大力发展联运业务。加快国际航空快件转运中心建设。加快陆空联运体系建设，开展多式联运物流监管中心试点。推动机、公、铁三网联合配套集疏，融入全球物流网络，打造全国重要的国际航空枢纽和国际物流中心。

（三）进一步完善要素市场体系

1. 优化社保基金缴费办法，降低劳动力成本

郑州航空港实验区发展初期（可设定年限为三年内），非郑户农民工建议参照深圳社保基金缴费办法，按最低月工资标准缴纳，或者以组成郑州航空港实验区的新郑市、中牟县、尉氏县三个区域的社会平均工资平均值为基础，确定郑州航空港实验区企业缴费基数的上下限，并探索建立与企业多种用工类型（如农村富余劳动力转移就业、被征地农民就业安置等）相适应的社会保险办法，降低入区企业前期成本投入。

2. 加快土地管理制度创新，推进土地节约集约高效利用

实行产业用地出让年期弹性制，探索产业用地租售并举的多元化供应方式。探索建立存量土地盘活和土地产出效益评估制度。健全土地供应市场化机制，完善土地招拍挂出让制度。促进土地管理改革创新和金融创新相结合，提高市场化运作水平，实现土地资源、资产、资本三位一体综合管理。建立重大项目土地供应专家咨询评估机制，推进节约集约利用土地。创新土地利用监管新模式，强化土地利用全程监管。建立低效利用土地市场化退出机制。探索建立土地"属地管理"授权委托机制。

3. 创新投融资模式，构建多元化融资体系

推动金融服务业对符合条件的民营资本和外资金融机构全面开放，支持设立外资银行、中外合资银行和民营中小银行，支持外资银行在实验区开展业务。探索建立银行间交易市场。允许具备条件的金融机构适时开展综合经营试点，创新金融产品。积极培育引进第三方支付机构。建立互联网金融发展服务平台，促进互联网金融和航空物流融合发展。加快建设区域性股权交易市场。加强金融生态和信用体系建设，有效防范金融风险。

4. 加速创新资源集聚，推动自主创新

加快自主创新体系建设，围绕实验区主导产业建设各类研发机构、特色技术创新中心和科技园区，形成以企业为主体、以市场为导向的技术创新体系。积极搭建科技合作交流对接平台，引导各类创新主体共享资源和信息。密切企业和科研院所的协同创新机制，加速产学研转化。建立健全知识产权保护和运用体系，完善知识产权仲裁机制。

5. 优化人才政策，构建人才特区

参照被中组部推广学习的南京、苏州、无锡等地政策，设立人力专项资金，实施人才安居工程，提供创业扶持政策。搭建鼓励创新、激励创造、适宜创业的人才工作机制，建设领事（外事）服务中心、海外高层次人才（专家）服务中心等人才要素平台，形成创业有平台、贡献有奖励、发展有空间的引智引才环境。实施灵活高效的人才引进、评价机制，建立分门别类的人才服务机制，依靠市场机制来识别人才、吸引人才、激励人才、用好人才。发挥企业用人主体作用，对企业引进高层次人才实施激励。用更加开放的视野聚焦海外人才，打造国际化的人才环境。建立人才顺畅流动的制度体系，发挥市场对人才资源配置的决定性作用，引进国内外知名人才中介机构，培育和规范人才市场。加大招才引智力度，加快对"千人计划"专家的引进力度。引导和支持省内乃至全国高校在航空港实验区设立分校，国家级和省级重点实验室、工程中心优先布局在实验区，科研资金给予倾斜照顾。围绕实验区三大主导产业、八大产业园区，整合全省职业教育培训资源，促进产学紧密结合，共同建立技能型紧缺人才公共实训基地。

（四）推进航空大都市建设

1. 加快航空港区基础设施建设

强化产业引领支撑作用，以宜居理念加强产业园区的基础设施和公共

服务体系建设。在道路建设方面，鉴于郑州航空港实验区近期城建资金量缺口巨大，可将实验区6个拟开设的高速出入口建设资金纳入省财政投资体系。在电力建设方面，可协调省电力公司尽快比照郑州市电力管理机构规格，设置实验区电力机构，并加快新增6座电站设施，对重大基础设施、民生工程等关于电力需求的审批建立绿色通道。在供热方面，目前，郑州航空港实验区正在大力开展分布式能源站建设，建议省政府针对分布式能源站建设，在天然气使用价格方面、上网电价等方面出台专门优惠政策，支持新能源发展。坚持城市信息基础设施与市政公用设施、公共服务设施同步规划、同步实施。建设智能化城市公共服务平台，大力推进三网融合和物联网发展，打造智慧新城。深化城市管理体制改革，推进城市标准化管理机制、目标管理责任机制、绩效考评机制和数字化管理监督机制建设，促进城市管理规范化、标准化、精细化、人性化。创新合村并城政策和工作机制，完善征迁补偿模式，推动农村人口转移与完善社会保障相结合，逐步实现居住环境城市化、公共服务城市化、就业结构城市化、消费方式城市化。统筹推进户籍制度改革，健全农业转移人口落户制度。

2. 注重人文城市建设

突出地域历史和文化特色，发掘文化资源，保护历史文化遗存，传承创新中原文化，打造历史底蕴厚重、时代特色鲜明的人文城市。创新文化管理体制和文化生产经营机制，建立健全现代公共文化服务体系、现代文化市场体系。加快推进文明空港都市建设，培育和践行社会主义核心价值观，提升居民综合素质和社会文明程度。鼓励城市文化多样化发展，培育新型文化业态，促进文化与科技、旅游等相关产业融合发展，促进传统文化与现代文化、本土文化与外来文化交融，形成多元开放的国际现代城市文化。

3. 加快生态文明制度建设

探索生态城市开发、建设和运营新体制，将生态文明理念全面融入城市发展，建设绿色发展示范区。积极推广中水利用、分布式能源等先进技术的应用，大力发展循环经济，实现资源高效、循环利用。发展环保市场，建立吸引社会资本投入生态环境保护的市场化机制，推行环境污染第三方治理。健全生态环境保护管理制度，划定生态保护红线，推进能源、资源节约集约使用。建立资源环境承载能力监测预警机制和社会监督举报机制，试行环境损害责任追究和赔偿制度。

（五）创新社会管理体制

1. 创新社会治理体制，促进社会和谐稳定

改进社会治理方式，推动治理主体从政府包揽向政府主导、社会共同治理转变，治理方式从管控规制向法制保障转变，治理手段从单一手段向多种手段综合运用转变，治理重心从事后处置向源头治理转变。推进信访制度改革，完善信访联席会议制度，健全科学合理的信访工作考核评价体系。加强"双基双治"建设，建立基层社会矛盾排查化解机制。建立健全群众参与机制和激励机制，完善网格化管理、社会化服务长效机制，促进社会和谐稳定。

2. 培育发展社会组织，完善社会服务体系

正确处理政府和社会关系，加快实施政社分开。适合由社会组织提供的公共服务和解决的事项，交由社会组织承担。创新社会组织培育扶持机制，改进社会组织登记管理服务，培育发展现代社会组织。制定扶持引导政策，扩大政府购买服务，充分发挥社会组织的积极作用。创新产业工人社区服务模式，发挥各类团体作用，探索完善"网格延伸至工作站、片区、楼栋、楼层、宿舍"管理制度，提高产业工人服务管理水平。

3. 推进社会事业改革，提升公共服务水平

建立就业促进机制，解决好失地农民就业服务工作，增加公共服务供给，建立市场导向、公平准入、鼓励创业和城乡统筹的就业制度。健全社会保障体系，实现各类就业人员平等享有社会保障，完善失地农民社会保障制度。完善住房保障机制，加大保障性住房建设力度。创新教育发展体制机制，加大基础教育投入，引入社会资源和国际资源推动具有产业特色的职业教育、高等教育发展。深化医疗卫生体制，科学布局卫生资源，完善社区卫生服务管理和运行机制，加快高端医疗卫生资源有效积聚，提升公共卫生服务水平。

郑州航空港实验区体制
机制创新现状与对策

王 伟

一 郑州航空港实验区体制机制创新现状

2014 年，港区管委会认真贯彻省委省政府、市委市政府的决策部署，以《郑州航空经济综合实验区发展规划（2013—2025 年）》为统领，加快制定并落实《航空实验区体制机制创新示范区建设总体方案》，紧紧围绕"大枢纽、大物流、大产业、大都市"发展主线，以"大建设、大发展、大跨越"为抓手，积极推进重点领域和关键环节的体制机制创新，各项改革取得了新进展，为港区经济社会发展增强了活力。

（一）取得的成绩

1. 理清了工作思路

过去的一年，遵照省委"航空港实验区不仅要成为开放的平台和窗口，还要成为深化改革体制创新的实验示范区"的要求，港区管委会大胆探索，锐意改革，率先突破。坚持以问题为导向，牢固树立创新驱动、多方联动、重点突破和重在实效的原则，完成了《郑州航空港经济综合实验区建设体制机制创新示范区总体方案》。该方案明确提出，力争经过两三年的创新实践与发展，基本建成投资便利化、金融便利化、贸易便利化、监管便利化、城市生态宜居的体制机制创新示范区，成为中原经济区最具发展活力和增长潜力的区域。在明晰发展目标的基础上，梳理出实验区自身权限内 35 项改革创新任务。通过明确责任、自我加压、激发动力和加强考核，现已完成 29 项，报批 6 项，实现了整体推进和重点突破。

2. 理顺了管理体制

加快建立健全港区管理机构，落实职能部门责任，优化工作流程，制定工作标准，强化绩效考核。通过目标分解，明确工作的优先顺序，"省区直通车"制度得到全面落实，市级以下行政执法权得到全部委托，率先打造了门类最齐全、授权最彻底、权责最一致、层级最单一、机制最优化的行政执法体制，全面落实和深化省区直通车266条直通事项。除法律、法规、规章规定必须由省政府主管部门审批或转报国家的事项外，其余由省直部门审批的事项，由实验区先行审批办理，并定期向省对口部门备案；除法律、法规、规章明确规定必须先行审批的事项外，允许在实验区实行由事先审批转为事中、事后监管，开创了全国同类产业集聚区的先河。

3. 复制推广了上海自贸区经验

按照国务院推广上海自贸区改革试点经验的要求，实验区把复制推广提到了"全面深化改革的重要举措"的高度，以提升治理体系和治理能力为目标，将推广内容分成投资管理、贸易便利化、金融、服务业开放和事中事后监管五个方面，使得政策内容更有层次感，增强制度复制推广的针对性、适用性，并为每一条复制推广的改革事项列出了落实的时间节点。上海自贸区8项检验检疫创新制度已全部复制推广，14项海关监管创新制度，已成功复制推广9项。全面推进了权力清单、责任清单、审批项目负面清单、基金清单、收费清单与政务服务网"五单一网"改革实践。实施了营业执照、组织机构代码证、税务登记证和印章刻制"三证一章"登记制度等一系列改革措施。注册企业新增900户，同比增加近3倍；注册资本金新增100亿元，同比增加7倍。

4. 完善了机构设置和人员配备

以党的十八届三中全会精神为指导，根据中央、省市关于党政管理体制优化和干部人事制度改革的有关要求，按照党管干部和精简、效能原则，加快职能转变，理顺职责关系，建立机构精简、运行高效的党政管理体制；建立有效管用、简便易行的选人用人机制，树立科学选人和公正用人的正确导向，发挥党组织的领导和把关作用，强化党委（党组）、分管领导和组织部门在干部选拔任用中的权重和干部考察识别的责任，建立能上能下、能进能出、有为有位的用人制度，打造高素质干部队伍。为落实科学管理和依法执政理念，实验区本着精简高效的原则组建管理部门，强调部门沟通与协作，人员工作效率明显提高。另外，着力推进行政执法机构建设，实验区法院、检察院已正式挂牌，实现了"区域全覆盖、职能全覆盖"，为推动实验区的跨越发展提供坚强组织保障。

5. 推进了财税金融体制改革

为贯彻落实党的十八届三中全会和省委九届七次会议精神，进一步深化金融和投融资体制改革，促进实验区实体经济发展，强力推进大投入、大建设、大发展，结合实验区经济运营实际和企业需要，为便利人员和货物出入关，通过多方争取和努力，郑州机场签证处得以建立并开始办理各项业务。考虑到部分企业流动资金紧张和办理出口退税程序复杂，通过加大信息基础设施投资，努力提高电子政务水平，优化资金配置，建立专项基金，实验区智能终端出口退税资金池已投入使用，不仅提高了办事效率，缓解了企业的资金压力，而且营造了良好的营商环境。

6. 扩大了对外开放

以打造内陆地区对外开放重要门户为目标，通过管理创新、体制创新、科技创新等有效手段，积极探索口岸管理机制创新和通关流程优化，完善口岸综合服务平台功能，促进大口岸、大通关、大平台发展，提升区域综合竞争力，构建与实验区对外发展相适应的口岸开放平台体系，带动了全省对外开放工作体制机制创新。通过内外部环境分析，选准突破口，找准切入点，河南进口肉类指定口岸和食品、药品、医疗器械口岸已开工建设；郑州新郑综合保税区功能进一步拓展，已实现保税展示交易、返区维修、产品内销等功能；加之即将投用的电子口岸服务中心，航空港实验区正在成为令人瞩目的内陆开放高地，连通中原与世界的桥梁。

（二）存在的问题

1. 机场体制不顺畅，服务水平有待提高

郑州机场实行属地化管理后为"省属市管"，但省、市没有形成统一的发展航空经济的协调机制。统筹的主体不明确，"市管"难以到位。机场运营计划性、垄断性过强，导致经营缺乏活力，结构调整难度加大。机场管理现状不符合责权对等原则，不利于省属市管优势的发挥，不利于政令畅通，不利于机场生产运营、安全管理、建设和可持续发展。另外，国际机场货物通关服务时间工作机制亟须完善，海关、检验检疫办公时间不同步、不持续，未实现随叫随到的报关、报检和查验服务。口岸设施与通关量、通关需求不符，缺乏国际惯用的出入港货物结算条款。港区的行政审批制度一直沿用传统的并联审批，弊端主要体现在以下两个方面：一是审批事项多、环节多。二是审批方式较为滞后。

2. 行政管理体系不健全，统筹协调难度大

目前实验区的发展主要由实验区管委会推动，战略高度不够、协调难度大，缺乏有效的资源整合平台，难以实现多方利益主体的共赢。同时由于重视程度、历史问题、规划安排、配套设施建设等原因，各行政区在推动航空经济发展上也存在不平衡问题，建设进度和积极性存在差异。实验区产业发展在先，城市建设在后，道路、水、电等基础配套设施建设严重滞后，尤其是南部高端制造业片区和东部航空物流业发展片区问题尤为突出。项目前期需临建施工便道、临时用电等方式过渡，增加了项目投资成本。另外，高端社区、高档酒店、餐饮娱乐、学校医院、公园绿地等生活服务设施薄弱，对高层次人才吸引力不强，也动摇了一部分企业将总部、研发基地等放到实验区的决心。总体来看，实验区现有的审批模式和先进地区相比，不管在流程上还是审批时间上都非常落后。审批模式的落后导致审批机关部门多设、冗员严重，增加了政务成本，审批部门多设也给企业增加了多重门槛，变相增加了企业成本，实验区也就丧失了与先进地区竞争的机会。

3. 货物多次转关体系不畅

河南本地产业与航空货运的关联度低，导致本地航空货源不足。除挖掘本地航空货源外，还应加快发展以跨境电子商务为代表的航空快递物流和国际中转物流，吸引国内外的航空货源在实验区集结，而要发展航空快递物流和国际中转物流就必须解决货物在多地海关之间流转的多次转关问题。目前通关体制机制在现行政策下难以突破。

4. 政策扶持力度不够

航空实验区是河南省产业升级的战略选择，必须在财政税收、用地等方面给予扶持，目前，全国各主要机场所在地政府都十分重视航空经济政策的扶持。郑州市、区政府对航空经济区发展政策扶持力度不够，如空管费用优惠政策不明确、海关尚未出台转运中心监管条例和实施细则等。政策支撑不足，导致要素成本增加。航空港实验区作为一个正在建设的新兴城区，与省内其他城市在职工来源、结构、社会保险负担等方面有很大不同，套用统一的社会保险标准不仅不能发挥社会保险的作用，还会阻碍地区发展。

5. 建设资金短缺

实验区基础设施建设资金需求量大，航空经济的资金投入与产生效益之间有较长的时间周期，需要各级财政资金的大力扶持，才能确保资金链的平稳衔接，否则将直接影响航空经济区的建设水平和推进速度。目前，郑州尚未成立航空经济发展专项扶持资金，现有航空货运补贴落实不到位，航空经济区基础设施以及航空产业园区开发投融资渠道单一、资金量少，难以满足航空经济发展的需要，迫切需要拓宽投融资渠道的政策措施。虽然去年公共预算财政收入完成 21 亿元，增长 40%，但与 400 亿元的财政投入相比，还存在非常大的资金缺口。另外，与省内乃至主要竞争城市国家级开发区相比，航空港实验区开发建设时间短，基础设施、科技研发等方面还没有建设成效。

6. 实验区政策不平衡

规划中的航空港实验区涉及郑州市的新郑、中牟和开封市的尉氏县，区内既有郑州市的区、街道办事处，也有县级市的城镇、街道办事处和村委会等不同政策的适用主体。财政、土地、市政等方面的政策不统一，导致部分地区尤其是机场周边的城镇发展能力偏弱。

二 郑州航空港实验区体制机制创新借鉴

（一）体制机制创新的理论基础

1. 航空经济的特质

世界著名航空经济专家卡萨达教授曾提出一个"五波理论"：过去几个世纪，全球经济分别由海运、运河和水运、铁路、高速公路等几个冲击波驱动，在 21 世纪，空运将成为推动经济发展的第五个冲击波，机场带动下的航空经济将成为一个国家和城市经济增长的发动机。他所说的"第五个冲击波"，在今日中国显现得格外强劲。在航空经济概念的演变和提出过程中，先后经历了机场经济、临空经济、航空经济阶段。目前，航空经济的概念还没有统一的界定，国内外学者对航空经济的理论阐释基本上是从产业角度、经济发展形态、区域和新经济地理、发展经济学角度深化对航空经济的认识，政策制定者对航空经济的理论和实践也是从国家、政府、行业、产业、区域、企业等多角度去分解合成。

所谓航空经济，是指依托大型枢纽机场的综合优势，发展具有航空指向性的产业集群，从而对机场周边地区的产业带来直接和间接的经济影响，促使资本、技术、人力等生产要素在机场周边集聚的一种新型经济形态。不难看出，航空经济是以机场为核心，将相关经济形态和企业聚集在其周边，因此具有以机场为核心进行空间布局和产业集聚的指向性。布局在航空经济区的企业，由于利用航空这种快捷的运输方式，可以实现人流、物流的快速运达，借以提高竞争能力，因而具有明显的速达性。与其他运输方式相比航空成本相对较高，这决定了航空经济大都是对时间成本要求高，提供的产品或服务的附加价值高、增值空间大的高新技术和现代服务产业，因此具有技术上和产业发展上的先导性。在经济全球化深入发展的背景下，各个国家和区域之间的经济联系已经越来越倚重于航空运输，航空经济正成为连接世界经济的重要纽带，具有明显的国际性。在一定程度上航空经济具有准公共产品、正外部性、自然垄断性、速度性、国际性和航空指向性等特点。前三个特性为政府参与提供了理论基础，后三个特性为市场化运作提供了依据，这也为目前全球航空经济的多样化发展模式做出了解释。正是基于这些特征和优势，使得以现代大型枢纽机场为核心的航空经济，会为一个城市发展注入经济活力并释放出巨大能量。

西方发达国家，尤其是北美和欧洲地区，民用航空运输业起步比较早，发展比较成熟，涉及该行业的学术研究也比较全面，成果丰硕。具体到航空运营管理体制机制来说，安妮·格雷厄姆（Anne Graham）出版的 *Managing Airports* 可以称得上是西方发达国家在此方面研究成型的比较系统、比较成熟的理论性和技术性成果。但是，机场管理体制是国家政体的子系统，而且与国家的历史、文化传统和经济社会现状等方方面面息息相关，并且深受国人思维习惯的影响。由于中西方在上述方面存在着巨大差异，使得西方在人文方面的研究成果并不是全部都具有普世价值，只能在具体的环境和现状条件下才能体现其实用价值，包括我国在内的任何一个国家，都不能照搬使用，只能在借鉴吸收的基础上，再做探索创新。

2. 体制机制创新的内容

在全球化、技术高速发展、现代生产生活方式快速变革的当代，航空经济形态也在不断地嬗变，它体现了速度经济、数字经济、网络经济、信息经济和知识经济的特点，是一种全新的经济形态，对信息—物理系统的协同提出了更高的要求，传统的管理体制和内部运作机制必须变革。航空经济发展过程就是新经济形态（航空经济）的成长过程，航空经济成长中的政策层级试图将政府管理社会的行政层级、政策作用层次与政策效应广度有机统一，形成一定的政策层次与政策体系。以航空经济区域发展政策、航空经济产业发展政策、航空经济企业发展政策为政策效应主体与空间范围，并可分为国家层级的航空经济政策与地方层级的航空经济政策。简单地说，航空经济制度创新的内容包括区域发展政策、产业发展政策和企业发展政策。区域发展政策涉及国家级的航空经济区发展政策和地方性的航空经济发展政策；产业发展政策涉及重点发展航空经济核心产业政策、有序发展航空经济关联产业政策和优化增强航空经济引致产业政策；企业发展政策涉及航空经济企业组织的培育与支持政策、航空经济企业发展的战略引导政策。

现代市场经济发展的规律要求政府不应过多干预企业自由竞争成长，然而，企业总是难以解决外部性、部门协调、基础设施、金融制度、法制等影响交易费用的企业外部环境问题，这需要政府发挥因势利导的作用，尤其是航空经济是新经济形态，更需要新型的政府管理，这呼唤一系列、多环节的社会经济发展与管理制度创新。

3. 机场属地化改革引发的航空经济浪潮

目前，我国改革开放已进入深水期和攻坚期，深化改革和扩大开放仍然是经济社会发展的动力之源。航空经济是我国经济进入新常态下催生的新型产业，既是引领经济持续发展的新增长点，又是改革开放的新高地。航空经济的国际性特征需要进一步扩大对外开放；航空经济诞生于传统经济之中需要深化改革。郑州航空经济综合实验区是中国经济发展方式转变的探索，更是中国区域创新体系的补充。政府推进跨越发展型（郑州模式）与原始创新主导型（北京模式）、全面综合协调型（上海模式）、企业主体主导型（深圳模式）、政府推动主导型（苏州模式）共同构成了中国特色航空经济区域创新体系。

2013 年国务院批准郑州航空经济综合实验区发展规划，开了以国家力量推动中国航空经济大发展的先河。到 2025 年，郑州航空经济综合实验区将成为"大枢纽"——航空货邮吞吐量达 300 万吨，跻身全国前列，国际航空货运集散中心地位显著提升；拥有"大产业"，也就是形成创新驱动、高端引领、国际合作的产业发展格局，与航空关联的高端制造业主营业务收入超过 1 万亿元；建成"大都市"，营商环境与国际全面接轨，建成进出口额达到 2000 亿美元的现代化航空都市，成为引领中原经济区发展、服务全国、连通世界的开放高地。对此，河南省省长谢伏瞻认为建设郑州航空经济实验区的根本目的就在于推进河南省经济结构调整和发展方式转变："物流业的发展对航空建设是至关重要的，通过服务业的发展支撑现代制造业和高端制造业发展。使得我们的三种产业更加协调，使得我们的企业更具竞争力。"

（二）先进城市管理体制经验借鉴

1. 管理体制的结构与内容

航空经济管理体制包括机场运营管理体制以及航空经济区开发管理体制两大板块，涉及各级政府以及各类市场主体。机场作为各地发展航空经济的核心载体，其运营管理体制可以从机场运营的主体差异分为国家管理、城市政府管理和私人企业管理三种基本类型。航空经济区开发管理体制则根据各城市航空经济起步时间的差异以及各自社会经济基本制度的差异可以分为政府主导开发管理、市场主导开发管理以及政府与市场结合开发管理三种基本类型。

（1）机场运营管理体制。一是国家管理。这种管理方式在一些非市场经济国家比较流行，我国目前只有首都机场和西藏地区的机场采用这种管理模式。所谓国家管理是国家的民航主管当局直接管理航空。我国已把大部分航空划归地方政府领导。在美国首都特区的两个航空原来是由联邦航空局直接管理，但这个架构于 1987 年终止。经国会批准，FAA 将两个机场租给大华盛顿特区政府，由华盛顿特区政府与弗吉尼亚州直接向国会申请组建机场管理局，负责两机场的运行、规划、建设、财政、维护及公众安全。二是当地政府管理。目前世界上的大部分航空都采取这种形式，我国除首都机场集团属下的北京、天津及重庆等机场以及西藏机场外，属地化改革后均为地方政府管理，包括由省级政府和市级政府管理。当地政府管理能把地方社会经济发展的要求和机场统一协调起来，调动了地方投资的积极性，因而这种形式的管理效果较好。不足之处是会与空管当局及非本地的航空公司产生利益上的矛盾要注意协调解决。三是私人企业管理。这种方式只有在英国和美国的一些小型航空中实行，它完全按照企业来经营但受到政府相关法规的限制。我国目前没有这种类型的机场管理体制。

（2）航空经济区开发管理体制。政府主导开发管理。机场建设与城市建设相结合是政府实施区域开发的重要途径。在航空经济起步较晚的发展中国家比较常见，如全面负责韩国仁川机场周边区域开发的韩国建设交通部就是由韩国总统直接授权的。阿联酋的迪拜航空城的开发建设作为迪拜世界中心（DWC）内的一个开发重点是由迪拜政府负责开发的。

市场主导开发管理。政府负责机场运营及机场规划范围内的配套服务设施的管理建设，而机场周边地区的开发则由各类运营商负责开发建设，政府对机场规划范围外的土地开发仅在宏观方面给予指导，并不直接干预运营商的开发。主要以市场经济较为发达、土地产权私有、航空经济起步较早的城市为代表。

政府与市场结合开发管理。政府指导与市场机制相结合是指一方面成立政府开发管理机构，另一方面又通过成立各类开发实体以及吸引各类运营商来推动航空周边地区的基础设施建设和产业园区开发。在经济发展迅速的发展中国家的大中型城市，以及部分需要通过在机场周边地区实施大型振兴计划实现城市复兴的城市较为常见。例如香港机场所在的大屿山岛开发，除了香港机管局负责机场规划区的开发外，周边迪士尼乐园、东涌新市镇等地区的开发均采取了政府主导方式，并通过土地拍卖、引进战略合作者等市场化运作方式推动开发。

2. 航空港实验区管理体制经验借鉴

根据对国内外门户城市的研究分析，以机场运营管理和机场周边地区开发管理两条主线，我们可以总结归纳出两大航空经济的管理体制类型为机场运营主导模式和航空开发主导模式。后者根据航空开发主体的不同又分为市级统筹发展模式、区级开发主导模式以及政策新区模式三种类型。各种模式具有不同的优点和不足，具体体制架构与运作效率也与当地实际情况密切相关。

（1）机场运营主导管理模式——香港。管理架构方面实行政府拥有和机管局经营模式。香港国际机场由政府拥有和经营，民航处负责提供航空交通管制服务、为在香港注册的飞机签发证书、监管航空公司履行双边民用航空运输协议以及管制在本港的一般民航活动。香港机场管理局（机管局）根据民航处发出的机场牌照管理和营运香港国际机场。机场管理局是政府拥有的法定团体，根据机场管理局条例（《香港法例》第483章）成立。它的事务由董事会监管，董事会成员包括公职人员和非公职人员。机场管理局负责机场的管理和营运工作，包括机场内部及周边的功能区开发，如香港"航天城 skycity"项目就是由香港机管局地产业务组负责。但对于其他一些主要的服务，仍由政府提供，包括空中交通管制、航空气象服务等。消防处则提供飞机救援及消防服务。此外，民航处负责对机场和飞机安全的监管工作。

表1　　　　国内外门户城市先进的航空经济管理体制模式比较

类型	模式	优点	不足	典型城市
机场运营主导	机场管理主导模式	以机场运营为主要目标，政府、企业、团体等多元主体参与，社会化运作	忽略航空经济区开发，仅适合航空所在城市已经高度开发的情况	欧美、日本的城市及中国香港等
航空开发主导	市级统筹发展模式	成立统筹机构，有利于协调多个利益主体。航空经济区开发由航空所在区政府主导	统筹难度大，需要强化政府职能，可能不利于社会化运作	上海、重庆、深圳等
	区级开发主导模式	以区级政府开发主导，机构精简，运行效率高，引入市场机制	利益主体各自为政，缺乏统筹机构，难以统筹兼顾，仅适合航空位于单一行政区的情况	北京
	政策新区模式	成立政策新区，依托强势机构协调各方利益，航空经济区开发服务于政策新区开发	综合改革力度大，需要上级政府支持。缺乏成熟经验，运行效果尚待验证	天津

机场运营方面实施机场特许经营管理的模式。为了充分利用土地资源并促进机场的货运服务和支援服务取得规模经济效益，机管局将五项航空货运及航空后勤相关业务实施机场特许经营管理的模式。

以航空货运专营权为例，机管局以 BOT（修建—营运—移交）的方式将其批给不同营办商，营办商将货物处理收入的10%付给机场作为营运权费，这些收入占香港机场2004年总收入的14%左右。对于营运商来讲，这样既有利于各家公司形成规模效益，又引入了竞争，促使不同营运商在相互竞争和合作中不断提高服务质量。对于机场来讲，机管局基本不直接经营机场业务，但对各运营商行使监管权，同时进行灵活的商业运作，不仅通过 BOT 的方式获得投资额很大的机场业务设施，同时还可在经营财团的营业额或赢利上分成。这是一种风险最低和回报率极高的投资模式。

以 DHL 空运（香港）有限公司为例，公司于 2002 年获得机场速递中心 15 年专营权后，投资 7.8 亿港币兴建香港首个机场速递货运站，并于 2004 年投入使用，使得香港成为 DHL 的中亚枢纽。在 2019 年专营权到期之后，DHL 须将速递货运中心无偿移交给机场管理局，或签订新的合同。

又例如货站经营方面，香港机场的货站目前主要由香港空运货站有限公司、亚洲空运中心有限公司、DHL 速递中心经营，年限为 20 年，由其自行融资、建造及营运。但货物的收费定价，必须由机场管理局与接受特许的企业共同制定，并且该价格只能维持 6 年，然后由机场管理局再重新评估。货站一旦运行，机场管理局则向上述经营者收取货物处理收入的 10% 作为回报。

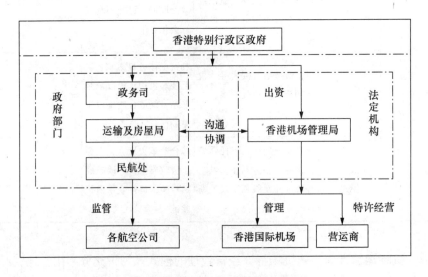

图 1　香港航空经济区管理体制示意

（2）市级统筹发展模式——上海、重庆、深圳。成立市级统筹机构。1998 年上海市成立上海市航空管理委员会作为市政府议事协调机构负责协调涉及航空的重大问题。下设办公室，作为上海市航空管理委员会的常设办事机构承担日常事务工作，主要行使市政府对航空地区的行政管理职能。2005 年，上海市率先在全国省市一级口岸管理机构中进行重大改革和调整，成立上海口岸工作领导小组及其办公室，撤销上海市航空管理委员会及其办公室。原由上海市航空管理委员会及其办公室承担的口岸协调管理职能交给上海口岸工作领导小组办公室，航空地区行政管理职能经法定授权后交给上海机场集团有限公司。

重庆市在 2007 年也成立了重庆市民航发展建设领导小组及办公室。深圳市早在 2006 年也对航空管理体制进行了改革，颁布了《深圳国际机场管理办法》，并成立了深圳市航空管理委员会及办公室，统筹全市航空产业和航空区域发展。

航空经济区开发方面形成了区级政府主导的有针对性开发的格局。上海市作为国内唯一拥有两个国际机场的城市，在虹桥国际机场所在的长宁区和浦东国际机场所在的浦东新区分别成立了虹桥临空园区办公室（发展有限公司）和浦东川沙功能区域管委会，负责区内临空产业园区的开发。重庆市则在渝北区成立航空国际新城建设协调领导小组和航空国际新城管理委员会，负责重庆航空国际新城的建设开发，同时也成立了航空工业园区管理委员会，管理航空工业园区。深圳则在宝安区规划建设福永航空城，深圳保税区管理局也正在宝安区规划建设航空保税物流园区。

三城市航空经济管理模式的异同。上海、重庆和深圳三个城市都成立了航空经济的市级统筹机构，但是这些市级统筹机构的领导和执行力度存在一定差异。

上海市是最早成立航空经济市级统筹机构的城市，并且在 2005 年根据实际发展需要进行过管理架构的改革调整。航空区的行政管理职能由原来的专设机构上海市航空管理委员会移交到法定授权的上海机场集团有限公司，总体发展上呈现出逐步社会化趋势。

重庆成立了重庆市民航发展建设领导小组，办公室设在重庆市发展与改革委员会，但是具体负责航空经济区航空新城开发的是渝北区的航空国际新城管理委员会。

深圳市是国内第一个通过地方立法形式明确航空发展各主体的权责关系的城市。根据《深圳市宝安国际机场管理办法》成立了深圳市航空管理委员会及办公室，挂靠在深圳市交通局，主要负责对机场的统一管理。机场管理机构在航空委及其办公室的指导下，负责机场的日常运营管理。总体来说，深圳市的市级统筹机构更多的是参考香港机管局的模式，主要以机场运营管理为主，对于航空经济区的开发仍然是以机场所在的宝安区主导。

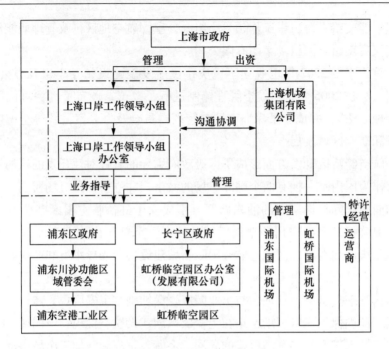

图2　上海航空经济区管理体制示意

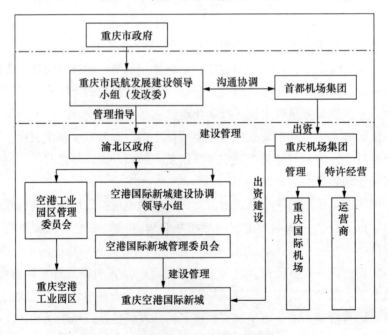

图3　重庆航空经济区管理体制示意

此外，从机场运营方面来看，首都国际机场和深圳宝安机场都是民航总局实行特许经营的试点机场，而重庆江北机场在加盟首都机场集团以后也进行了特许经营的探索。

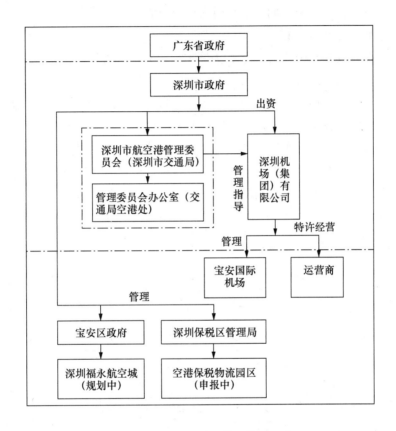

图4　深圳航空经济区管理体制示意

（3）区级开发主导模式——北京。区级开发主导。北京顺义区是国内第一个提出依托枢纽机场发展临空经济的行政区，早在1992年就开始了临空经济区的开发。目前，围绕首都国际机场已经形成了航空经济开发区、天竺出口加工区、航空物流基地、北京汽车生产基地和国门商务区等六个功能组团，并成立了相关的园区管理委员会，在区政府的管理指导下负责园区的建设开发。

航空经济区开发模式多样化。北京尽管没有成立管理航空经济发展的市级统筹机构，但是由于是由航空所在的行政区政府主导，航空经济区的开发立足机场周边实际，针对性强，充分调动了政府、企业等主体的积极性。顺义区的临空产业园区开发除了有政府机构主导的管理委员会，如北京航空经济开发区管委会等，也有事业单位模式运作的北京临空国际经济技术开发中心管委会，同时也有引入市场机制，设立开发公司模式的北京航空物流基地开发中心。

区级开发主导模式的思考。从总体结构来看，北京市没有成立市级的统筹机构，航空经济区的开发以航空经济所在的顺义区主导，总体行政管理层次较少，架构比较精简。北京顺义区航空经济起步及发展来源于地方政府对市场的自发需求的引导，因而开发的针对性较强，市场化程度相对较高。由于首都国际机场航空经济区的范围主要集中在顺义区，并且发展成熟度高，现有区级开发主导模式并没有进行根本性改革的迫切需要，近期还是以提高运行效率为制度建设重点。

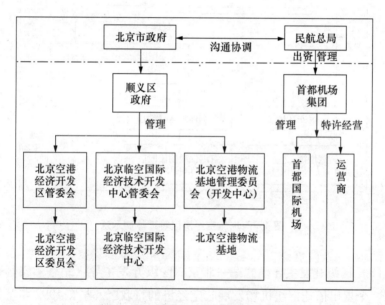

图5　北京航空经济区管理体制示意

（4）政策新区模式——天津。市级层面成立滨海新区管理委员会及办公室。1992年天津市划定了滨海新区并成立了相应的管理机构，2006年纳入国家总体发展战略，成为国家综合配套改革实验区。滨海新区不是一级行政区，内含塘沽区、大港区等5个行政区与天津保税区等3个功能区，它们的行政级别都是一样的。滨海新区管委会不是一级政府，而是天津市人民政府的派出机构。

航空经济区开发由所在行政区及功能区主导。天津临空产业区作为滨海新区八大功能组团之一，在范围上包括了天津滨海机场所在的东丽区部分街道（镇）以及天津保税区的航空物流加工区以及天津技术经济开发区西区。其中，天津保税区、航空物流加工区成立了管理委员会及办公室，下设各园区管理委员会，负责天津航空物流区、天津保税区、航空物流加工区和天津民航科技产业化基地的开发建设。由于临空产业主要集中在航空物流加工区和天津开发区西区等经济功能区，因而天津滨海机场所在的东丽区并没有划定航空产业园区并设立专职管理机构，仅与天津滨海机场在建设管理方面建立了紧密合作关系。作为天津滨海机场的母公司，首都机场集团也在天津滨海机场进行了城市客运专线、餐饮等方面的特许经营探索。

航空经济政策新区管理模式的思考。从区域管理体制来看，滨海新区并非一级行政区，其管理委员会作为市政府的派出机构，既没有深圳特区的时效和体制优势，也没有上海市委统一领导浦东的权势，而是模仿"大伦敦"的概念，由管委会管理。这在中国是一个新探索，并没有成熟的经验可供借鉴，需要国家层面的政策支持。国家把滨海新区列为国际综合配套改革实验区正是对这一政策诉求的认可和呼应。从航空经济区开发来看，航空产业区作为滨海新区八大产业功能区之一，其开发建设服务于滨海新区总体改革发展目标，同时航空产业主要集中在经济功能区，由滨海新区管委会统筹开发建设，相应地弱化了机场所在行政区政府的作用。

（5）总结与启示。国内外门户城市航空经济的发展实践表明，航空经济的发展正由"城市的机场"演变为"机场的城市"，从一个单一的交通中心转变为一个以航空主业为依托，融合航空物流、国际商贸、高新技术产业等于一体、辐射周边区域的经济中心，区域新的经济增长点与城市的成长空间。同时，政府治理理论的最新研究成果表明，世界各国的政府管理正从管理型向治理型和服务型转变，政府的有形之手与市场企业的无形之手以及各种社会组织有机结合，共同推动政府管理体制的改革创新。对应的，航空经济区及机场的管理体系构建也由以航空、交通为主线转变为以产业、经济发展为主线，由政府管理主导模式转为政府与市场有机结合的模式。

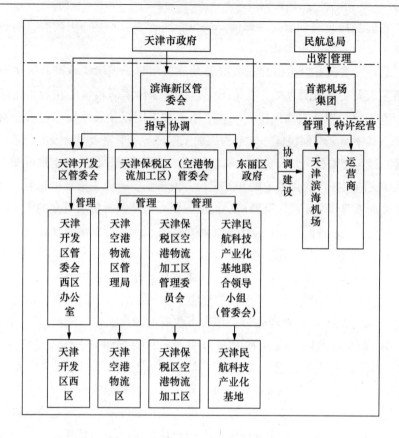

图6 天津航空经济区管理体制示意

（三）管理体制机制创新经验借鉴

1. 航空建设扶持政策

（1）航空建设财务管理政策。航空具有公共服务性质，初始投资需求大，一般都需要政府的参与和补贴。根据补贴的来源不同，财务管理方法分为四种：政府管理补贴，计划经济国家和发展中国家多采用；航空公司补贴，国外一些大型航空采用；独立核算补贴，航空自己承担财务风险，但在政府规定范围内，对航空公司的收费可浮动，我国的大部分航空都采用该运行方式；纯企业运行方式，目前只在英国的私有化航空中实行。

（2）航空建设资金的筹集政策。政府投资是建设航空的主要资金来源，我国大型航空建设的中央投资超过50%，其他部分由地方政府投资或发行政府债券、征收机场建设费或建设税来解决。其他还有航空发行债券方式或股票以及私营开发商或国外资本进行投资的第三方投资方式。例如，密歇根底特律大都市区机场建设费用的来源中62%来自韦恩县发放的债券、25%来自客运设施费、14%来自联邦和州政府的基金。又如深圳市机场股份有限公司以社会募集方式设立，公司以发起人净资产投入折为国有法人股，并向社会公开发行普通股。

2. 航空港实验区发展政策

航空经济的政策实施主体。目前国外航空经济产业链已基本成熟，由传统航空指向性产业更多延伸至旅游、服务等非航空指向性产业，向多功能经济综合经济转变，许多航空经济区已渐向航空城转型，因而航空经济的政策主体由机场当局上升为机场所在的城市政府。例如丹佛国际机场，它不仅仅是一个机场，而是带动区域发展的CBD，因而机场的发展成为城市发展的主要依托。北京、上海为促进航空经济发展，早在前些年就把发展航空经济由区级战略提升为市级战略。在制定发展规划的同时，还为机场及配套设施、产业、园区规划建设等方面出台相应的资金、用地、税费等扶持政策，并在航权、通关、空域等方面积极向国家有关部门争取了不少政策。

空港自由贸易区政策。总结国内外城市案例，仁川机场、新加坡樟宜国际机场以及美国迈阿密国际机场等地区产业发展的经验，可以得出以下启示：空港经济区内的自由贸易区是各国空港产业园区发挥空港经济辐射和带动效应最重要的载体形式。在国内，北京顺义临空经济区已经作为北京六大经济功能区之一享受特殊优惠政策。天津空港经济区也是位于国家级经济技术开发区——滨海新区之中并享有特殊政策。因此，设立空港自由贸易区，给予海关口岸监管、税收优惠等方面的扶持政策，成为各城市推动空港经济发展的一个重要选择。

三 郑州航空港实验区体制机制创新措施

（一）管理体制创新思路

1. 加快落实"两级三层"管理体制

坚持"市管为主、省级扶助"原则，省级负责宏观指导规划、决策管理、协调服务及与国家机关联络沟通；郑州市负责组织领导、具体实施、督促落实。郑州发展航空经济具有国内其他城市没有的特殊情况，是国内唯一的国家级综合实验区，具有先行先试权。郑州航空港实验区规划面积415平方公里，边界东至万三公路东6公里，北至郑民高速南2公里，西至京港澳高速，南至炎黄大道。按照"三区两廊"的布局空间规划，包括航空港区、北部城市综合服务区、南部高端制造业集聚区、沿南水北调干渠生态防护走廊、沿新107国道生态走廊五个部分。根据本次规划建议，郑州机场和机场保税区的建设也将纳入实验区管理体制中，由于经济实验区涉及的部门多，为避免出现发展航空经济各自为政、过度竞争现象，需要建立一个强有力的省、市统筹机构，理顺各级政府部门的权责关系。

2. 坚持政府与市场有机结合

航空经济特质决定，在基础设施和宏观政策等层面，政府应该发挥主导作用，而市场机制及各类市场主体应该在交通物流支撑载体以及资源流的处理和利用等价值增值层面发挥基础性作用。对于郑州市发展空港经济而言，目前还无法像市场化程度极高的欧美及中国香港等先进城市那样，建立以市场机制主导的航空经济管理体制。因此需要建立政府和市场的作用有机结合的管理体制。除了成立政府机构直接推动航空经济的发展，还需要在政府指导下成立航空经济投资开发实体，负责航空经济及港区基础设施建设以及产业园区的开发经营，共同推动空港经济的发展。

3. 立足现实和动态发展

郑州构建发展航空经济的管理体制，既需要立足我国现有的基本政治体制、经济体制和行政体制，也需要结合郑州的实际情况，整合和利用好现有郑州机场和保税区经济管理机构的组织资源，建立市级适度集权和区级适度放权的管理体制格局。要用动态的观念看待实验区管理体制的改革创新。在实验区发展的前期，需要强化市级统筹机构的职能权限，增强统筹力度，并且通过成立实验区开发有限公司等经济实体，加快空港经济区公共配套服务设施的建设以及航空产业园区的招商引资工作进度。而在实验区经济发展进入健康稳定发展阶段后，要适当把市级统筹机构的权限下放，赋予各类市场主体更加充分的自主性和公平性，确保市场机制可以发挥基础性的作用。

（二）管理体制建设目标

1. 近期管理体制的架构

根据实验区近期发展需要，建议郑州经济综合实验区管理体制近期采取"行政化＋市场化"创新方向，强调政府指导下的市场化运作，建立

"市管为主、省级扶助，政府引导机制与市场化运作机制相结合"的管理架构。政府引导机制确保实验区发展的方向性和协调性；市场竞争机制确保实验区发展的效率。近期发展模式既考虑了与我国现行行政管理体制的衔接，也发挥了各市场主体的积极性，此外还可以通过调节政府与市场的关系，实现动态的发展，符合郑州航空港实验区管理体制创新的基本要求。

2. 远期管理框架的展望

近期确立"行政化 + 市场化"管理体制创新方向，主要是基于郑州发展航空经济的现有组织资源、发展环境等因素来考虑，具有一定优越性和创新性。但从动态发展的角度来看，也具有一定的局限性。长远来看，郑州航空港实验区的发展可先行先试，通过行政区划逐步调整的方式，打造一个管理范围合理、管理主体明确、权责分工清晰、资源利用高效的航空经济发展实体，承载中原陆港门户的核心功能，推动航空经济的快速发展。

（三）管理体制机制创新建议

加强政府的指导和调控，充分发挥市场配置资源的基础性作用，建立和完善促进"科学发展，先行先试"的体制机制，通过自身努力与国家支持相结合，确保实现发展规划确定的各项战略目标。参照国内外城市的先进做法，建议将实验区按照规划片区的功能定位给予优惠政策，包括财政支持、税费优惠和用地倾斜等，中远期探讨设立空港经济自由贸易区的可行性。

1. 推进"大部制"改革，实现领导指挥前移，管理重心下移

（1）职能部门下沉。把职能部门的政策、资金、专业技术人员等资源集中向园区、片区倾斜，职能部门职责由宏观管理向服务一线转变，由"参谋部"向"作战部"转变，由原来的听项目向主动找项目、选项目、服务项目转变。

（2）减少管理层级。将各部门局长、副局长、科长、工作人员四个层级的管理体制，变成局长、综合办主任（局长或副局长兼）、工作人员三个层级。减少管理层级，领导指挥前移，提高工作效率。

（3）实行全员聘任制。通过公开选拔、内部竞聘、择优选聘等方式，实行全员聘任。将干部档案封存，打破身份界限、公平竞争、量才使用、能上能下，实行灵活的用人管理制度。

（4）实行绩效工资制。实行全员绩效工资制度，以岗定薪，岗变薪变。绩效工资总额，由基础性工资、岗位性绩效、奖励性绩效三部分构成。岗位性绩效、奖励性绩效是与绩效考评结果挂钩的可变和动态的奖励。奖励重点向一线工作岗位倾斜，向有突出贡献的单位和个人倾斜。

（5）实行督考合一的绩效考评制度。成立督查和绩效考评办公室，负责对全区各单位进行绩效考评和重点事项督查督办。建立以KPI（关键业绩指标）为核心的绩效考评体系，采取"一事一督一评"、"周清月结季考"、逐级逐人考评等办法，形成了上级、同级、下级、服务对象等共同参与的360度绩效考评机制。绩效考评结果与绩效奖励、干部聘任、评先选优挂钩。

2. 逐步建立企业化管理机制，实现政企"无缝"对接服务

（1）组建国有公司为实验区提供公共服务。为了从根本上改变以往由政府派出机构——管委会来建设开发区的单一模式，航空港实验区应成立国有开发建设有限责任公司作为开发建设主体，管委会与开发公司实行一个机构、两块牌子，干部交叉任职。开发建设公司实行独立核算、自主经营、自负盈亏、自我发展，通过多种渠道筹集发展资金，以工业项目为主体，进行土地整理、基础设施与厂房建设，通过土地出让，厂房出租、出售，实现资产保值、增值，进而实现滚动发展。

（2）实行重点建设项目包保责任制。切实解决项目单位落户实验区遇到的具体困难和问题，坚决做到：项目注册有人服务，项目开工专人负责，项目遇难领导帮办的政企"无缝"对接新举措。

（3）探索开放办公有效途径。在实验区逐步试行机关和基层干部办公视频公开、职责分工公开、电话号码公开、文件档案公开、重大事项公开等，使开放办公落到实处。

（4）在工商注册方面，推行营业执照、组织机构代码、税务登记证和刻章许可证"四证合一"的登记新模式。将目前由商事登记部门、组织机构代码登记部门、税务部门、公安部门分别办理改为由商事登记部门统一受理、审核，从而实现四证齐发、档案共享、一次领取的高效办证目标。

（5）简化林地及采伐手续办理，建议由实验区直接报省林业厅审批办理，并定期向市林业厅备案。

（6）优化环评制度，实行新的建设项目环评分类管理名录。对环境影响较小的部分基础设施和产业类项目，不再审批环评。加强区域规划环评，对已完成规划环评审批区域的建设项目，简化环评手续，缩短环评公示时间，探讨由前置审批改为后续监管。

（7）对文物勘探工作，鉴于上级部门人力不足，建议权力下放实验区组织实施。

3. 创新融资模式，拓宽融资渠道

（1）积极争取上级财政资金和专项资金支持。一是成立实验区经济产业投资基金，积极争取国家发展改革委等国家有关部门对河南省申请设立郑州航空港实验区产业投资基金的支持；二是争取郑州市将实验区市政建设纳入市级市政建设统一部署，并将大型基础设施建设列为市重点建设项目，并给予资金扶持。

（2）鼓励BOT投融资方式。目前实验区建设项目集中，资金占用量大，为减轻资金压力，缓解资金供给矛盾，应积极探索适合自身建设的投融资方式，把信誉好、有实力的建设企业吸引到项目投资建设中，引入国际先进的BOT投融资建设模式，实现政府与企业"双赢"。对一些公用基础设施，如轨道交通、公路建设、客运站和污水处理等市政工程，采取转让项目开发权、经营权、股份合作等方式，积极吸引民营资本参与。

（3）搞好土地经营，扩大建设资金自我供给。以实验区发展有限公司等开发实体为主，授权其开发实验区重点产业园区的开发建设工作。通过土地的滚动开发，实现实验区自我积累、自我发展。实验区区内的土地实行动态价格，根据土地的不同地段、用途、使用年限和外部条件，逐块逐段地确定转让价格，力争土地收益最大化，使之成为基础设施建设的主要资金来源之一。

（4）积极争取银行贷款，获取信贷资金支持。一是按照资产负债的合理比例继续推进银企合作，适度负债经营，争取更多资金投入基建；二是加大资金管理力度，确保资金安全，增强融资信誉，稳固优质客户地位，提升融资能力；三是建议各区组建信用投资担保公司，积极探索信用担保融资，为空港经济区获取更多信贷资金。

（5）对重大项目、重点企业实施优惠政策。依据国家法律法规，制定实验区龙头企业级项目税收优惠资格标准，实行年度评选，对符合标准的企业或项目实行一定的税收返还和税费优惠政策，培育和提升港区企业竞争力。对世界500强企业等跨国公司、各类总部企业进驻实验区给予资金奖励和税费优惠政策，外资企业可以参照加工区的税收优惠政策执行，对国内外知名企业、品牌企业进驻给予一定期限内的税收返还政策等。

4. 加快大通关体系建设，打造对外开放新高地

建议成立由主管省长任组长，省口岸办、郑州海关、河南出入境检验检疫局等单位负责同志参加的关务工作领导小组，办公室设在省口岸办，主要研究货物通关转关的便利性和效率问题，并向国家海关总署和国家出入境检验检疫局提出解决方案，力争把郑州机场打造成为国内通关转关最便利和效率最高的航空口岸，为建设国际航空物流中心提供有力支撑。

5. 引进与投入并举，加快提高对实验区的智力支撑能力

加大招才引智力度，加快对"千人计划"专家的引进力度，引导和支持省内乃至全国高校在实验区设立分校，鼓励和引导国家级和省级重点实验室、工程中心优先布局在实验区。围绕实验区三大主导产业、八大产业园区，整合全省职业教育培训资源，促进产学研紧密结合，共同建立技能型紧缺人才公共实训基地。

（1）以服务聚集人才。加强人事部门、高校、航空相关企业的对接，研究航空经济发展对人才需求的特点，积极引进高层次、复合型和紧缺型急需人才，制定航空人才服务政策，如完善航空高级人才子女教育服务、对短期滞留的外国专家实行免签证等。

（2）以园区承载人才。建设国际化产业园区和居住社区，以优厚的待遇、宽松的环境、广阔的创业空间、宜人的产业环境和完善的管理服务等留住人才。

（3）以科研培育人才。依托郑州高等院校、科研机构和行业协会，积极开展科研合作、职业培训、专业研讨、信息交流等方面的活动，做好航空产业紧缺人才的培养和管理。鼓励企业与科研院所合作建立技术研究院和产学研基地等，推动科研成果转化。

郑州航空港实验区人才
形势分析与对策

井　辉

2013 年 3 月 7 日，国务院批准《郑州航空港经济综合实验区发展规划（2013—2025 年）》，郑州航空港经济综合实验区成为我国目前唯一一个以航空经济为主题的国家级新区，肩负连通内陆与世界，推动中原崛起、河南振兴的重任。然而，郑州航空港实验区的发展，离不开人才的支撑，人才问题是关系郑州航空港实验区发展的关键问题，人才资源是制约郑州航空港实验区发展的最重要的战略资源，认清郑州航空港实验区的人才形势有助于明确实验区的人才资源开发战略与思路，为郑州航空港实验区的建设与发展提供支撑。

一　郑州航空港实验区人才需求形势

目前，郑州航空港实验区已经吸引数十家优秀企业落户，既有世界一流的大公司，如富士康、美国 UPS、统一集团、菜鸟网络等，又有一系列河南本土优秀企业，如好想你枣业、众品食业、雏鹰集团、立志成为国际网购"中国提货中心"的河南省进口物资公共保税中心等，还有一批在国内具有一定影响力和市场份额的医药企业，如云南白药集团、辅仁药业等。这些企业的入驻为郑州航空港实验区的临空产业发展、产业结构优化起着举足轻重的作用。

《郑州航空港经济综合实验区发展规划（2013—2025 年）》明确提出，郑州航空港实验区将依托航空货运网络，加强与原材料供应商、生产商、分销商、需求商的协同合作，充分利用全球资源和国际国内两个市场，形成特色优势产业的生产供应链和消费供应链，带动高端制造业、现代服务业集聚发展，构建以航空物流为基础、航空关联产业为支撑的航空港经济产业体系。

在《规划》指引下，郑州航空港实验区引进入驻的企业基本上都是与航空港经济产业体系发展一致的临空偏好性产业。与此同时，由于郑州航空港实验区作为中原经济区的增长极，其产业和经济发展具有明显的辐射和带动示范作用，实验区的快速健康发展也必将成为河南省甚至中原地区经济增长的重要支撑。临空偏好性产业的发展和大量与之相关企业的入驻是带动郑州航空港实验区发展的必要条件。然而，产业的发展必然会导致对人才资源需求的增加。郑州航空港实验区作为一个新区，无论是教育培训、科学研究，还是人才开发力度和人才成长环境等都落后于成熟的都市区，尤其是高级管理人才和技术人才的缺乏，直接制约着郑州航空港区能否实现跨越式发展。

（一）人才需求的总体形势

郑州航空港实验区的建设与发展对人才的需求包括数量、质量和类型三个方面。据测算，总体上近期郑州航空港实验区至少可以带动航空业20万以上的人口就业，如果加上高端制造业、电子信息技术等各种产业，人才缺口将更大；从远期来看，郑州航空港实验区人口规模2020年达到90万，2030年达到190万，2040年达到260万。随着建设的推进及资金投入的大量增长，相匹配的人才的需求数量也必然随之大量增加。

实验区建设不仅对人才需求数量庞大，同时对人才需求质量也提出了较高的要求。郑州航空港实验区紧紧围绕高端制造业、航空物流业和现代服务业三大产业体系招商引资，这必然决定了其发展对相关产业的大量高质量人才的需求。其中，高端制造业技术含量高，附加值高，航空物流业以航空运输为主要运输方式，运输速度快，空间跨度大，运输质量高，能够实现精益供应链运作，现代服务业作为高端制造业、航空运输业的辅助产业，支撑着郑州航空港实验区的高速运转，这三大产业都需要掌握必要的专业基本技能，同时具有良好的实践能力和创新能力的高级经营管理人才、高技能人才。

从产业分布和未来发展来看，郑州航空港实验区所需人才大致可以归纳为以下几大类：一是专业人才，包括航空物流、高端制造、现代服务业等领域的专业技术人才，尤其是需要一批拥有核心技术和自主研发创新能力的航空工程技术人才和科研开发人才。二是具有战略思维和国际视野、熟悉国际商务运行规则、具有跨文化沟通能力的高层次经营管理人才。在不远的将来，郑州航空大都市将迎来世界公民，因国际航线的繁荣，一些国际大型物流企业、仓储企业、相关配套性的产业必将应运而生，将会需要大批具有国际化视野的经营管理人才。三是具有较高知识层次和创新能力、具有较强适应能力、掌握精湛技艺的高技能人才，如涉外语言专业人才、物流人才、国际经贸商务人才。

就目前而言，郑州航空港实验区尤其需要解决外语、物流、国际商贸专业人才的需求问题。

（二）对外语专业人才的需求

随着郑州航空港实验区的建设和发展，河南省外资利用成效显著，而且随着对外经济合作步伐的快速推进，在努力培育新的经济增长点，谋求全省外向型经济发展过程中，对涉外人才的需求在发生着深刻的变化，翻译、外贸、物流、会展等方面的外语人才需求也越来越旺盛，以"应用型"为特色的复合型外语人才越来越受到用人单位的欢迎，同时那些既有专业知识又懂外语的"双料"人才也备受用人单位的青睐。郑州航空港实验区作为郑州航空大都市的核心层，一切生活都将国际化。也许，前一秒，你听到的还是"中！中！中！"随之而来的却是英语、日语、韩语。而目前就河南省整个区域而言，外语人才培养的现状明显落后于郑州航空港区建设的需求，熟悉国际规则和国际惯例、具有跨文化沟通能力的专业人才更为缺乏。为了最大限度地利用全球范围内的资源打造新的经济增长核心，培养懂专业、懂世界、懂游戏规则的复合型外语人才将成为当务之急。

（三）对物流专业人才的需求

近年来，河南省政府吸引外资的良好局面已经初步形成，以高端制造业、航空物流业、现代服务业为主体的现代产业体系逐渐在郑州航空港区建立起来，电子信息、汽车制造、生物化工、医药生产和高科技农业等企业纷纷在郑州航空港实验区布局。UPS、DHL等国际知名航空快递物流企业也纷纷抢先在郑州设立基地。河南保税物流中心已经开展了以快递为主要服务内容的进出境电子商务试点，郑州直达欧洲货运班列的开通也为郑州开展电子商务和航空物流带来新的发展机遇，这就需要有大批的物流专业人才作支撑。郑州航空港实验区所在省份——河南省是一个内陆省份，外向型经济基础薄弱，国际化程度比较低，人们的国际化意识不强。河南省高等教育水平相对来讲比较落后，特别是在国际化物流人才的培养上更为落后。河南当地高校的物流管理专业的教学重点一直放在公路运输物流、铁路运输物流及一些相关的物流服务方面，对于航空物流的教学只是点到为止。众多物流企业正由于专业物流人才的缺乏而捉襟见肘，高级物流人才的匮乏严重制约着航空港物流行业的长远发展。

（四）对国际商贸人才的需求

郑州航空港实验区建设离不开国际商务应用型人才的支撑，如熟谙国际贸易、具备较好外语能力的国际贸易和国际营销人才，具有战略开拓能力和现代管理水平、熟悉和利用国内国际两种资源、两个市场的高级管理人才，精通国际投资又熟练运用外资政策的高级招商引资人才，精通国际金融、国际法律的国际经济合作高级业务人才，等等，这些专业性的人才十分稀缺。同时，也亟须大量基础性、实用型的经贸人才，如初级国际经济合作业务人员、初级招商引资人员、外贸单证员、报检员、报关员、国际货代员、外贸财会人员等。但是，相对郑州航空港实验区人才的旺盛需求，河南高校的总体发展和人才培育呈现滞后状态，与航空港建设的发展需要不协调、不同步。国际经贸商务人才的紧缺已然制约着郑州航空港实验区的发展水平和层次，成为其大规模高水平发展的"瓶颈"。

二　郑州航空港实验区人才开发现状

近年来，为解决人才资源的需求问题，在省市的大力支持下，郑州航空港实验区出台了一些人才开发政策和措施，并产生了良好的效果。

（一）人才开发政策

为弥补郑州航空港实验区相对薄弱的人才基础问题，引导人才向郑州航空港实验区集聚，为郑州航空港实验区现代产业体系的建立和发展提供强有力的人才支撑，河南省委、省政府及相关部门上下联动，共同为人才引进和发展出台并实施了一系列优惠政策，为郑州航空港实验区人才开发、流动、配置提供了强大的智力支撑和保障。

在人才就业服务方面，为了更好地为郑州航空港实验区发展提供人才服务，河南省人力资源和社会保障厅成立了郑州航空港实验区人才服务工作领导小组，并制定了《郑州航空港经济综合实验区人才服务工作方案》，每年将为郑州航空港实验区举办两次人才专场招聘会、两次网上人才招聘会，并通过在郑州航空港实验区持续推进人才引进、人才招聘、人事档案管理、流动党员管理、人事代理、高级人才寻访等综合性人才服务工作，为航空港经济综合实验区的发展提供充分的智力支持和人才保障。同时，作为河南省人才交流的服务机构，河南省人才交流中心也根据规划精神，提早开始调研和谋划，派出专职人员，组成郑州航空港实验区服务小组，深入实验企业，了解企业经营情况和人才需求状况，编制港区企业人才需求目录，并在企业建立人才信息联络员，全面开展郑州航空港实验区人才服务工作。除了专项人才政策外，《河南省人力资源和社会保障事业发展"十二五"规划纲要》对综合实验区人才资源开发也提供了支持和保障。

在招才引智方面，2014年11月18日，"中国郑州航空港引智试验区"正式挂牌，全面拉开了郑州航空港实验区"招才引智"的大幕，为郑州航空港实验区的建设和产业发展提供了开放度最高、政策支持力度最大的引智创新工作平台。此前，在引进海外高层次人才方面，已经先后实施了"招才引智专项行动计划"、"国际人才交流合作项目资助计划"等项目，涵盖工业、农业、生态、民生等多项内容。2014年12月郑州航空港实验区推出揽才新政，在航空物流、高端制造、现代服务三大主导产业领域实施"5511"人才引进培育计划，即力争用5年左右时间，引进和培育50名左右掌握国际先进技术、引领产业发展的领军人才，1000名左右从事科技创新、成果转化的高层次人才，集聚1万名以上高素质、高技能的实用人才，为郑州航空港实验区建设提供坚实的人才支撑和智力保障。

在优化人才发展环境方面，2014年12月，郑州航空港实验区出台了《关于建设郑州航空港人才管理改革试验区的若干意见（试行）》，在项目审批、工商登记、创业扶持、职称评审、成果申报、家属就业、子女就学、住房保障等方面，为人才开辟绿色通道，力争通过政策和服务在五年内引进千名高层次人才服务郑州航空港实验区建设。《意见》提出在优化人才发展环境方面，将规划建设专家人才公寓和人才定向租赁住房。不同层次的人才，可以分层次享受购房补贴、免费居住、租房补贴等优惠政策。同时争取省、市在郑州航空港实验区优先规划布局和建设大型医院、文化中心、体育场馆、公共交通等公共服务设施，提升公共服务水平。在郑州航空港实验区设立领事（外事）服务中心、海外高层次人才服务中心，建设国际学校或双语学校，营造国际化公共服务环境。此外，对引进的外国专家办理3—5年居留许可证或多次往返签证，并为其外籍配偶、未满18周岁子女办理相关手续；对引进的两院院士、国家"千人计划"专家等高端人才实行首席服务官制度。

在人才培养培训方面，郑州航空港实验区每年会拟订一些具有较高技能的培训计划，与一些著名学府结合，对特定急需的专业进行人员培训。当前，郑州各大高校在航空专业招生都加大名额，方向瞄准的是郑州航空港实验区建设，目标则是为河南省培养可从事现代航空港管理、航空乘务、民航旅客运输等管理服务的人才。郑州航空港实验区人才的培养，不仅仅在于地区高校定向委培，每年都会拟订一些针对空港经济发展的具有较高技能的培训计划。各种方式的人才培养是对郑州空港经济发展最好的支持，是人才需求的重要且固定的输出点。如郑州大学开设了航空经济与管理学科方向，重点培养航空经济与管理方面高端专业人才；郑州航空工业管理学院，新开设交通运输（航空物流）专业，并根据郑州航空港实验区的建设，对相关课程进行了专项定制。此外，还联合清华大学、同济大学、美国北卡罗来纳大学在内的多个科研院所筹建郑州航空大都市研究院，积极探索科技成果转化与人才开发新模式，目前也已完成建设方案，郑州航空大都市研究院将成为郑州航空港实验区新的引才和育才平台。

（二）人才保障措施

人才培养工作不仅包括把人才引进来，更重要的是如何让人才留下来。郑州航空港实验区作为全国首家被国务院批复航空经济实验区，这是优势，同时处理不好也可能是劣势。就人才建设而言，郑州航空港实验区会面对基础服务设施不全面，人才引进机制不完善，待遇不均衡等诸多问题。为了解决这些问题，也积极采取了一些措施。

1. 逐步夯实人才要素平台

在紧抓领军人才引进和实用人才保障工作的同时，郑州航空港实验区通过政策创新和产业驱动，初步构建了国家、省、市、区四级联动、互为补充的人才要素平台体系，人才高地雏形初显。其中最重要的莫过于2014年11月中旬，"中国郑州航空港引智试验区"的正式揭牌，这是继福建海西、山东日照后的第三个国家级引智试验区。这也意味着，郑州正在打造着国际智库基地，吸引着更多的世界一流人才和团队来服务郑州航空港实验区的经济建设。为了让国际人才"留得住",郑州航空港实验区也将在实验区内创新机制,在"衣食住行"、"科教文卫"等各方面为高端人才提供条件。此外,位于郑州航空港实验区的河南省人力资源综合服务中心已开工建设,建成后将成为河南省业务范围最广、政策体系最全的人才服务中心。

2. 逐步完善人才保障工作

为保证郑州航空港实验区对高端人才的需求,让人才在港区有家的感觉,郑州航空港实验区多策并举,实施了"一揽子"保障措施吸引人才来港区就业。除上述人才环境优化措施外,在鼓励政策方面,将从股权期权激励、财政奖励、创业成果孵化等多个方面提供支持。比如,对经省级以上科技主管部门认定的高新技术成果和发明专利入股投资的,其技术成果和发明专利最高可按 90% 作价入股;对来郑州航空港实验区创业的高端人才,按照所缴纳的工资性收入个人所得税地方留成部分的 50% 给予奖励,实施期限最长为 5 年。对高端人才直接创业或成立的高科技公司,郑州航空港实验区给予担保贷款支持,或安排专项资金予以贷款贴息支持。根据服务期限,郑州航空港实验区还可为入选的高端人才在 3 年内提供生活津贴;为入选的高端人才制定专项投保制度,实行特才特保。通过政策的支持,依托人才高地推动产业高地,努力将郑州航空港实验区打造成为人才智力高度集聚、体制机制高效灵活、创新创业高度活跃、新兴产业高速发展的人才体制机制改革先行区。

（三）人才政策效果

1. 高端人才引进工作取得了新突破

首先,2014 年 5 月 6 日聘请卡萨达教授为郑州航空港实验区管委会首席顾问,设立了卡萨达工作室。卡萨达教授分别于 2014 年 6 月、9 月、11 月来实验区开展工作。工作室成立以后,卡萨达教授将凭借他的全球声誉,及其工作团队的学术地位、研发能力和全球影响力,致力于郑州航空港经济发展的学术研究和航空经济高端人才培养工作,可以想象不久的将来卡萨达教授将会充分发挥其理论优势,为郑州航空港实验区建设提出多份极具价值的建议意见。

其次,为促进郑州航空港实验区生物医药产业和金融业发展,提升生物医药园区和投融资平台建设的规范化、科学化、国际化水平,2014 年10 月 25 日,郑州航空港实验区聘请国家"千人计划"专家张丹先生为生物医药产业顾问、汤晓东先生为金融业顾问。张丹先生为生物医药专家，在国际生物医药界享有盛誉，是国家首批"千人计划"专家。自受聘以来，张丹先生已着手航空港实验区生物医药产业规划研究、项目引进等工作。汤晓东先生为金融专家，是第三批国家"千人计划"专家。曾先后在美国荷兰银行、苏格兰皇家银行等机构担任要职，具有9年海外大型金融机构从业经历，在风险管理、金融衍生品开发、资金运作等方面积累了丰富的经验。现已帮助航空港实验区与多家国际性金融企业建立起联系渠道。

最后，借省委组织部下派博士服务团机会，郑州航空港实验区2014年引进了5名优秀博士，并完成2013年下派8名博士服务期满考核工作。

2. 实用型人才招聘效果显著

随着郑州航空港实验区的快速发展，已初步形成了以电子信息、航空物流和现代服务业三大新兴主导产业为代表的产业集群，呈现出国际与国内知名品牌、台（外）资与内资企业良性互动，共同发展的良好局面。单就代工企业巨头富士康来说，富士康项目将带动100多个产业、400多个配套企业落户河南。郑州航空港实验区企业的发展壮大带来了实用型人才的巨大缺口。过去的几年中，郑州航空港实验区实用型人才的引进工作取得长足的发展，基本满足了港区企业的用工需求。2013年5月5日，河南省人社厅联合河南日报报业集团，在省人才市场举办了首届"郑州航空港实验区专场招聘会"，招聘会上，有1.6万人进场求职，4000多人达成了就业意向。2013年12月15日，河南省人力资源和社会保障厅与河南省教育厅、郑州航空港实验区管委会联合主办了"新梦想就业创业公益行动之——郑州航空港实验区就业双选会"，在双选会上，来自河南省各高校近4000名毕业生到场求职，为河南省高校与郑州航空港实验区企业开展深入的校企合作奠定了良好的基础。2014年5月24日，在郑州航空港实验区内的台湾科技园举办了郑州航空港实验区专场人才招聘会。此次专场招聘会拟设展位100个，参会对象以郑州航空港实验区各用人单位为主，提供3000多个就业岗位。数据显示，仅在2014年9—10月就累计为富士康招聘员工97878人，天宇、朝虹电子等多家企业用工问题也都得到很好解决。多场招聘会的进行，不仅为企业带来了一大批有经验，有技能的高素质人才，同时也在郑州航空港实验区形成了人才聚集地。

3. 人才联合培养机制初步形成

由于郑州航空港实验区建设的特殊性，单单靠人才引进政策并不能完全满足港区的人才需要，并且专业技能方面也不能完全契合。因此，郑州航空港实验区不断增强对高等教育的投入力度，走实验区、企业与高校相结合之路，大力培养本地高技能人才。2013 年 7 月，"中国民航大学河南教育中心"揭牌成立，依托中国民航大学教育资源为郑州航空港实验区培养中高层管理人才，合作首次期限 5 年，预计每年将为河南航空经济发展培训各类专业性、实用性人才 2000 余人，这标志着郑州航空港实验区首个有关人才培养、人才引进的合作项目正式实施。2014 年 3 月 31 日，由中原工学院、俄联邦圣彼得堡宇航仪器制造大学和河南裕鸿置业有限公司三方共建的"中原彼得堡航空大学"落户郑州航空港实验区，致力于满足郑州航空港实验区发展和我国航空产业发展需要，培养具有国际视野、实践动手能力和创新意识强的高级应用型人才。

（四）人才开发措施的对比

在过去几年中，郑州航空港实验区在人才开发方面采取了多种举措，并产生了非常明显的成效。但与国内发达或较早设立类似实验区的人才开发措施相比，还有很大的提升空间。

1. 人才环境有待优化，全盘考虑和解决人才的后顾之忧

作为全国临空经济的发源地，北京自 1993 年起在推进临空经济区建设的过程中，为了解决人才资源需求问题，对企业招收接纳的高端人才，会给予进京户口指标，并在住房方面给予优惠。天津保税区为解决人才入住问题，在人才引进管理办法中规定优先安排各类人才的子女进入保税区内的幼儿园、小学和中学，为入区工作的人才（含按规定随迁的配偶、子女）优先办理天津市常住户口或蓝印户口，协助推荐其配偶就业；同时，针对海外归国创业的高级人才，其子女就读滨海新区国际学校国际部或者天津市内同类学校的，每名子女每个学年补助人民币 5000 元，每个高级人才子女教育补贴全部累计最高额度为 5 万元。上海自由贸易试验区为加大人才引进力度，优先解决其户籍，并在住房、医疗保障、子女就学等方面给予优惠或便利。与这些区域的做法相比，郑州航空港实验区在人才环境优化方面还有很大的改进空间。

2. 与高校合作急需加强，重视专业化培训

北京顺义区依据临空经济发展专门成立了北京现代职业技术学院，专

门设有与临空专业高度吻合的专业，为临空经济发展提供基础性的专业人才支持。天津保税区管委会、职业大学和区内的21家企业共同成立了区校企合作共建理事会，为保税区企业培养和招用高素质人才搭建平台。广州市为发展空港经济，依托广州高等院校、科研机构和行业协会，合作建立国际学校、技术研究院、产学研结合基地。成都西航港经济开发区则与当地的各高校建立了"人才培训联盟"，定期召开工作会议。上海自由贸易试验区管委会建立经贸人才基地，政校企合作培养紧缺人才，优化人才培养模式。由于郑州航空港实验区成立时间不长，虽然在人才合作培养开发方面做了一些工作，但人才合作培养开发的力度有待进一步增强。

3. 充分发挥人才中介机构的作用，成立人才储备库和信息平台

上海自由贸易试验区设立中外合资的人才中介机构，发挥外资人才中介的优势，以便了解全球人才的流动状况、跨国公司用人需求、人才资源在何处等，在高端人才的引进中掌握主动，而且许多发达国家的高端人才对有品牌的人才中介机构有较高的信赖度；中外合资人才中介机构可以更好地为境内市场、境内企业发掘国际性人才。北京和广州等地为吸引全球的各类优秀人才，建立了统一的信息平台和人才储备库；对海外人才的招揽信息统一发布在信息平台上，同时，企业可以通过信息平台收集到潜在人才的信息，同时这个信息平台也成为政府发布相关招才引才优惠政策的平台和储备优秀人才的信息库。我国台湾地区为吸引海外高层次人才，设立了如"留辅会"、"青辅会"等专门机构，研究海外留学人才回台服务的政策，协助解决留学生返台工作安排，还建立了旅外人才专长档案，编印旅外人才名录，随时提供用人单位，以备咨询。2014年12月，中国中原人力资源服务产业园区项目已在郑州航空港实验区内开建，该项目建筑总面积22.7万平方米，拟打造多元化人力资源服务产业基地、综合性人力资源要素市场平台、一体化信息技术保障平台等综合服务平台。该项目2017年按原计划建成投用后，将成为河南省业务最广、政策体系最全的综合性人才服务中心，但仍难解决郑州航空港综合经济实验区当前的人才需求难题。

4. 多策并举，实现薪酬、知识产权、税收等多方面与国际接轨

上海自由贸易试验区为彻底留住人才，大幅增加薪酬，区内企业的薪酬涨幅将大于平均市场的薪酬增长幅度，部分岗位的薪酬水平将直追港澳，接轨"国际工资"的水平。而且上海在出入境政策、税收优惠和知

识产权保护方面都先行先试，大胆改革实行创新，与国际通行标准接轨，为海外人才的充分流动和引进扫除障碍。福建省平潭综合实验区为解决人才缺口问题，从 2012 年起启动了"四个一千"人才工程，即面向台湾引进 1000 名专才，面向海内外招聘 1000 名高层次人才，从福建省内选派 1000 名年轻干部到平潭工作，培养 1000 名实验区人才。其中，面向中国台湾引进 1000 名专才，重点引进中国台湾高新技术产业、现代服务业、现代农业、社会事业等领域的管理人才和专业技术人才，面向海内外招聘 1000 名高层次人才，重点引进掌握核心技术或拥有自主知识产权的创新创业人才及其团队，以及实验区紧缺的高层次人才，从省内选派 1000 名年轻干部，重点选派熟悉政策、具有较丰富行政管理经验的党政干部和专业技术人才，同时以赴国内外学习培训、考察交流等方式培养 1000 名实验区人才。同时提出，"四个一千"人才工程主要配套政策的总体原则是，引进中国台湾专才待遇适当高于台湾水平，引进国外人才待遇大体与国外标准持平，引进国内高层次人才待遇适当高于厦门水准。对全职引进的省"百人计划"专家、学科带头人、教授（高管）、副教授（中层管理人员）、博士等分别给予 20 万—200 万元人民币生活工作津贴，并提供 50—120 平方米的三年免租金住房；对项目引进的团队，按国际水平、国内水平分别给予 300 万—1000 万元人民币的专项经费补助；对到平潭创业的中国台湾高校毕业生，给予创业资金资助、小额贷款等方面的支持。

三 加快郑州航空港实验区人才开发的对策

面对郑州航空港经济综合实验区在人才开发方面采取的措施及取得的成效，要认识到存在的不足，探索加快郑州航空港实验区人才的开发对策。具体到 2015 年，郑州航空港实验区仍要认真落实中央和省、市人才工作会议精神，抢抓机遇，创新引才工作机制，通过加强合作，打造人才培养开发平台，放眼国际，引进高端人才，多策并举，优化人才环境，打造人才智力密集、创新创业活跃的人才管理改革实验区，为郑州航空港实验区发展建设提供坚实的人才保障和智力支持。

（一）抓住机遇，创新引才工作机制

结合引智实验区建设，2015 年郑州航空港实验区要重点做好三项工

作：首先是建立工作协调机制。抽调专人组建引智工作办公室，负责引智实验区的建设与管理，负责与国家、省市外专局对接，构建国家、省、市、区四级联动引智工作机制。其次是落实资金和政策保障。积极争取国家、省、市外专局在安排引智项目和引智示范基地（单位）以及出国（境）培训项目等经费投入上给予重点支持；郑州航空港实验区管委会设立引智专项资金，对引智项目和人才项目给予资助。编制引智实验区建设方案，出台引智聚才支持政策、引智实验区资金管理办法、引智成果奖励等相关政策。最后是创新引育国外智力模式。通过项目引才、展会引才、园区引才、基地引才、猎头引才、网络引才等方式拓宽引智渠道；申报国家航空物流人才国际培训基地。

（二）政府主导，做好人才规划

首先，由政府主导，在郑州航空港实验区总体发展规划的引领下，做好人才资源开发规划，如《郑州航空港实验区中长期人才发展规划》。这就需要深入分析航空偏好型产业的发展模式和特征，制定符合郑州航空港实验区的现代产业体系发展的总体人才战略，引导人才向港区的集聚，为航空港经济区现代产业体系的建立和发展提供强有力的人才支撑。

其次，在郑州航空港实验区主导产业的带动下，做好行业人才资源开发的规划工作，细化完善人才工作政策体系。人才战略的意义在于实现人才供给与产业发展对人才需求之间的平衡。在产业不断优化和高级化的演进过程中，人才战略的导向性和实施会带来人才智能的更新，等级的提高，层次结构的优化等；反过来，产业的动态演进会进一步推动人才开发，促进人才集聚效应的形成。近年来，郑州航空港实验区主导产业发展迅速，以富士康为代表的高端制造业保持了持续稳定的发展态势，引入了酷派、天宇、中兴等十余家手机生产企业，一套完整的电子信息产业链正在逐渐形成；美国 UPS、联邦快递、中外运敦豪、卢森堡货运航空公司、菜鸟网络等已经或正在积极筹划入驻郑州航空港实验区，航空物流业集聚优势日益凸显；已经确定和正在洽谈引入以中航材集团、美国穆尼飞机公司等为代表的航空制造类企业，航空制造业集群正在形成。但总体来看，郑州航空港实验区的各大主导产业还处在初始发展阶段，产业发展以价值链的硬件环节为切入点，人才资源的需求数量和质量仍处于较低层面，创业型人才和熟练产业技术工人的开发培养显得较为重要。而随着产业的发展，将会逐步进入快速成长阶段，产业发展也将转变为以价值链的硬件与软件环节为共同切入点，此时对高端经营管理人才和研发人才的需求将会更为迫切。人才资源与产业之间的这种匹配关系，决定了郑州航空港实验区应深入分析主导产业的发展规律，制定符合主导产业发展需求的人才战略，形成产业发展与人才开发的良性互动机制，为郑州航空港实验区主导产业的持续快速发展提供强有力的人才支撑。

再次，郑州航空港实验区主导产业的发展需要人才战略的支撑。郑州航空港实验区的主导产业一般具有三个偏好，即临空偏好，产品在物理特征上轻、薄、短、小，在技术特征上高、精、尖、特、优；时间偏好，产品价格的时间成本高，要求物流在时间上具有效率性；全球价值链偏好，产业的经济开放性要求高，在资源整合与产品销售上以融入全球价值链分工体系为导向。但由于主导产业之间各自提供的产品和服务有着本质的区别，需要的人才资源存在着显著的不同。高端制造业对研发设计人员的专业水平、技术能力和熟练技术工人的数量需求较高，而现代服务业对金融与信息服务等方面的高端人才的需求量更大。这就需要深入分析各主导产业发展的人才需求差异，制定具有行业差异性的人才战略，为主导产业的协调发展提供人才支撑。

最后，围绕郑州航空港实验区的现代产业体系构成、主导产业的动态发展及产业间人才需求的差异化等特点，可按照"规划指导、产业引领、高端嵌入、多点开发"原则制定人才战略，为郑州航空港实验区产业发展提供有效支撑。

"规划指导"，即围绕《郑州航空港经济综合实验区发展规划（2013—2025 年）》提出的产业发展方向和目标，分析郑州航空港实验区辐射范围内的人才资源供需情况，由政府牵头制定具有全局指导意义的总体人才战略。该战略对航空港经济区现代产业体系的发展具有引领作用。

"产业引领"，即围绕郑州航空港实验区各主导产业的发展规划，分析主导产业的人才供需情况，由政府相关职能部门主导制定对郑州航空港实验区主导产业发展具有指导意义的产业人才战略。该战略以主导产业的人才开发为突破口，引领其他航空关联产业人才向郑州航空港实验区的积聚。

"高端嵌入"，即郑州航空港实验区当前的人才缺口较大，高端人才尤为缺乏，在各层级人才战略的制定过程中，应首先注重高端人才资源，尤其是紧缺高端人才资源的开发，以高端人才的集聚带动中低端人才资源向郑州航空港实验区的合理流动。

"多点开发"，即在人才战略的实施方案中，要充分考虑和发挥各参与主体的积极性，多点开发人才资源。如政府出台"招才引智"政策，建立人才试验区，以优惠的政策和环境吸引人才；企业提供就业创业平台，制定企业人才战略，以有前景的发展机会留住人才；科研院所在郑州航空港实验区内建立人才联合培养基地和研发机构，以多方合作的方式培养人才。

（三）加强共进，打造人才培养开发平台

首先，建立开放式的人才引进机制建立政府与高校、科研院所、大型企业人才协调使用机制，联合省市人社、教育部门建立起重点项目招工联动机制、大中专学校定向培训机制。推行市场化引才模式，鼓励猎头公司开展引才服务，如对做出突出贡献的中介机构和猎头公司，每年可给予最高20万元奖励。鼓励企业和科研机构面向国内外柔性引进高层次人才。此外，通过定点培育、网络云端教学等形式，不断提升在职人员素质，同时提升对外地年轻人来区就业吸引力。

其次，建立项目化的人才培养开发机制。围绕郑州航空港实验区经济社会发展和航空物流、高端制造、现代服务业等优势产业开发，建立智囊机构，聘请产业顾问，推行"人才＋项目"、"人才＋产业"、"人才＋课题"培养开发模式，以人才项目为载体和抓手，实现人才培养和产业发展的双赢。同时，推进人才培训中心的建设，具体来说，主要完成六个方面的工作。

（1）建立共享教育平台，利用郑州航空大都市研究院在航空服务、信息技术、航空物流和相关管理技术方面的积累，为课堂教育和远程教育提供支持。

（2）成立高科技实验室，致力于在实验室实现直接运用新兴技术进行实操，实现从课堂到航空相关企业实操环境的无缝对接。

（3）承接产业专项培训，打造郑州航空大都市研究院专业权威品牌，面向社会广泛开展合作，特别是大型的航空经济相关企业，积极地为其开展专项培训工作。

（4）开展学历教育和资质认证服务。与相关行业单位合作，逐步开展学历学位教育或相关行业的资质认证服务等。

（5）建立专项人才基础数据库，与河南省人力资源和社会保障厅联

合承办专项研修班。

（6）建设国际人才交流合作平台。一方面，建设"中国国际人才市场航空港分市场"、"中国国际航空人才培训基地"、"海外高层次人才服务中心"和"海外人才创业中心"等国际人才交流合作平台，将郑州航空港实验区人才交流平台发展成为国家外专局定点人才交流平台。另一方面，开展出国（境）人才培训及合作交流，积极参加国家外专局组织的涉及航空城建设、航空物流发展、电子信息及生物医药产业发展、现代服务业发展规划等方面的出国（境）培训及交流活动。

再次，要建立政产学研结合的人才使用机制。制定促进政产学研深度结合的措施办法，选定有条件的高校作为航空物流、电子信息、航空设备制造及维修、生物医药、专业会展、电子商务等产业发展人才培训基地。支持郑州航空港实验区企业建立研发基地，与高校形成产学研用相结合的协同创新队伍，促进科技成果转化。支持郑州航空大都市研究院建设，探索人才开发与科技成果转化新模式。

最后，建立业绩导向的人才评价机制。制定郑州航空港实验区人才目录和人才认定办法，建立以能力、业绩为导向，重在社会和业内认可的评价制度。完善职称评审制度，对获得科技进步奖或具有原创性技术，获得国内外发明专利、业绩显著的人才，在职称申报上给予特殊支持。

（四）放眼国际，引进高端人才

首先，完善高端人才引进政策。出台建设郑州航空港实验区引智实验区实施意见，开展对外人才与技术项目的交流合作，实施海外留学人才创业创新等引智实验，大力引进海外高端人才。承办国家"千人计划"专家联谊会，与国家"千人计划"专家联谊会建立常态联席机制。充分利用引智区政策优势，推进高端人才引进渠道建设。一是按照"因人定策、专才专用"的人才引进办法，上报"外专千人计划项目"、"高端项目"、"引进国外人才项目"和"专家组织项目"等，请国家外专局给予优先支持和重点支持。二是积极争取，将郑州航空港实验区急需紧缺人才项目列入国家外专局年度引智规划中，充分利用国家外专局驻外机构、中国国际人才交流协会为郑州航空港实验区招聘急需紧缺人才。三是充分利用国家外专局的外国人才库，随时选调优秀国外人才。由国家外专局引进的航天制造、航空物流、离岸金融、电子信息、生物医药、城市规划、城市管理等方面的国外人才优先向郑州航空港实验区推荐。

其次，提升高端人才支持服务体系。巧妇难为无米之炊，要充分发挥高端人才的作用，实现"用得好"这一目标，需要激励与支持服务并重。出台激励政策，满足高端人才和高层次人才的个性化需求；出台支持服务政策，为发挥高端人才的价值提供平台。

（1）鼓励企业对引进的高端人才实施股权、期权等中长期激励，包括以知识产权、技术、管理等生产要素按贡献参与分配。对经省级以上科技主管部门认定的高新技术成果和发明专利入股投资的，其技术成果和发明专利最高可按90%作价入股。

（2）对来郑州航空港实验区创业的高端人才，按照所缴纳的工资性收入个人所得税地方留成部分的50%给予奖励，实施期限最长为5年。对高端人才直接创业或成立的高科技公司，实验区给予担保贷款支持，或安排专项资金予以贷款贴息支持。

（3）建立科技成果、人才团队与企业对接机制，积极引导高校、科研院所的人才团队带科技成果项目整体转化，对成功转化的国家重点科技成果项目人才团队，经评估后，财政给予一定奖励。

（4）建立从项目植入到转化发展全过程孵化机制，研究制定扶持科技企业孵化器建设与发展的政策措施，探索多种形式的科研成果孵化模式，鼓励社会力量参与孵化器建设，支持企业与高校、科研院所共建孵化器、加速器。推动孵化器提档升级，依托八大产业园区〔智能终端（手机）产业园、航空物流产业园、航空制造维修产业园、电子信息产业园、生物医药产业园、精密机械产业园、电子商务产业园、商贸会展产业园〕和北部科技城建设，高标准谋划建设创新创业综合体。建立多元化资金投入机制，设立孵化种子资金，用于对初创期科技型企业的资金扶持。

（5）实施对高层次人才年薪奖补政策，发挥企业用人主体作用。高层次人才对产业发展和地方税收做出重大贡献的，根据所在企业纳税增加情况给予企业特殊奖励，专项用于高层次人才的年薪补贴。

（6）大力引进和集聚各类风险投资机构，对在郑州航空港实验区投资3年以上、投资额超过5000万元的风险投资公司，可给予最高200万元奖励。

（五）多策并举，优化人才环境

第一，逐步完善住房保障。规划建设专家人才公寓和人才定向租赁住房。加快建设一批高品质人才公寓，创新人才公寓运营方式，建立健全人才公寓申请使用管理机制，建立"梯度分明、配置合理、配套齐全、生活便利"的人才公寓供应和保障体系。不同层次的人才，可以分层次享受购房补贴、免费居住、租房补贴等优惠政策。此外，采取公租房、廉租房等形式，解决年轻员工定居问题，让他们对郑州航空港实验区有一种家的感觉，营造拴心留人的良好氛围。

第二，逐步完善公共配套服务。打造航空港大都市名片，增强引进人才自豪感，营造拴心留人的环境。加快推进教育医疗、休闲娱乐、餐饮消费等设施建设，不断优化区域生活环境。争取省、市在郑州航空港实验区优先规划布局和建设大型医院、文化中心、体育场馆、公共交通、商业广场等公共服务设施，提升公共服务水平。在郑州航空港实验区设立领事（外事）服务中心、海外高层次人才（专家）服务中心，建设国际学校或双语学校，营造国际化公共服务环境，增强对外籍人才的吸引力。建设功能完善的人力资源公共服务平台，培育人力资源市场，引进知名高端人才服务企业，为各类人才提供"一站式"服务。

第三，逐步解决好家属安置服务。高端人才随迁配偶，优先推荐就业岗位，暂时没有安置的，给予一定的生活补助。子女入托及义务教育阶段入学，尊重其意愿，由教育行政部门协调安排到相关公办学校就读。

第四，持续改进生活社保待遇。兼顾企业成本与员工福利，设计更为科学的社保体系，解除员工后顾之忧。如根据服务期限，为入选的高端人才在三年内提供生活津贴；为入选的高端人才制定专项投保制度，实行特才特保，提倡用人单位为高端人才购买大额社会保险；建立高端人才保健档案，定期开展健康体检。

第五，逐步做到出入境便利。对引进的外国专家办理3—5年居留许可证或多次往返签证，并为其外籍配偶、未满18周岁子女办理相关手续。在新郑国际机场实行外国人落地签证，为海外人才合作交流提供便利。

第六，建立首席服务制度。对引进的两院院士、国家"千人计划"专家等高端人才实行首席服务官制度，开展一对一服务。

第七，完善人才联络员网络，建立郑州航空港实验区人才就业工作QQ群和微信群，及时为企业和各类人才提供优质服务。

参考文献

[1] 郭淑萍：《郑州航空港经济综合实验区建设对外语人才的需求分析及

对策研究》,《河南教育》（高教）2014 年第 2 期。

［2］张艳:《郑州航空港经济综合实验区人才需求与开发研究》,《当代经济》2014 年第 12 期。

［3］刘彩霞:《郑州航空港建设与我省高校国际商务应用型人才培养》,《河南商业高等专科学校学报》2013 年第 6 期。

［4］井辉:《以人才战略支撑航空港区产业发展》,《河南日报》2014 年12 月 15 日。

［5］刘文锴:《加强应用型人才培养，服务郑州航空港区发展》,《河南日报》2013 年 10 月 31 日。

郑州航空港实验区劳动
用工形势分析与对策

李中建

匹配的劳动力是产业升级的人力资源基础，是发展临空经济的基础要素，处于中原经济区发展龙头地位的郑州航空经济综合实验区天然地拥有本地的劳动力数量优势，但临空经济作为一种新的发展形态，对劳动用工的数量、质量和周期都提出了新要求。我们应及时跟踪和把握用工形势，将人口数量劣势化为人力资源优势，强化政策引导，促进劳动力资源的稳定化和职业化，为航空港经济综合实验区的产业发展提供有力的用工支撑。

一　郑州航空港实验区劳动用工现状

（一）快速发展的航空物流业及用工需求

航空物流业是航空经济的重要配套性服务业，是当前优先引资的重点，2014 年以来，郑欧国际班列已累计开行 20 班，总货重 13509 吨、货值 8.84 亿元，班数、货重、货值均位列全国第一，综合影响力位居国内亚欧国际班列之首。而且"菜鸟智能骨干路网"、传化公路港等项目已正式落户航空港实验区。据统计，航空物流对产业带动的比率是 1∶28，对就业带动的比率是 1∶12。对于身处内陆的河南，航空物流不再仅仅是一种物流方式，而是区域经济融入全球的最佳通道，郑州航空经济综合实验区地处中部核心区域，承东启西，陆路交通发达，航空运输快速成长，物流资源丰富，劳动力和仓储成本较低，市场潜力巨大。航空物流业的快速发展势头要求有大量运输、储存、装卸、搬运、包装、流通加工、配送、物流信息等方面的操作型人才，仅就配送行业来看，目前全国已经出现大量普遍的用工紧张，及时应对综合实验区大物流产业发展对用工的需求，应成为近期谋划和解决的重点工作之一。

（二）迅速兴起的高端制造业及用工需求

河南省综合保税区保税物流中心、出口加工区、铁路集装箱中心站等大项目在航空港集中布局，航空港功能日益完善，且预留了足够的扩展空间，为发展外向型产业创造了良好条件，以苹果、富士康公司为代表的大企业迅速进驻，与 UPS、FedEx、伏尔加第聂伯集团、锐锋、三星、惠普、华为等大企业也商议了长期合作。而河南省丰富的劳动力人口也纷纷投入手机、电脑这些高端制造业的生产中，为港区的发展做出了巨大贡献。富士康郑州厂区现有员工 29.8 万人，其中航空港实验区 26.85 万人。而 2018 年预计智能手机产量将达到 5 亿部，届时郑州将成为全球重要的智能终端手机生产基地。区内现有生物医药企业 11 家，其中规模以上企业 9 家。作为国家级生物医药产业基地先导区的郑州台湾科技园项目已建成 33 栋楼，总建筑面积 20 万平方米，签约企业 67 家，其中院士项目 2 个，国家"千人计划"专家项目 4 个。此外，穆尼飞机零部件制造项目已落户实验区，微软、友嘉精密机械、正威科技城等多家投资超 10 亿美元的大型项目正在加快推进中。高端制造业对用工的需求具有相对的专业性和技能性，而随着产业和产品周期的深化，用工需求具有波动性和结构调整性，这就要求用工不仅具有数量上的保证，而且要在政策上引导企业和其他社会力量对工人进行大力培训。

（三）内容丰富的现代服务业及其用工需求

郑州航空港已获批成为国家"自产内销货物返区维修业务"试点，启动内陆地区首个"国家移动通信设备检测重点实验室"建设，并获批筹建肉类进口口岸。现有中外运、海程邦达、上海畅联、中计进出口公司等 15 家企业入驻。2014 年 3 月 3 日，在综保区举行了首届中法葡萄酒文化节，包括滴金、白马、龙船三大名庄在内的 100 多家法国酒庄参加了展示、拍卖、交易。河南电子口岸服务中心项目 2014 年年底投入使用，实现了各口岸监管单位、货代企业与异地申报的"一个门户入网、一次认证登录、一站式服务"。2014 年 6 月 26 日，郑州航空港国际大宗商品供应链产业园开园，将推动郑州航空港实验区产业升级和结构调整，建成区域贸易中心、金融中心和结算中心，形成贸易、金融、信息、文化高度集聚的大宗商品供应链生态圈。2014 年 10 月 22 日，郑州欧洲制造之窗首届展销会开幕，来自欧洲的 64 家约 100 位高端工业品企业代表进驻展销中心，该中心的成立将为河南企业与欧洲企业提供一个现代贸易服务平台。2014 年 5 月，河南省人民政府出台了《关于建设高成长服务业大省的若干意见》，谋划了 3000 个服务业项目，力求完成投资 6000 亿元，到 2020 年，争取成为全国重要的现代服务业基地；在信息服务业方面，建设郑州国家级互联网骨干直联点，积极引进知名互联网、物联网、云计算企业设立总部或基地，建成重要的区域性数据枢纽。快速发展的现代服务业正成为河南经济发展的新名片、促进中原崛起的新动力。现代服务业的发展，会对劳动用工提出更多更高的职业性和技能性要求，作为劳动力大省的河南，如果缺乏对口的培训体系，缺乏合适的成长和上升通道，劳动用工就容易处于内部需求紧张、外部供给呈结构性过剩两难局面。

航空物流产业、高端制造业、现代服务业，这三大产业都具有临空指向性，本身具有良好的发展前景，而当今发展好这三大产业需要的不但是大量的劳动力，更需要的是技术、知识、信息等方面的劳动投入。虽然目前的本省劳动力在数量上和价格上都占有优势，但整体职业化素质不高，必须充分发掘对职业技术人才的储备与培养，特别是加大对职业教育人才培养质量及规格的调控，并在安居、医疗、养老、休闲等社会事业上加大投入，提高综合实验区对劳动力的吸引力。

二　郑州航空港实验区劳动用工需求特征

目前，郑州航空港实验区正处于基础设施建设的快速期和招商引资更多新项目落地建设期，除了现有的围绕富士康手机终端产业形成的高密集用工需求外，其他类型的用工尚处于谋划和形成期，把握当前一段时间内的用工形势，做好谋划，为未来的产业和城市建设及公共事业发展筹备劳动力支撑。

（一）产业形成期的用工特征

当前，实验区的临空经济产业还处于引进和形成期，从产业需求角度分析，未来 3—5 年港区的发展需要的是适应基础设施建设、航空物流业、高端制造业、现代服务业的现代职业技术工人，以及道路、热力管网、厂房、住宅、跑道、航站楼、桥梁等大量建筑和施工，也需要吸纳和储备大量适应航空物流、高端制造业和现代服务业的操作型劳动者。在此阶段，临空经济发展的驱动要素主要以基础性动力和外源性动力为主，即临空经济的发展主要依托于机场设施所产生的航空运输活动和航空制造活动，而相关临空产业的集聚除自身的资源和区位偏好外，政府有组织、有目的的区域规划和政策引导也将成为产业集聚和人才集聚的主要动力。由于许多临空产业还处于筹备和引资阶段，使当前一段时期的用工需求向基础设施领域和实际投产的现代制造业倾斜，随着更多招商引资项目的落地和运营，综合实验区的用工需求必然呈爆发式增长，如果企业用工受到数量和质量的阻力，就会大大制约航空港经济的可持续发展能力。

（二）主要产业部门的用工需求特征

1. 物流业

港区的航空物流业正处于快速发展阶段，正积极引入的国际快递企业将迅速催生新的航空物流人才。联邦快递（FedEx）、联合包裹（UPS）这些全球快递行业巨头，往往是多业经营、复合发展，既是物流公司、电子商务公司，又是咨询公司和从事金融服务的公司，并不单单从事包裹派送。FedEx 的首席执行官弗雷德里克·W. 史密斯（Frederick W. Smith）对 FedEx 未来业务的发展定下了五大方向：继续发展核心运输业务；拓展国际业务；提供物流和供应链服务；加强电子商务；发展新业务，组成联盟。因此，国际快递公司的入驻将形成强大的国际航空物流人才需求。对人才的要求，既需要通晓物流的一般性知识，同时还要掌握航空物流的特殊知识，具备复合型人才的特征。目前航空物流业的高中低三个层次的物流人才都供应不足，在基层需要大量的有实际工作能力和丰富操作经验的人才，即所谓的"蓝领"；在中层需要懂具体运作管理的人才；在高层主要需要既懂现代物流知识又懂得物流系统设计和物流经营、管理、决策的高层次复合人才。作为一个涉及多科学、多领域的增值服务体系，航空物流企业必须培养造就一批高素质的蓝领人才队伍。具备熟悉服务对象的生产、经营和销售，空航物流服务组织、运输组织相关业务，熟悉市场营销、物流网络、现代航空货运业、计算机技术、电子商务等方面知识，了解相关的海关、工商、税务等部门业务运作程序等方面的专业人才，才能使航空物流业实现跨越式发展。

2. 高端制造业

高端制造业所需的人才资源可分为技术科研人才、生产职员、营销专员以及管理人才等，而生产职员中包含项目工程师、技术员、技术职工和非技术职工。从普通用工需求的角度看，高端制造业需求的劳动用工指制造业生产职员中的技术型人才，这种类型的人才，能自己运用所掌握的专业知识和通过实践经验而总结出来系统的操作技能或拥有熟练的操作技巧。未来的高端制造业将越来越精密和复杂，这主要源于：第一，生产过程中已经成为一个有机的整体，每一步都紧密联系，即使个别过程的技术操作，就需要从全过程的角度来考虑，要求工人要对于产品生产整个过程有大致了解，对各种加工方法包括一些新型加工方法要有一定的掌握。第二，由于产品工艺装置复杂性进一步加强，对制造业操作型的劳动者提出了相关的技术理论要求，例如，缺少对装备误差内涵、齿轮尺寸知识构成原理的了解，一线操作工人往往只能进行简单的机械式生产，对设备维护、产品质量提高缺乏认识。第三，工艺装置以及产品的科学技术含量的程度逐渐增加，这使得生产操作出现新的特征即多技术、多技能。由于现在的大量务工者往往都是初中或高中辍学，较少接受专业技能培训，虽然劳动力在总量上能保证用工需求，但在技能要求上必然与郑州航空港经济实验区的现代高端制造业发展有一定的差距。

3. 现代服务业

现代服务业主要是指依托电子信息等高技术和现代管理理念、经营方式和组织形式发展起来的，主要为消费者提供服务的部门。如金融保险、商务服务、计算机和信息服务、教育和保健服务、通信服务等高增长和主导性的服务部门；网络服务、第三方物流服务等新兴服务部门；以及一部分被新技术、新经营方式改造过的传统服务部门。现代服务业具有高人力资本含量、高技术含量和高附加值等特点，因此适应现代服务业发展需要的技术应用型人才是在掌握了必要的现代服务业专业知识基础上，兼备较强的专业基本技能，同时具有良好实践能力和创新能力的应用性专门人才。比如会展旅游业人才需求重点：一是高级会展管理人才；二是展览策划、设计、制作、咨询、广告、国际导游等专业人才。金融服务业人才需求特点：一是银行营销人才、金融分析师、理财专家、金融产品设计专家等银行人才；二是财会、法律、管理证券和货币市场研究等方面的证券人才；三是保险高级管理员、保险核保核赔专业人才。

三　郑州航空港实验区劳动用工对策

当前，综合实验区建设进入了爬坡见成效的关键阶段，将以"两个一"即"一个枢纽"（综合交通枢纽）和"一个专案"（富士康系列项目）为核心，以"三大片区"（北部科技研发片区、东部会展城片区和南部园博会片区）为载体，以"四个十"（十个重点产业项目、十个重点招商项目、十个公共服务设施项目和十个平台项目）为重点，加快推动拆迁安置工作，加快提升城市服务管理水平，以航空港实验区改革方案获批为契机，打造新常态下的国际营商环境，努力在"见成效、树形象、打基础、当先行"方面取得重大进展，努力实现"大建设、大发展、大跨越"的发展目标。

在这种发展大背景下，各个行业都因航空港的规划和建设，迎来前所未有的发展前景，催生出新的人才需求。从行业来看，电子、物流、医药、农牧、食品、新能源、餐饮、商业服务八大行业需求人才数量较多。从专业来看，工商管理、计算机、机械制造类、电子信息类、交通运输类等专业需求人才数量较多。航空港技术工人的缺乏，体现了航空港区对人才的需求是既急迫又长期的，从建设到将来的运营管理，是一个逐步释放的过程，我们应该紧紧盯住航空港区的发展和人力资源的需求，加强政策引导和支持，使大量的现代产业工人进得来、留得住、有发展前途。

（一）构建完善的就业服务平台，使大量工人进得来

筹建用工信息综合门户网站。在航空港基础设施和招商引资工作加速推进的背景下，域外的劳动者并不能及时了解综合实验区的大量招工动态信息，由各企业自行组织的招工信息又具有分散性。筹建用工信息综合门户网站，并与综合实验区大门户网站链接运作，由各企业及时提供各种的用工信息，扩大港区用工信息的辐射范围，使大量的第二、第三产业工人及时了解用工需求，及时调整自己的务工目标，吸纳更多的产业工人进来。

（二）持续加大社会事业投资，让产业工人留得住

持续加大基础教育、医疗、公共图书馆、体育事业、保障性住房投资，使广大的务工人员及其子女有学上、有医就、有房住、有休闲娱乐场所，丰富务工人员的生活，结合新生代农民工务工群体增多的特点，筹建公共婚恋桥梁，协助解决适龄男女的婚姻问题，提高城市化的福利水平，使广大务工人员能共享港区经济发展的成果，使大量产业工人留得住。

（三）引导企业在制度上打通向上通道，使大量工人事业上有希望

加强高技能人才评价工作，建立有效激励机制，引导企业在内部管理阶梯中建立向上通道，提拔和晋升业务能力强、吃苦耐劳的基层员工，使一线工人有向上通道，通过事业留人。树立劳资共赢、工资共决的理念与机制，不断提高技术工人的待遇水平，完善异地人才落户政策和技术工人保障机制。

（四）完善人才机制，促进产业工人职业成长

积极推进职业教育办学体制改革与创新，引导针对港区航空物流业、高端制造业、现代服务业的职业教育培训，推进校企联合、以训代学、订单培训等针对岗位的学习培训方式，广泛开展岗位练兵、技术比武、技术创新与攻关等活动来提高职工的岗位技能和创新能力，各级劳动竞赛组织要有计划地开展各种职业技能竞赛和职工同业技术交流等活动，对工作业务突出、道德风尚高的务工者进行表彰和市民化积分奖励，促进产业工人的职业化成长。

郑州航空港实验区基础
设施建设现状与对策

牛树海

一 郑州航空港实验区基础设施建设现状

（一）郑州航空港实验区基础设施建设规划目标

根据郑州航空港实验区发展历程，2007 年，郑州航空港区面积 138 平方公里，到 2010 年郑州新郑综合保税区获批后，面积扩大到 189 平方公里。2011 年，郑州航空港区再次增长到 220 平方公里，到 2013 年郑州航空港经济综合实验区获批，郑州航空港区面积达到了 415 平方公里。

基础设施不完善，社会管理不到位，就没人愿意来。因此，航空港区的建设必须以发达完善的基础设施建设作为港区发展的基础。市政公用基础设施建设是郑州航空港区全域城市建设的基础，对引领郑州航空港区发展起着关键性、先导性作用。强化市政公用基础设施建设，加快完善城市功能，提高城市综合承载能力，突出城市个性，对于提升郑州航空港区的综合竞争实力，确保发展既定战略目标的实现具有重要意义。

根据《郑州航空港经济综合实验区发展规划（2013—2025 年）》，郑州航空港区在内部交通网络上要以机场为中心，加快推进实验区内部路网建设，努力构筑与功能和空间布局相协调的交通体系。建设环机场快速路，构建与外部衔接的放射状快速通道，形成"环路＋放射线"为骨架的快速路网，实现物流、人流的高效集疏。完善环机场快速路与北部城市综合服务区、南部高端制造业集聚区的路网连通，加快推进各功能区内部主干道、次干道、支路网建设，提高路网密度。统筹规划区域内部各种轨道交通方式。大力发展城市公交，推广使用新能源汽车。加强基础信息、安全应急、综合运输管理与协调系统建设，建立新一代智能交通管理与服务体系，促进城市交通、民航、铁路等部门之间的协调联动。

市政公用设施上要加快供水、供电、防灾减灾设施建设，构建功能完善、保障有力、安全可靠的市政设施体系。加快南水北调受水设施、水厂及管网建设，规划建设应急备用水源，提高供水保障能力。适度超前建设电网、变电站，构建安全可靠的电力供应体系。积极推进燃气输配系统和供热、供暖管网建设。统一规划建设管理地下综合管廊，推进电力、电信、有线电视电缆入地，形成无管线城市天空。加强灾害风险管理，加快建立与经济社会发展相适应的综合防灾减灾体系。

公共服务设施上要健全基本公共服务体系，着力发展高品质教育、医疗、文化、就业、社会保障等公共服务，完善城市生活服务功能。科学布局中小学、幼儿园，加快发展现代职业教育，建设职业教育实训基地。引进国内外优质医疗、教育资源，建设先进的医疗卫生服务机构、教育中心，发展健康产业，满足居民与外来人士的多层次、多样化的需求。规划建设一批设施先进的文化体育基础设施，完善公共就业服务体系。

（二）郑州航空港实验区基础设施建设成就

1. 各级政府高度重视支持市政基础设施建设

根据《河南省人民政府办公厅关于支持郑州航空港经济综合实验区发展的意见》，各级职能部门都对郑州航空港区经济给予了大力支持。河南省财政厅关于印发《关于支持郑州航空港经济综合实验区发展的财政政策》中提出为了支持航空港经济区基础设施建设，设立郑州航空港经济综合实验区建设专项资金，计划在 2013—2015 年，省财政每年安排一定数额专项资金，重点用于支持实验区发展规划、前瞻性研究，通检报关等基础设施，以及基础教育、医疗、卫生、保障性住房等公共服务体系建设。地方政府债券资金的分配向实验区适当倾斜。

支持投融资公司参与实验区建设。对承担实验区内重大基础设施建设项目的省级投融资公司，根据建设任务采取专项注入资本金等方式予以支持，对其基础设施建设贷款融资给予贴息（贴息资金由省财政和郑州市财政各负担 50%），对其信托融资、租赁融资、企业债、中期票据等直接融资费用给予适当补助。

鼓励社会资本参与实验区建设。推动央企、省属企业和民营企业等各类投资主体，以参股、控股、独资等方式，或运用 BT、BOT、TOT 等模式参与实验区机场设施、通用航空设施和铁路、公路等基础设施项目建设，进一步调动社会资本投入公共服务和社会事业领域建设的积极性。对实验区引进社会资本投资教育、卫生、养老等项目按照省招商引资奖励办法给予奖励。鼓励支持银行业金融机构加大信贷投放力度，促进实验区加快发展。

支持机场二期建设。按照郑州机场二期工程的筹资计划和筹资比例，支持省国土资源开发投资管理中心和机场公司积极筹措资金，保障项目建设。

支持城际铁路建设。对承担郑州至机场城际铁路建设的河南铁路投资公司，继续给予税收返还注资或补贴，对其筹资给予财政贴息或奖励，并积极研究城际铁路运行后的支持政策。

支持交通建设项目。统筹中央车辆购置税资金、成品油税费改革转移支付资金、高速公路通行费收入等财政资金，加大对实验区高速公路连通工程和国省道升级改造及快速路工程建设等项目的支持和倾斜力度。

郑州市更是高度重视加快推进航空枢纽建设和基础设施配套。积极争取国家、省有关部门支持，加快实施实验区外围高速公路、城际铁路、高铁及站点、国道和省道升级改造工程。实验区与外部连接的跨区域重大道路连接工程及供水、供电、供气、供暖、污水处理等重要基础设施工程，纳入全市城建计划。2013—2017年，对实验区组织实施的市政基础设施及教育、卫生、文化等公共服务设施建设项目，纳入奖补资金范围的事项，按照市政府有关政策要求给予补助。

2. 高度重视基础设施建设规划

制订并推进航空港实验区基础设施建设规划，对于优化实验区公共资源配置，完善实验区基础设施建设，创造实验区优美生态环境，建设实验区智能低碳城市，具有十分重要的意义。2013年9月30日，郑州市政府组织召开航空港区26项专项规划编制工作推进会，成立了专项规划编制工作领导小组，推进专项规划编制工作。各专项规划要根据郑州航空港实验区城市发展的实际情况，深化落实《郑州航空港经济综合实验区发展规划》、《郑州航空港经济综合实验区概念性总体规划（2013—2040年）》等上位规划，科学布局、统筹规划，高标准、高品质推进实验区市政基础设施和公共服务设施的规划建设，为实验区城市功能提升和空间格局优化提供有力支撑。26项专项规划主要包括给水工程、排水工程、雨水利用、再生水利用、燃气专项、集中供热、城市电力设施布局、防洪除涝、水资源配置、水生态及水景观、通信信息网络基础设施、人防工程建设及地下空间开发利用、环境保护、防震减灾、中小学布局、社会福利机构布局、文物保护、医疗卫生设施布局、城市商业网点、体育设施布局、绿地系统、绿地防灾避险、邮政设施、消防、常规公交及快速公交、环境卫生设施工程等。

3. 加大基础设施建设力度，着力提升城市承载能力

目前实验区已建成通车 33 个道路项目，累计通车里程约 145 公里，全部位于南水北调干渠以西区域。2014 年新开工建设道路项目 47 个，总里程约 145 公里，开工率达 117%，目前已完成投资约 45 亿元。年内新增道路通车里程达 50 公里以上，其余道路均计划明年 6 月建成通车。

2014 年以前，实验区已建成绿地 150 万平方米，其中道路绿化 120 万平方米，游园绿地 5 万平方米，生态水系 25 万平方米。年内新增绿化总面积约 43 万平方米，累计完成投资约 3 亿元。

已建成第一水厂一期工程，供水能力 10 万吨/天，已建成供水管网长度 28 公里；在建第一水厂改扩建工程，建成后供水能力可达 20 万吨/天，已具备供水条件。已建成第一污水厂、第二污水厂一期，总处理能力 15 万吨/天。年内开工 50 公里电力排管建设，目前已全部进场，建成 25 公里。现有燃气门站 1 座，规模 5 万立方米/小时，已铺设燃气管道 91 公里。

二 郑州航空港实验区基础设施
建设存在的主要问题

在很短的时间内，郑州市航空港区基础设施建设取得了巨大的成绩，同时，尽管从纵向比，成绩不小，但横向比，仍然有一定差距。特别是在基础设施建设重点工程建设中还存在一些亟待解决的问题，需要引起高度重视并采取有效措施加以解决。

（一）融资渠道单一，基础设施建设资金严重不足

目前，郑州航空港区基础设施投资渠道主要依赖融资和省市级资金，郑州市航空港区还处于初期建设阶段，虽然获得各级政府的大力支持，但

由于本身处于前期大力投入阶段，财政税收也需要一定的周期，因此，在基础设施建设方面面临着财力问题，对基础设施的投资远远不能满足建设的需求。融资渠道单一，资金缺乏已成为市政重点工程建设快速发展的重要障碍。

（二）配套设施不完善，效益难以及时充分发挥

项目建设单位对主体工程比较重视，无论是规划还是资金都能予以保证；但由于种种原因配套设施未能及时跟上，个别已竣工的项目不能及时投入使用，使重点建设工程效益得不到及时发挥。

（三）道路建设管理力量有待加强，管理体制亟待突破

郑州航空港区基础设施工程量巨大，随着基础设施尤其是道路建设力度的加大，任务重，专业人员少，已难以适应逐步加大的道路建设需求，管理力量需要加强，管理体制亟待突破。

三　2015 年郑州航空港实验区基础设施建设目标及任务

按照"产业在先，城市在后"的发展思路，郑州航空港经济综合实验区目前的城市配套设施建设落后于产业发展。2014 年，郑州航空港经济综合实验区建设区内基本实现了全域城市化，2015 年实现全区城镇化。

2015 年，推进实验区外围"两纵两横"井字形高速路网建设。启动实验区范围内四港联动大道南延、万三公路等 6 条快速路，总长度约 121 公里，总投资约 141 亿元，初步形成实验区内"三纵三横"快速路体系。同时全力推进总长度约 110 公里、总投资约 96 亿元滨河西路、郑港十一路等 29 条南水北调干渠以西的河西区域道路建设；依托即将建成通车跨河桥梁的辐射功能，启动总长度约 88 公里、总投资约 104 亿元的龙中路等 13 条区域道路建设。

（一）加快区内、外交通及配套设施建设，形成便捷通畅的交通网络体系

一是继续全力保障机场二期工程建设。配合做好 T2 航站楼、第二跑道、综合换乘中心（GTC）、空管小区和配套工程建设。二是推进高铁南站征地拆迁工作，保障郑万高铁开工建设。三是完成郑州至机场城际铁路建设，全面做好地铁二号线征地拆迁与建设。四是推进万三大道、四港联动大道南延和 S102 改建工程，完善郑州航空港区对外快速路网通道体系。

（二）强力推进"城市基础设施配套工程"建设，强化市政配套能力

加快完善区内骨干路网，新开工和续建市政道路 60 条、245 公里，年内建成通车 215 公里。雁鸣路等重点道路 2015 年具备通车条件，河西区域 2014 年开工项目基本具备通车条件；针对学校、医院等民生项目，完善河西区域路网体系；重点启动服务于三大片区、园博园的骨干道路，初步形成河东南区的骨干路网体系；启动会展路全段建设；启动河东九大安置区内部支线路网。

启动实验区第二水厂一期建设，完成南区调水工程及南区泵站的建设；完成第二污水处理厂再生水工程建设，启动第三污水处理厂一期项目建设；启动河西南区及河东重点区域 2 座 110 千伏及 1 座 220 千伏变电站的建设，启动年度所有新建道路配套的电力排管工程，年内建成电力排管 50 公里以上；完成南区天然气调压站的建设，年内完成燃气管网建设 40 公里以上；确定河西南区供热规划，启动河西南区热源厂建设。

（三）强力推进"生态工程"建设，优化生态环境

根据《郑州航空港经济综合实验区发展规划 2013—2025 年》，郑州航空港要建设生态文明理念，坚持集约、智能、绿色、低碳发展，优化实验区空间布局，以航兴区、以区促航、产城融合，建设具有较高品位和国际化程度的城市综合服务区，形成空港、产业、居住、生态功能区共同支撑的航空都市。围绕此目标，郑州航空港实验区紧扣"智能、低碳、绿色、环保"主题，诸多生态建设项目快速推进，全区生态环境得到了极大优化。

2015 年，完成四港联动东侧生态廊道、郑港十一路生态廊道、青年公园、北区中央公园建设；启动南水北调运河带状公园实验段、双鹤湖公园建设；完成梅河公园 70% 的工程量；完成双鹤湖公园水系改造的设计及前期工作；完成河西区域年内新建成道路绿化。总计新增绿化面积达 176 万平方米。

（四）强力推进"社会服务配套"建设，改善生活环境

加快推进教育、医疗、文化、体育等公益设施建设，进一步改善人民群众生活环境。一是加快推进教育设施的建设。完成航南新城幼儿园一、二期建设，完成航南新城九年一贯制学校建设，完成郑港五街小学、郑港六街小学、郑港初级中学、第四实验中学建设。二是加快推进医疗卫生设施的建设。加快河南省公共卫生医疗中心建设，加快推进郑州市第一人民医院港区医院项目建设。

（五）加快推进"合村并城工程"建设，提升承载能力

2015 年，要完成郑州新郑综合保税区（郑州航空港区）合村并城大马安置区、郑州航空港区航南新城安置区项目建设，要加快郑州航空港区合村并城建设项目南区 7 号地块安置区、南区 8 号地块安置区、南区 15号地块安置区、南区 16 号地块安置区、南区 17 号地块安置区、南区 18号地块安置区、南区 19 号地块安置区、南区 20 号地块安置区和南区 21号地块安置区建设进度。要加快公共租赁房建设，郑州航空港区大马公共租赁房建设项目。

四 郑州航空港实验区基础设施建设的建议

市政基础设施是建设现代化城市的重要基础，标志着城市经济社会发展和文明与进步，只有不断完善市政基础设施，才能逐步推进现代化城市进程；加强市政基础设施建设是加快郑州航空港区城市建设进程，提高城市品位，推动全区经济社会发展的需要。为进一步加强市政基础设施建设，提出以下建议：

（一）加大宣传力度，提高全民意识

建设现代化城市，需要全社会的共同努力和全民的支持参与，各部门要进一步加大宣传教育工作，一是要通过多种宣传方式，例如电视、广播、报纸，特别是网络等形式宣传基础设施建设的重要性和相关政策、法律、法规。二是要认真细致做好拆迁户的思想工作，鼓励他们树立整体、大局意识，确保市政惠民工程的顺利实施。三是要制定落实市政基础设施建设监管制度，创造"人民城市人民建，市政设施全民管"的良好氛围。

（二）拓宽融资渠道，缓解资金紧张

未来五年，仍然是郑州航空港区基础设施建设的高速发展期。打通资金瓶颈，除了政府经常性加大城市建设投入外，重要的是要树立经营城市理念，积极探索城市建设资本营运的有效途径，建立多元投入机制。一是要用足用活现有的基础设施建设资金政策，进一步争取上级政府对于郑州航空港区基础设施建设支持。二是尽快建立和完善市政公用设施有偿使用体系，要在认真调研的基础上，制定符合市场经济原则的、切实可行的资金收缴、管理和使用办法，把该收的收上来，足额用于基础设施建设，形成良性循环。三是要转变观念，积极探索多形式、多渠道加大对基础设施建设的投入新途径，制定相关优惠政策，完善资金投入机制，激活民间资本，鼓励和引导非公经济和民营企业家积极将资金投向基础设施建设。以下几种可供参考：

一是"政府担保、社会参与、市场运作"的融资策略。在基础设施项目中，为吸引投资者，政府可以承诺投资者无法控制的风险由政府承担，增加投资者收益，可通过特许经营协议中的政府担保条款体现。此模式广泛应用于世界各国尤其是发展中国家的基础设施建设。

二是权利转让的融资策略。对已建成的基础设施的部分产权或经营权实行转让或拍卖，以一定的投资收益率承诺吸引外商投资；对重大基础设施周边具有较大增值潜力的土地实行期权批租或发行土地受益凭证，通过权利转让或期地批租获取建设资金。

三是特许经营融资策略。以委托经营、专营权出让等手段，拓宽基础设施建设的融资渠道。

四是设立产业投资基金融资策略。借鉴西方发达市场经济规范的创业投资基金运作形式，通过发行基金份额组建产业投资基金公司，募集社会闲散的资金，实现投资收益共享，投资风险共担的基础设施建设融资方式。

五是发行地方政府债券融资策略。地方政府债券是筹集基础设施资金的便捷渠道。如美国，市政债券资金占市政建设资金的35%左右。美国市政债券有一整套成熟的法律制度作保障。有专门机构——市政债券法规制定委员会（MSRB）来专门监管市政债券市场，规范券商、银行、经纪人和交易商的行为，从而使私人部门投资市政债券有了法律保障。

（三）创新规划理念，搞好配套建设

一是树立精品意识，提高规划及建设设计水平。用新思路和大手笔，打造特色品牌，整合资源，优化分区，着力展现城市风貌。向上拓展城市空间，节约有限的城市土地资源，重要地段、重要节点、标志性建筑的规划设计方案要优中选优，着力展现特色，使现代气息和传统风情有机融合，相得益彰。

二是坚持同步规划、配套建设。坚持配套设施与重点工程同时规划、同时立项、同时施工、同时竣工验收，确保重点建设项目整体效能的发挥。完善供水、排水、燃气、供电、电信、有线电视等各类管网的综合布局，优化道路交通组织，克服"重地上、轻地下"的思想，坚决杜绝"今天建、明天挖"的浪费现象，防止各种盲目建设和重复建设。

三是加强规划咨询和统一管理。成立规划咨询专家委员会，从技术角度独立论证城市发展重大决策的可行性，为政府行政决策提供参考意见，确保重大决策的科学性。进一步加大规划监察力度，严厉查处各类违法建设。

（四）合理安排项目，提高管理水平

项目的安排实施是城市建设发展的关键环节。

一是处理好适度超前建设和现实经济发展需求的关系，合理安排实施基础设施建设项目。基础设施建设投资收益的社会性和公益性强，经济效益呈现间接性、滞后性、持续性等特点，适度超前建设有利于社会经济可持续发展。但又必须与经济发展的综合实力相协调。根据规划及发展需要，按建设项目的轻重缓急，统筹协调，分段实施，循序渐进地安排实施建设项目。

二是要提高项目决策和管理水平，追求最大的项目效益。要建立重大项目科学、民主、集体决策机制，确保项目科学决策。建立基础设施评价体系，对已经建成的政府投资项目进行资产评估，要加强项目后评估，开展基础设施运行情况的专项检查，完善维修养护制度，提高城市基础设施运行能力。

（五）建立长效机制，强化城市管理

一是要进一步充实市政基础设施管理队伍，要结合实际，配齐配强市政基础设施建设管理队伍，提高规范化、专业化水平。

二是要加大管理执法力度。坚持集中整治与日常管理相结合，合理引导和依法惩处相结合，建立起规范的投诉、接案、处理、反馈等工作程序，做到投诉有回音，违规有查处，整改有结果。

三是建立管理联动机制，加强综合管理。各部门实现联动，加大城管法律法规宣传力度，优化城市管理执法环境。

四是加强信息管理，解决热点难点问题。通过网络技术，建立、完善城市管理信息中心，广泛征集社会各界建议和意见，有效解决社会关注的一些热点难点问题。

五是不断提高城市科学化、数字化管理水平。逐步建成城市综合管理数字化系统。

后　记

2013 年 3 月 7 日，国务院批准了《郑州航空港经济综合实验区发展规划（2013—2025 年)》，郑州航空港实验区成为全国唯一一个国家级的航空港综合实验区。经过前期积累和近两年的探索实践，郑州航空港实验区活力彰显，呈现出航空枢纽建设和航空关联产业互动发展的良好局面。为了进一步探索河南在不沿边、不靠海、地处内陆的条件下快速融入全球分工体系的途径，加快开放发展的步伐，郑州大学与郑州航空港实验区管委会一起，聚集河南省委宣传部、省发展改革委、省政府研究室、省政府发展研究中心、省民航管理局、省社科院、省科学院等单位的智力资源，成立了"郑州航空港经济综合实验区年度发展报告（2014）课题组"，对实验区 2014 年所取得的成效和经验进行总结，对发展中存在的问题进行分析，并对 2015 年以及今后的工作提出意见和建议，以供相关部门决策参考，同时也希望通过我们的工作更多地汇聚社会各界的智慧，更快地推进实验区的发展。

课题组成立后，我们制订了详细的研究计划和科学的工作制度，建立了高效的协调机制。课题组深入郑州航空港实验区和国内外空港经济区进行实地调研，同时，通过学术会议、专家咨询等多种形式协调理论界和实践部门的各种研究力量，吸收各方真知灼见。经过半年的集中研究和反复修改，现在终于将发展报告呈现给大家。虽然报告难免存在瑕疵，但能够率先对郑州航空港实验区展开系统研究，为打造河南省经济社会发展的核心增长极略尽绵薄之力，也甚感欣慰，同时也真诚希望大家对报告提出批评和建议，以便使我们在后续的研究中不断完善。

课题组是一个年富力强、精诚合作的研究团队，大家怀着理论创新的热情，肩负着服务河南经济社会发展实践的责任，以严谨务实的精神和坦诚包容的心胸，全身心地投入研究工作，即使春节也伏案不辍，这种态度和精神正是河南振兴的宝贵财富。

在课题研究过程中，郑州航空港实验区管委会的各位领导、管委会党政办李自强副主任、人社局白俊德副局长、研究室王明华主任及相关人员给予了大力支持和帮助，在此向他们表示衷心感谢！

感谢郑州大学的领导和同事们对课题研究给予的关心和指导！

感谢中国社会科学出版社卢小生先生为本书出版付出的艰辛劳动！

高友才

2015 年 3 月 15 日